メコン地域における
ビジネス教育

内野　明 編著

専修大学商学研究所叢書 17

東京　白桃書房　神田

序　文

商学研究所叢書の刊行にあたって

　「専修大学商学研究所叢書」第17巻にあたる本書は，メコン地域におけるビジネス教育についてまとめたものである。

　これまで，東南アジア諸国のビジネス研究については，本学の各研究機関や個人ベースで数多くの実績が残されてきたが，ビジネス教育や人材育成に関する研究はまだ希少で独自性の高い領域であった。本書は，そうした学術的な状況を踏まえた上で，経済発展が著しいメコン地域の現地企業や大学などの教育機関，および日系の企業等にとって実践的な指針を示すために編纂された。

　本書の執筆にあたっては，企業理念や戦略，教育システム，就労環境やキャリアパス，仕事に対する価値観など，様々な側面から様々な企業や組織の事例やデータを収集し，体系的に整理し分析する必要があった。そこから，ケースバイケースでしか議論できない部分と一般化できる部分とを抽出し峻別していくことは大変な知的作業であったと思われる。そうした努力の成果である本書が，メコン地域でのビジネスの現場やビジネス研究・教育に関わる多くの方々にとって，学術的・実践的貢献を果たすことを切に願っている。

　末尾になるが，執筆者各位の研究成果に心から敬意を表するとともに，彼らの研究にご支援・ご協力を頂いた関係諸氏には心からお礼を申し上げたい。

2018年3月

専修大学商学研究所所長　神原　理

はじめに

　本書は平成26年度から平成28年度における専修大学商学研究所「メコン地域のビジネス教育研究」プロジェクトの研究成果をまとめたものである。中国，韓国，東南アジア諸国の調査研究，実態調査は，これまで商学研究所ばかりでなく専修大学の各研究機関，特に社会知性開発センターをベースにした多くのプロジェクトにおいて繰り返し行われてきた。しかし，教育や人材育成の視点に絞ったものはほとんどなかった。そのためやはり研究の蓄積が薄いメコン地域に焦点を当てながら，さらにビジネス教育の観点にたった調査研究は，非常にユニークであり，かつそこから導かれる研究成果は日系企業にとっても役立つものと考えられた。

　私自身は，今後タイやベトナムなどの多くの大学と提携関係に本学が入ると予想されるので，早めに大学研究者間の人的ネットワークを作れれば今後役立つくらいの軽い気持でプロジェクトリーダーを引き受けてしまった。しかしながら，ほぼ4年にわたる本プロジェクトを通して，ASEAN各国，メコン地域の諸国が，日本の身近な隣国として，中国，韓国，台湾とともに恐ろしく重要性を増してきたことを実感した。これらASEANの隣国諸国は，互いに一国対一国の関係というよりは，AEC（ASEAN Economic Community）としての結びつきを強めようとしている。確かに，日本はアジアの先進国として後発の諸国と比較すると様々な側面で優位に立っている部分はあるにしても，その先進国意識そのものが日本にとっては危険なものであるように感じられるようになった。少なくともASEAN諸国の首都においては，東京と変わらぬ大きなビルがそびえ立ち，そこには多くの中間層が既に存在している。国民一人当たりのGDPでは，シンガポール，ブルネイに日本ははるかに差をつけられている。かつてシンガポールは日本を目標として「ルックイースト」を掲げた。しかし，現在のシンガポールに日本は目に入らず，彼らはアジアの中心に位置する特異な都市国家としてグローバルにものを考えている。

　日本がその身近な隣国諸国と深い関係を持てなければ，成長率の差を考えると5年，10年で追いつかれるかもしれない。日本が経済的文化的により活性化していくためには，これらの身近な隣国諸国と深い関係を持ち，その元気さを

取り込めなければいけない。この際，日本対個別の一国という従来のインターナショナルな視点ではなく，日本は地球規模でものを考えるグローバルな視点が必要となる。グローバルな視点で見ると，ASEAN諸国，メコン地域諸国はまさに日本の隣国である。その意味でこの地域だけに焦点を当てるのはグローバルではないかもしれない。しかるに，まず身近な隣国をここまで拡大し，かつ，日本対タイとか，日本対ベトナムなどの一対一の関係ではなく，これら諸国はまさにAECとして連携しているのであるから，われわれも日本を含めた身近な隣国諸国との相互関係として捉える必要がある。

　グローバルな視点からは，アジア・太平洋諸国の一部に限定された局地的な関係に過ぎないものの，日本が必要とするグローバルな視点の第一歩はここから始まる。

　本書の構成はプロジェクトメンバが執筆する全体編とメコン地域の各国別の状況を解説する各国編からなっている。
第1章においてはASEANとメコン地域の現状とグローバリゼーションの観点から日本との関わりの重要性を，第2章ではメコン地域における教育制度と企業教育について，第3章では海外進出企業の事例を考察しながら労働環境についてふれている。第4章は繊維の専門家の視点から実態調査を行った日系企業の進出事例を丁寧に示し，それらの企業における人材，ビジネス教育を考察する。第5章では小売，流通の立場から特に日系CVS企業における人材，ビジネス教育の実態を考察する。第6章では物流の観点からメコン地域における物流の実態を，第7章ではメコン地域の経済，教育事情の統計分析を行う。
　各国編では，第8章ではベトナム，第9章ではミャンマー，第10章ではラオスにおけるビジネス教育について，それぞれ母国の事情や専門家の立場で解説を行う。

2018年3月

編著者　内野　明

目次

序文……i

はじめに……iii

第 I 部　全体編

第1章　メコン地域のビジネス教育への アプローチ

1　はじめに……2

2　ASEAN 基礎知識……4

3　中国プラスワンそしてタイプラスワン……8

4　われわれに必要な視点……10

5　ビジネス教育……13

第2章　メコン地域におけるビジネス教育
―現地大学と日系企業の教育の現状―

1　はじめに……17

2　現地大学のビジネス教育……18

3　日系企業内におけるビジネス教育……24

4　ベトナム政府の企業内教育支援……32

5　まとめ……35

第3章 企業進出事例と労働教育環境

1　企業進出事例（公開事例）……………………………40

2　企業進出事例（実態調査より）………………………62

3　メコン諸国の労働教育環境……………………………66

第4章 日系繊維企業の人材育成・ビジネス教育

1　はじめに…………………………………………………73

2　繊維産業と海外進出……………………………………73

3　ベトナム進出の日系繊維企業…………………………77

4　進出企業の人材育成・ビジネス教育の現状…………86

5　進出企業の人材育成・ビジネス教育の課題…………101

6　おわりに…………………………………………………114

第5章 日系小売進出企業における人材・ビジネス教育の実態
―CVS の店舗運営レベルに着目して―

1 はじめに･･119

2 ASEAN 諸国への日系小売企業の
進出活発化の背景･･････････････････････････････120

3 小売国際化に関する研究から見た人材・
ビジネス教育に関する実態の解明の意義･･･････123

4 メコン地域における日系 CVS の店舗運営レベル
を中心とした人材・ビジネス教育の実態･･･････130

5 おわりに･･134

第6章 メコン地域における物流の実態

1 本章の目的と方法････････････････････････････140

2 メコン地域における日系企業の進出・撤退･････140

3 メコン地域における日系物流事業者の
進出実態･･143

4 ヒアリング調査に基づく倉庫・物流関連企業の
実態と物流の課題･･････････････････････････････153

第7章 統計で見るメコン地域

1 メコン地域の基礎的データ······················155

2 メコン地域の経済状況··························156

3 人口の年齢構成······························160

4 教育・スキルに関する指標·····················161

5 産業構造··································165

6 男女格差··································166

7 主成分分析による各国のポジショニング·········168

8 おわりに··································178

第Ⅱ部　各国編

第8章　ベトナムにおけるビジネス教育

1　はじめに …………………………………………182

2　企業における人材教育のタイプの違い …………182

3　『2011-2020年ベトナム人材開発戦略』
　　における「ビジネス教育」の目標設定 …………184

4　2016年学校系統の改正に見られた
　　ビジネス教育の強化の狙い ……………………186

5　ベトナム観光業人材の概観 ……………………189

6　ダナン経済大学における観光業の人材育成 ……192

7　おわりに …………………………………………197

第9章　ミャンマーにおける
　　　　　ビジネス教育について

1　はじめに …………………………………………201

2　ミャンマーの教育制度について ………………203

3　ミャンマーと日本の関係 ………………………206

4　ミャンマーのビジネス教育について …………207

5　ミャンマーの教育状況の位置付け ……………213

6　おわりに …………………………………………215

第10章 ラオスにおける民間部門のための人材育成

1 はじめに･･･217

2 人口動態及び産業構造から見た
　民間部門の人材･･････････････････････････････218

3 国家計画・教育政策における技術・職業教育･･･221

4 国際援助と人材育成････････････････････････228

5 民間企業による人材評価･･･････････････････230

6 民間部門の形成とラオスの社会文化的背景･････234

7 おわりに･･･････････････････････････････････････235

おわりに･･････239

第Ⅰ部

全体編

第1章

メコン地域のビジネス教育への アプローチ

1 はじめに

　メコン地域のビジネス教育が本書のテーマである。このテーマに対して日本のビジネス教育とメコン地域の，例えばタイのビジネス教育とどのような違いがあるのか，日本とそれぞれ各国との差，違いを整理できればその責任の一端は担える。本書でもこのテーマに関する初めての刊行物として，第Ⅱ部でそのようなアプローチでできるだけ情報提供を行いたい。しかし，そもそもビジネス教育という言葉が何を指しているのか曖昧である上に，本書の読者が期待するのは，それぞれの国における教育制度としてのビジネス教育ということよりも，日系企業がそれぞれの国に進出した場合に生じる教育に関連した問題にあると思われる。

　日本の中堅企業を想定してみよう。中国から安い製品が大量に流入し，競争が苦しくなってきている。国内では，人手不足，高賃金，それに付随する高コストでなかなか輸入品に対抗できない。周囲の製造業は中国へ工場を移転している。そこでわが社も海外に工場を新設し，そこで低コストで製品を生産し，日本にその製品を持ち込んで売ろうとする。

　海外に工場を造る場合，進出国の法律はどのようになっているのか，単独進出か現地国でパートナーを見つけるか，工場の立地は，建物は，日本からの人員の派遣は，労働力の調達は，工場稼働へ向けた様々な体制整備は，原材料の確保は，できた製品をどのように日本へ持ってくるか，などなどたくさんのクリアすべき問題が山積している。日本での工場運営のノウハウがなければもちろん成功はありえないとしても，それだけで成功にはたどり着けない。海外へ工場を移転するための多くのノウハウの習得は欠かせず，それをクリアするた

2

めの労力は計り知れない。

　日本企業がこのような問題をクリアして海外へ進出すれば，その日本企業の問題は解決するのだろうか。上記の行動は，日本企業の国際化，インターナショナリゼーションの典型的な例で，ここ20年くらい多くの日本企業が続けてきたわけである。

　上記の想定の最初に「中国から安い製品が」と記した。「安かろう悪かろう」と思っていた中国製品は，今やスマホや家電製品などでは安くて高性能といわれ，中国そのものが最先端品を含む「世界の工場」となっている。衣料品では中国製ばかりでなく，ベトナム，カンボジア，シンガポール，あるいは中南米の国で作られた製品も大量に日本に持ち込まれる。世界は完全につながっていて，人，物，金は移動する。確かに人の移動は物，金よりも少ないながら，やはり移動する時代であり，情報はさらに激しく世界中を駆け回っている。

　日本の人口は確実に減少を続け，消費市場としての魅力は落ちていく。短期的な景気動向，物価やGDPの伸びの問題が政治的，経済的に語られる。しかし，長期的に今のGDPを維持するためには，人口が大きく減っていくのを前提とすれば，国民1人当たりの生産性を高められなければ，景気と関係なくGDPは縮小する現実が待ち受けている。日本の人口問題や人口減少社会で日本がどのような舵取りをするのかが，本来の喫緊の課題であろう。

　日本から海外へ進出し，そこの工場から製品を日本に輸入すれば問題が解決するわけではない。日本企業が成長を続けるためには当面は日本へ製品を持ち帰らねばならないものの，中長期的には作った製品を移転先，あるいは第三国で販売できなければ日本の製造業は限界に達してしまう。

　本書のターゲットであるメコン諸国は，もちろんASEAN（Association of South-East Asian Nations）の構成国であり，ASEANは現在AEC（ASEAN Economic Community）として経済的なつながりを強化している。この中でも特に陸続きの国々では不法移民の問題を含めてまさにつながった存在になっている。タイの工場で作る製品の一部や部品をラオスへ運び，ラオスの工場で加工等を行い，タイ工場に戻すこともある。

　このような動きは地球規模化，グローバリゼーションが進む世界の中ではほんの一部の動きに過ぎない。多くの日本の企業が生き残りをかけて国際化を進めてきた。しかし，われわれに今必要となるのはこれまでの単なる国際化では

第Ⅰ部／全体編

なく，地球規模化した経済社会に対応したグローバリゼーションである。地球規模で眺めてみると，日本の隣国は中国，韓国，台湾ばかりでなく，ASEAN諸国，太平洋諸国も隣国である。ASEAN，あるいはメコン諸国との関係は，世界規模で考える上では局地的でも，日本とタイ，日本とベトナムといった1対1の国際化を超えた視点を持ち込むもので，グローバル化の第1歩となろう。

本書全体がこのようなグローバルな視点でASAEAN，メコン諸国を捉えている。第1章では，メコン地域のビジネス教育へのアプローチを行うための，基本的な知識とわれわれに必要な視点をまず考える。その上で，グローバル化の事例をいくつか紹介しつつ，それらの事例から得られるポイントを整理し，日本企業の中長期の企業戦略と人材教育について整理していきたい。

2 ASEAN 基礎知識

2-1 ASEAN[1]

ASAEANの創設は1967年の「バンコク宣言」による。タイ，インドネシア，シンガポール，フィリピン，マレーシアの5か国で結成された。当初は共産主義国に対抗するための組織であった。1984年ブルネイが加盟し，ここまでの加盟国をASEAN6という場合がある。冷戦時代が終わり，1995年社会主義国であるベトナム，1997年ミャンマー，ラオスが，そして1999年カンボジアが加盟して現在は10か国から構成される。後から加盟したカンボジア，ラオス，ミャンマー，ベトナムの4か国をその国名の頭文字をとってCLMVと呼ぶ場合がある。本書のターゲットとするメコン諸国とはこれらCLMV4か国とASEANの先進国であるタイの5か国とし，中国雲南省は含めない。

ASEANは毎年首脳会合の他，閣僚会合や高級事務レベル会合等を開催し，政治・安全保障，経済，社会・文化，対外諸国との関係等，幅広い議論を行う比較的ゆるやかな協力形態であった。しかし，中国やインドの台頭，WTO体制の停滞，1990年代後半からのアジア通貨危機などの国際情勢を受け，より強固な共同体構築の機運が高まって，2003年第2ASEAN協和宣言を採択し，2020年までに「政治・安全保障共同体（APSC: ASEAN Political-Security Community）」，「経

第1章　メコン地域のビジネス教育へのアプローチ

図表1-1　AEC ブループリントの進捗と課題

分野	進捗（2015年1月時点）	課題
物品貿易	関税撤廃： ASEAN6は99.2％撤廃済み，CLMV諸国は2015年までに93％，2018年までに100％撤廃予定。 ASEAN物品貿易協定（ATIGA）： 2010年発効。物品の域内自由移動を実現するための法的枠組。	非関税障壁：撤廃に進展が見られず。2009年～2013年の間，ASEAN各国で186の非関税措置が実施されたとのアジア開発銀行（ADB）の調査もあり。
サービス貿易	ASEANサービス貿易枠組協定（AFAS）： 10回のパッケージ交渉により128分野での自由化を目指す。第8パッケージ議定書（80分野）まで発効済み。	第1モード（越境取引），第2モード（国外消費）は完全自由化が進展。第3モード（拠点の設置）については，ASEAN企業に対する外資出資率70％以上の開放が目標となっているが，自由化が限定的な分野も多い。
投資	ASEAN包括的投資協定（ACIA）： 2012年発効。製造業等の分野における内国民待遇，経営幹部の国籍要件等について自由化を約束。	ACIAの留保表に記載される自由化例外分野の削減を目指す。
人の移動	資格の相互承認協定（MRA）： 8分野（エンジニアリング，看護，建築，測量技師，会計，開業医，歯科医，観光）で協定を作成。	サービス貿易の枠組みの下での第4モード（人の移動）自由化は熟練労働者に限って実施。ビジネス訪問者，企業内転勤者等の自由な移動を規定する「ASEAN自然人移動協定」が作成されているが，未発効。また，資格の相互承認協定についても，各国の締結手続進捗により実施についてはばらつきあり。

出所：外務省（2015.10.30）「ASEAN共同体の設立に向けて」『わかる！国際情勢』Vol.133より。

済共同体（AEC: ASEAN Economic Community）」，「社会・文化共同体（ASCC: ASEAN Socio-Cultural Community）」から成る「ASEAN共同体」を設立することで合意。2007年には域内の経済統合の展望から，ASEAN共同体設立の目標年次を2015年に前倒すことを決定。2008年にはASEANの機構強化及び意思決定過程の明確化を目的とした「ASEAN憲章」を発効させ，2009年には3つの共同体のブループリントと呼ばれるロードマップを作成し，ASEAN共同体設立に向けた明確な道筋が示された。

　2017年はASEAN創設50周年の記念行事が行われた。2015年末のASEAN共同体の発足の記事とともに，この50周年の記事もあまり大きく日本では取り上

第Ⅰ部／全体編

げられなかった。ASEANに関する最近の話題としては，タイ国内にいる不法労働者を周辺国に強制帰国させる問題の報道がある[2]。また，ミャンマーでロヒンギャをバングラディシュへ難民として流出させた問題は世界から注目されている。

2016年の最新データで見ると，ASAENの面積は449万k㎡で，日本の12倍，世界の3.3％。人口は6億3,862万人で，日本の5.0倍，世界の8.6％。GDPは2兆5,547億米ドルで，日本の51.79％，世界の3.4％，1人当たりGDPは4,000米ドルで，日本（38,895米ドル）の10.2％，世界平均（10,151米ドル）の39.41％。貿易（輸出＋輸入）額の合計は2兆2,555億米ドルで，日本の1.8倍，世界の7.1％を占めている。

他の地域経済統合体との比較を図表1-2に示す。1人当たりGDPは圧倒的に少ないものの，貿易額はかなり多く，今後人口及び経済が他の経済統合体より大きく伸びると推定される。また，ASEAN内のメコン諸国は既に日系企業の進出歴が長い工業国タイと，伸びしろの大きいCLMVであることから，特に日本にとっての重要性が高い。

図表1-2　日本・中国及び地域経済統合体との比較

	加盟国	人口	GDP	1人当たりGDP	貿易（輸出＋輸入）
日本		1億2,699万人	4兆9,394億	38,895	1兆2,518億
中華人民共和国		13億7,600万人	11兆2,183億	8,113	3兆6,856億
東南アジア諸国連合（ASEAN）	10	6億3,862万人	2兆5,547億	4,000	2兆2,555億
欧州連合（EU）	28	5億1,150万人	16兆3,980億	32,059	10兆6,292億
北米自由貿易協定（NAFTA）	3	4億8,695万人	21兆1,449億	43,423	5兆2,420億
南米共同市場（MERCOSUR）	6	3億413万人	2兆7,430億	9,019	5,430億

注：金額は全て米ドル。
出所：外務省アジア太平洋局地域政策課（2017.8）「目で見るASEAN―ASEAN経済統計基礎資料」及びその他外務省データより筆者が作成。

2-2 AEC の経済効果と影響

　2015年末にASEAN共同体が発足した。域外との関係でいうと重要なのはAECの部分であり，AECによりASEANではヒト・モノ・カネの動きが自由化され，関税が撤廃され，より活発な貿易が促される。既にASEAN出身者の域内移動は短期滞在ビザが不要となっており，熟練労働者から順に域内移動を促進し，競争力向上で周辺の大国への輸出拡大，ASEAN域内のさらなる成長を目指している。

　三浦有史（2016）によると，AECの効果としてASEANのGDPを6％押し上げ，一方，日本を含むアジア周辺諸国はマイナスの影響を受けるとする。ただし，日本は中国とASEANに直接投資を行ってきた蓄積があり，それらの企業を含めた全体効果はプラスになるという。

　ASEANの主力貿易相手国は中国であり，多くの国は対中貿易赤字を計上しているとされるものの，香港経由などの中国輸出を含めると実態は黒字である。中でもマレーシア，シンガポール，タイの電気・光学機器の中国輸出は，これらの国の貿易黒字に貢献している。中国とASEANに工場を持つ外国企業はASEANから部品調達をし，中国で最終組立を行う図式となる。中国とASEANに直接投資を通じてグローバル・バリュー・チェーン（GVC）を構築した日本企業には有利に働くという。また，中国での生産コストが高騰し，ASEANの技術力が向上すれば，ASEANで製品を作り上げることも考えられる。

　AECは共同体の名を冠するものの，EU（欧州連合）とは違い，通貨統合や域外に共通関税を課すことなどは想定していないFTA（Free Trade Agreement, 自由貿易協定）に，投資の自由化や熟練労働者に限定した人の移動などを認める「FTAプラス」と称される。これに対して環太平洋パートナーシップ（Trans-Pacific Partnership）は自由化の範囲が広く，水準が高い。このTPPの帰趨とAECの関係も微妙だという。TPPが発足すると，協定参加国と非参加国では経済効果が全くことなる。ベトナムではGDP押し上げ効果が28.2％にも達し，マレーシアも6.1％高くなる。非参加国では最も影響が深刻なのはタイで，フィリピン，インドネシアが続くという。そのため「ASEANには“AECをTPP並に引き上げようという”求心力と，“AECの存在意義はなくなる”という「遠心力」が働く可能性がある」という。[3]

第Ⅰ部／全体編

　ASEAN全体としては人口高齢化のスピードが緩やかであるために，潜在的成長率は将来中国を上回る可能性があり，消費市場としての伸び代が大きい点や，製造業の集積において，日本が他国の追随を許さない地位を築いている点も中国にはない特徴と指摘している。一方，山邉圭介・石毛陽子（2016）では，相対的な日系企業の優位性よりは，ASEANをまたにかけるASEANコングロマリット企業の存在感を指摘し，日本企業はこのようなASEANコングロマリットとの関係，提携もあればそれらの企業の動きから学ぶことが多いと指摘している。

3 中国プラスワンそしてタイプラスワン

3-1　中国プラスワン

　われわれが実態調査をしたメコン地域へ進出した日本企業のほとんどは，中国へ進出した経験を持つ企業が多い。その意味では既に海外進出のノウハウを中国進出の際に習得しているといえる。中国進出を経由してASEANなどに進出するのを「中国プラスワン」と呼ぶ。中国は13.8億（2016年）の人口を持ち，GDP18.6兆ドルの米国を追う11.2兆ドルのGDPを持つ巨大消費国である。中国の人手不足は深刻で，人件費も毎年高騰している。対日感情を含めた日本に対する政情も安定的なものとはいえない。競争上，より安い賃金を求めて，中国進出の経験を活用して第3国へ進出するのが「中国プラスワン」である。中国は人口が多く，大消費国であり，消費市場としての魅力は大きいものの，モノづくりの場所としての魅力は落ちつつある。ASEANは人口増加中の若い国であり，消費市場としての将来の魅力もあり，この際のターゲットとなっている。

　日本，中国，ASEANを3つ並べてみると図表1-3のようにイメージされることが多い。しかし，実態は中国には高品質の製品を作りうる人材と経験が既にあり，「世界の工場」として機能している。

第1章　メコン地域のビジネス教育へのアプローチ

図表1-3　モノづくりについてのイメージと実態

	労働力	コストの イメージ	製品の イメージ	実態
日本	人手不足	高コスト	高品質	熟練工が減少
中国	人手不足	中コスト	中品質	賃金は高騰 ASEANより高い 中品質から高品質まで 熟練工が存在
ASEAN	潜在的には余裕	低コスト	低品質	低品質／一部中品質以上

出所：筆者作成。

3-2　タイプラスワン

　タイは日本と同じ仏教国で王様がいる。また，親日国と見なされていること
もあり，早くから日本企業が進出した。また，自動車を輸入した場合の関税が
非常に高かったこともあり，日本の自動車会社がタイに工場を建設。自動車に
関連した部品メーカーも親会社に続いてタイに進出した。タイの工業団地を巡
ってみると，古い工業団地では日系企業ばかりのところも見られる。このような
日本企業の進出によって，ASEANの中ではタイは明らかに工業国と位置付ける
ことができる。車ばかりでなく，現地資本で世界的な企業の精密部品を請け負
って作る最新鋭の設備を備えた工場を見ることもできる。したがって，ASEAN
全体では，労働集約的な低品質のモノづくりばかりでなく，中品質以上のもの
も作られている。一般に低コストの労働力がASEANでは得られると考えられ
ている。しかし，各国とも賃金は上がり気味であり，賃金を上げても労働力の
確保が簡単ではない場合がある。

　タイにおいてはASEAN内では高賃金となっているため，前述のように周辺
国からの不法労働者が就業したり，あるいはタイの周辺国であるカンボジアや
ラオスに工場を作り，タイでの半製品の加工を一部それらの周辺国の工場で行
ったり，必要な部品をそれらの工場で作る場合もでてきた。このような動きを
「タイプラスワン」という。ASEAN全体の連携が強化されつつある中，特にベ
トナムを含めたメコン地域諸国は，地続きであること，陸路での輸送網が整備
されつつあることもあり，ヒト，モノ，カネの連携が進みつつある。

第Ⅰ部／全体編

4 われわれに必要な視点

4-1　ASEAN 発展の現状認識

　メコン地域のビジネス教育の実態調査のため，ここ数年タイ，ベトナム等を訪れる機会があった。それ以前の海外渡航はアジアに関してはそれほど経験してきたわけではなかった。それでも筆者が体感する変化から「世界は変わり，インターナショナルな視点では役不足。地球規模でものごとを考えないと日本は取り残される」と肌で感じた。ほんのここ数年で遅まきながら私自身の世界を見る目が変化したのである。

　中国，1987年上海の国際会議出席のため初めて訪問。外国人の個人旅行が基本的には許されていなかったので，ヨーロッパ，アメリカ，日本から国際会議参加者は団体旅行として中国へ入国。上海は，第2次世界大戦頃とほとんど変わっていないのではないかという世界。上海の外国人用の新設ホテルへ宿泊したものの，本来同じ間取りの部屋は古い寄せ集めの部材で作られていたから，それぞれ違うし新しいという感じはなかった。街は自転車にあふれ，バス，トラックはつるつるのタイヤ。外国人用の兌換元（1980年4月〜1995年1月）が使われ，入国時は厳しい持ち物検査があった。社会主義国にサービスの概念はないと聞いていたものの，街の本屋で厚く重たい絵本を頼んだ赤ん坊を抱いた母親に，私の目の前を通過する形でその絵本を投げてよこした店員を見た。投げれば本は傷むはずなのに，ごく自然に商品が投げられ，受け取る側も何事もなかったかのように受け取るお客。話には聞いていたこんなシーンがまだそこにはあったのだ。きっと今しか見られないと，目の前に繰り広げられたシーンの目撃者としてずっと心に刻んでおくことにした。一方，入国時にはあれだけ検査をしたのに，出国時の土産物はどんなに大量でもスルーパス。外貨を落としてくれた大事なお客さんだからどんなに大量でもお構いなかった。日本からは上海の直行便が既にあったものの，往復一泊ずつホテルへ泊まっても香港経由で香港上海の国内便を利用した方が安かった。復路香港に到着し，飛行機を降りた瞬間，自由主義圏へ戻ってきた安心感，開放感がたまらなかった。

　2回目の中国は2005年，上海は新しいビルが建ち並び全く別世界だった。そして今の中国は。学生達のイメージは，中国はお金持ちの国であり，スポーツ

の大会であれ，何であれ，ともかく破格の賞金を積んでくれる国。1人分の国費留学生の枠で2人の留学生が日本に学びに来るような筆者が学生時代に感じた貧しい国のイメージは今の学生には一切ない。そして，彼らの認識の方が今の中国の現実を正しく捉えているであろう。

1997年シンガポール初訪問。日本を見習う Look East の国。こぎれいな都市国家という印象と，シンガポールの人々の髪の毛がとにかく黒い，日本人も本来は黒髪のはずなのにと思った記憶がある。

2017年のシンガポール。アジア No.1 の先進国であるとの意識がはっきり感じられ，日本は視野の外。世界を股にかけたアジアの中心地であるとの意識を感じた。20年の歳月はまさに恐るべし。ただし，リー・クアンユーの指揮した成長路線がここまでの成長をもたらしたものの，それがいつまで続くのかは疑問に感じた。都市国家という狭い国土の制約のため，この成長は後10年，少なくとも20年後には完全な飽和状態になるのではとも感じ，どこでその路線を変更し，どこへ向かうかが将来のこの国の課題だと感じた。

1991年にタイ，バンコク初訪問。子どもの頃日本にあった20年前，30年前の古い日本車を発見して感激。ただし，古い自動車が走るバンコクは，公害問題が深刻化していた1970年頃の東京溜池のような排気ガスが充満した場所が多く，ハンカチで口をふさがないととても歩けない状況。

1995年，2度目のバンコク。古い車が一掃されていたため，初めてバンコクを訪れた人が「ここは空気が悪い」といってはいても，4年前から比べれば別世界さながらの劇的改善。巨大ショッピングモールが多数出現。アジア通貨危機前だったせいか，巨大モールにお客が少ないのに驚いた。

2015年，17年バンコク及びタイ。日本よりセキュリティの高そうな立派なビルが氾濫。日本食も氾濫。片側3車線，4車線の高速道路もかなり整備され，少なくともバンコクでは豊かな市民生活を感じられる。

2017年ベトナム，ホーチミン初訪問。ASEAN の首都ないしこのクラスの大都市には，やはり中産階級がかなりの数生まれ，消費市場としての魅力も十分に感じ取れた。

これらの国の今を見ると，日本は先進国，ASEAN は開発途上国という古い見方は根本的に誤っていると感じた。人口構成の若さ，そして経済成長率の差を考えると，約半分の経済規模である ASEAN が全体として日本を追い抜くのに何年

第Ⅰ部／全体編

もかからないと感じた。ここ数年での海外体験は「国際化（internationalization）から地球規模化（globalization）」と建前で思っていただけで，筆者の頭の中はその現実が見えていなかったという事実を痛感させた。

4-2　インターナショナルから本気のグローバル視点へ

インターナショナルな関係というのは，日本対外国の2国間の関係で，日本のビジネスの拡張に過ぎない。グローバリゼーションは地球規模，多国間の関係で，世界規模での大競争を前提としている。1980年代までは国際化で日本はまだ対応可能であった。しかし，1990年代以降，特に1991年12月のソビエト連邦崩壊後，インターネットの世界に突入する時代にはグローバリゼーションが本来は必要となったはず。しかし，日本ではこの切り替えができず，バブル崩壊で失われた10年が20年になり，そして25年が過ぎようとしている。

メコン地域のビジネス，そしてビジネス教育を考えていく上で，筆者自らがようやくこのトレンドを自分の視点とすることができた。これは筆者のみならず，日本と外国，日本と世界を見るために必要な基本的な視点である。グローバリゼーションとともに思い浮かぶのは宇宙船地球号（Spaceship Earth）[4]という50年以上前にいわれ出した表現である。世界人口の爆発，石油資源の枯渇を予言した『成長の限界』（1972）[5]が第1段階の地球環境問題だったとすると，昨今の温暖化とそれに起因するといわれる自然災害の多発が第2段階。そのような状況下でわれわれは生きているわけで，地球規模，世界規模での視点は当然のこと。本章の「はじめに」で述べたように，ASEANを全体として考えたとしても，グローバルな観点からは日本の隣国の話に過ぎないわけである。しかるに，中国，韓国，台湾は既に変わってしまっており，特に劇的に変わりゆくASEANとの関係をどう築いていくかが肝要である。日本が経済的に「飽和状態」であるとすると，日本企業が成長を考えるには，少なくとも隣りあう諸国まで視野に入れる必要がある。ここで日本が経済的に「飽和状態」という表現を使った。飽和はピークに達しているという意味で使ったものの，実態としては日本が飽和から「過疎状態」に向かっているのでグローバル化が必要と表現した方が正しいのかもしれない。

インターナショナルからグローバルな視点への変化については，90年代後半

12

には認識し，学生へも伝えることがあった。しかし，本書にかかわる研究プロジェクトを通じて，単なる受け売りの知識ではなく，遅まきながら本気で視点を変えるべきことを体感した。

　整理すると次のようになろう。日本国内に海外から安い製品が流入，コストを削減してこれに対応，それが限界に達して中国へ生産拠点を移し対応，中国のコストが上がってきたのでさらにコストの安い国へ拠点を移動していくのは国際化，インターナショナリゼーション（internationalization）である。

　価格に対して日本が品質で勝負するのは一法ではあるものの，品質だけで世界市場と勝負するわけにはいかない。やはり価格も含めた形で，世界規模でビジネスを展開することを前提に組み立て直す必要がある。もちろん，日本の人手不足，相対的な高コストは今後も続いていくわけで，現在はまさにモノづくりの変革期で，IoT，AI，ロボットなどを駆使して，市場に近い場所で確実に需要されるモノだけを機動的に生産する体制は必要である。この面でのモノづくりの変革は是非必要ではあるものの，これは縮みゆく日本国内での対応である。

　ASEANは，グローバル，地球規模で見た場合，世界市場の一単位となる。

　日本，中国，韓国，台湾，ASEANは，日本の直近の隣国。ASEAN10か国，当然それぞれ違いがあるものの，AECとして連動しつつある。タイの外国人労働者が規制強化で国境に殺到したり，ベトナムの工場の従業員がベトナム人とは限らなかったりする時代である。ASEANという世界市場の一単位で，中国資本，韓国資本，そしてASEAN固有の資本と日本企業が競争していくためには，近視眼的な国際化ではなく，地球規模で考えた上での，少なくともASEANでの局地戦を考える必要がある。まさに"Think Globally, Act Locally!"である。

5 ビジネス教育

5-1　調査事例の文脈と一体化したビジネス教育

　ビジネス教育の一般的な定義は存在しないし，その体系化も試みられていない。新人教育，中間管理者と上級管理者の教育はもちろんビジネス教育に含まれる。商業高校での教育，社会科学系大学，特に商学部，経営学部での専門教

第Ⅰ部／全体編

育もビジネス教育であろう。専門学校におけるビジネス教育もある。日本では
まだ一般的とまではいえないものの，いわゆるビジネススクール，経営大学院
のMBA（Master of Business Administration）は，大企業の上級管理者への王
道となっている国もある。

　本書でいうビジネス教育とは，グローバル化の進展により，日本企業がASEAN
諸国，メコン地域のタイプラスCLMV5か国と連携してビジネスを行う上で必
要な様々な教育を包含したものをいう。本書のビジネス教育の特徴は，多くは
企業の海外の現場で発生する問題に対応するために，その現場の文脈で捉える
従業員，管理者の教育である。その意味ではベストとは限らず，まさに今行っ
ている教育の姿が中心となる。もちろん各国の教育事情，環境が異なるため，
その国による特徴が出る場合もあるし，そのような特徴として挙げられている
ものは紹介していく。

　一方，「海外へ工場を移転するための多くのノウハウの習得は欠かせず，それ
をクリアするための労力は計り知れない」と本章の「はじめに」で述べた。当
然ながら移転だけではすまず，現地に定着させ，利益を生み出さねばならない。
これを初めて経験する企業は，教育に関して，国は違っても同じような問題に
直面することがある。このあたりを，現地の事例とともに紹介できたらと考え
ている。

　現地調査において，まず，その現地企業あるいは現地進出の企業の経緯と現
状を理解することが必要となる。そのため教育に関する質問は，それらの現状
把握の文脈の中に組み込まれることとなる。教育に視点を置いた調査は初めて
で，教育を特に意識せず海外企業を調査に行った時の事例も含めて紹介させて
いただきたい。

　しかしながら，われわれメンバーは，現役で大学，大学院で教育を行ってい
る教育者ではあるものの，教育学の専門家ではない。それぞれの専門を持つメ
ンバーがそれぞれの立場から現地を調査，研究し，それぞれの立場から教育を
含むメコン地域のまさに現状を語ることとなる。

5-2　ビジネス教育の範囲

　本書で取り扱った教育がからむ問題の範囲を挙げてみる。製造業においては，

14

日系企業が現地で従業員を採用する際の問題にかかわるもの，例えば工場労働者，現場管理者・現場技術者，工場の上級管理者，現地採用の日本人と，親会社から派遣される日本人の問題，生産管理の技術者や工場の上級管理者，さらに，教育のために日本あるいは中国等の工場に派遣される現地従業員，技能実習生の問題なども含まれる。

　商業・サービス業では，派遣される日本人，現地採用される日本人，現地の管理者，従業員の問題である。さらに，日本で学ぶ外国人留学生が増えており，その留学生もある年限は日本企業に勤めたいと考えている現状から，留学生の雇用の問題についても取り上げたい。

　以上の全てについて，事例に基づいて十分な議論ができるわけではない。企業の海外進出に関する膨大な問題と切り離して，教育の問題を取り上げることはできないので，前述のように今起きている事例，事象との関連で，われわれのここまでの知見を開示したい。

[注記]
1）ASEANに関する情報は外務省の主にASEANサイト内の情報を利用している。http://www.mofa.go.jp/mofaj/area/asean/
2）佐藤剛己（2017）による。日経新聞本紙は未確認。
3）三浦有史（2016），p.29。
4）バックミンスター・フラーが提唱した概念とされる。筆者にはケネス・E・ボールディング（1970），pp.273-284が記憶に残る。
5）ローマクラブの要請を受けてJay W. Forrester（1971）がワールドモデルを開発した。その本もそれなりのインパクトがあったが，彼の弟子であるメドウズ他（1972）がローマクラブ「人類の危機」レポートとして出版した本書は，原油の重要性を指摘したことにより，第1次オイルショックの原因の1つともされた。

[参考文献]
石毛陽子（2015）「ASEAN経済共同体（AEC）がもたらすインパクト」
　　http://mag.executive.itmedia.co.jp/executive/articles/1504/27/news017.html
小野澤麻衣（2013）「メコン諸国―タイ＋1をどう使うか」『ジェトロセンサー』2013年6月号，pp.56-57。
外務省　（2015.10.30）「ASEAN共同体の設立に向けて」『わかる！国際情勢』Vol.133
　　　　　http://www.mofa.go.jp/mofaj/press/pr/wakaru/topics/vol133/index.html
外務省アジア太平洋局地域政策課（2017.8）「目で見るASEAN―ASEAN経済統計基礎資料」

第Ⅰ部／全体編

　　　　http://www.mofa.go.jp/mofaj/files/000127169.pdf
佐藤剛己（2017.7.13）「タイの外国人労働者，規制強化で国境に殺到」日本経済新聞電子版。
ケネス・E・ボールディング（1970）公文俊平訳『経済学を超えて』竹内書店。
三浦有史（2016）「ASEAN経済共同体（AEC）の行方─日中の狭間で揺れる6億人市場の
　　　　帰趨─」『JRIレビュー』Vol.3, No.33。
メドウズ他（1972）大来佐武郎監訳『成長の限界』ダイヤモンド社。
山邉圭介・石毛陽子（2016）「ASEAN経済共同体（AEC）の発足と存在感を増すASEANコ
　　　　ングロマリット企業」
　　　　http://mag.executive.itmedia.co.jp/executive/articles/1603/15/news007.html
Jay W. Forrester（1971）*World Dynamics*, Wright Allen Press Inc.

［参考URL］
http://www.mofa.go.jp/mofaj/area/asean/　外務省ASEANサイト（2018.1.5 確認）

第2章

メコン地域におけるビジネス教育
—現地大学と日系企業の教育の現状—

1 はじめに

　いまや世界的な「グローバル化」により，メコン地域（ベトナム，ラオス，カンボジア，タイ，ミャンマー）においても教育の「欧米化」が進んでいる。英語を駆使し，企業の経営管理を効率的に行うことのできる人材育成を目指して，そのカリキュラムは欧米の大学と類似している。経済発展が右肩上がりに進んでいるアジアでは富裕層は子女を欧米に留学させて，本場の欧米流ビジネス教育を受けさせるが，それに次ぐ上位の中間層は現地の大学が行う「欧米化」された教育を子女に受けさせている。こうした人材はメコン地域に進出する外資系企業の採用の対象になっている。東南アジアに進出する日系企業も多数に上り，その現地子会社の経営の歴史も長い。その経営において最も重要な留意点として挙げられるのが従業員の教育問題である。

　しかし，日系企業，とりわけ中小企業の現地法人は製造拠点であるため，従業員教育の問題の中心的な課題は生産性や品質向上に関する教育ということになる。工場内での生産現場における作業的な規則を正確に理解し，作業技能をいかに向上させるかが教育の目的である。また，近年は現地法人の管理者の「現地化」に伴って，現地幹部が多く輩出されるようになってきたため，工場運営（「生産管理」，「品質管理」など）のみならず，「物流管理」，「財務管理」，「商品企画」などの知識，技能に関する教育の重要性も高まっている。現場の中間管理職に求められる知識である。

　本稿は現在，メコン地域におけるビジネスに関する大学教育がどのような角度からなされているか，また日系企業内での教育がどのような考え方で行われているかについて，「現地大学のビジネス教育」，「日系企業内におけるビジネス

第Ⅰ部／全体編

教育」，「ベトナム政府の企業内教育支援」の観点から，その現状を概観し，今後の動向を展望するものである。

2 現地大学のビジネス教育

　大学では管理者のための教育と称して，欧米ビジネススクール型の教育カリキュラムが盛んである。国民経済大学，タイ商工会議所大学は欧米式のビジネス教育に中心が置かれている。他方，ラオス国立大学には日本研究センターが設立されており，日本的ビジネス教育も併せて行われている。

　例えば，ベトナムで現地企業，外資系企業を問わず，企業が卒業生に最も高い評価与える大学の1つがベトナム国民経済大学ビジネススクール（NEU：Business School, National Economics University, 以下NEUと称する）である。2017年で創立20周年を迎えるこの教育機関はベトナムで最も古いビジネススクールである。ただし，ビジネススクールといっても欧米や日本のように「経営大学院」だけを指しているのではなく，学部の経営学部と大学院の経営学研究科をひとくくりにして連動させて，運営しているものである。ベトナム語による授業科目によって構成されるコースと英語による授業科目によって構成されるコース（E-BBA，E-MBA）がある。英語によるコースでは欧米から招聘された教授・講師陣が講義を担当し，周辺国からも多くの留学生・交換留学生（ラオス，カンボジア，中国，日本等）が大学寮生活をしながら学んでいる。[1]

　NEUビジネススクールは筆者が属する専修大学と大学間協定を結んでいるが，そのNEUのプログラム責任者の研究科長からのヒアリングによると以下の通りである。[2]

　国有企業の再編よって，大手国有企業グループに属していた企業がスピンアウトしたり，民間企業化により企業を創設したりすることによって雨後の筍のように地場中小企業が増えてきたが，そうした企業の経営支援について教育の面で政府が重視している点は管理職の知識向上であるいう。

「ベトナムのWTO加盟後，政府において最も注目される中小企業支援は研修プログラムの開始（2007年1月開始）ではないかと思う。国有企業が株式化によって民間企業（joint-stock company）になったものの，経営者には民間企業の運営に関して知識・ノウハウ，経験が不足している。これを中央政府が地方政府に予算を配分して各地方の企業経営者に関して実施することになったものである。中小企業一般に対する研修というよりは，特に輸出促進の中小貿易会社への教育に焦点を当てている。具体的には大学教員や専門家を2つの方法で教育に当らせるものである。1つは教科書の執筆，もう1つは現場での教育である。教育する科目は財務，会計，マーケティング，組織管理である。」

「教育産業はベトナムで今最も重視される産業の1つになっている。それは就職の機会と待遇に密接に関係してくるからである。ビジネス教育会社やコンサルタント会社，ソリューション会社が急速に増えている。」

また，大学の教育もそうしたベトナムのビジネス社会の変化に伴い，変化を遂げているとし，それに伴って，以下の通り，大学のカリキュラムも大きく変化を遂げているという。

「大学も私立大学の増加によって，現在高校生の約半分が高等教育機関（高等専門学校，短大，大学）に進学するようになった。全国統一試験の30点満点のうち，19点以上が国立大学に進学できるが，最難関の1つがNEUのファイナンス学科である。今年の例でいうと24.5点以上取れなければ合格しなかった。この理由は銀行，証券会社，保険会社の給与があまりにも他の産業に比べてよいからである。残念ながら，機械製造業等への就職の人気はそう高くないといえるであろう。」

以上については若者向けの通常の大学教育プログラムについてであるが，現役の経営幹部向けのプログラムも行っており，以下のように運営され，人気を博しているという。

第Ⅰ部／全体編

写真2-1　NEU内で頻繁に行われる国際ビジネスセミナー

講演言語は全て英語である。（筆者撮影）

「NEUでは企業経営者に対する3か月のプログラム（DSMD）を行っている。これは週2回，夜の授業に参加して終了するもので，授業料はベトナム人には高価な400ドルであるが，非常に人気があり，既に500人が終了した。中小企業の経営者もいる。科目は，企業の目的，企業戦略，財務・金融，マーケティング，財務会計論，組織設計論など15科目である。財務会計論は会計士等の専門家になるための知識ではなく，経営者として財務諸表を読んで経営判断にいかせる能力をつけさせるためのものである。」

　NEUのように海外機関と提携して国際的な経営知識を教育する大学プログラムは既に広く，一般化している。2016年より本学・専修大学社会知性開発研究センター／アジア産業研究センターと組織間協定を締結しているタイ商工会議所大学（UTCC：University of Thai Chamber of Commerce，以下UTCCと表記する）も同様に英語によるプログラムで卒業できる制度がある他，商工会議所加盟企業や政府機関からの受託研究により，広くタイ企業経営者と連携しながら教育を行っている。なお，このUTCCはその名称の通りタイ商工会議所が創設した社会科学系大学である。

　UTCCは本学のみならず，日本の教育・訓練団体との提携も広く行っており，日系製造業が数多く進出するタイの日系企業からもその卒業生は高く評価されている。国際交流の機会を重視しており，英語で行われる海外大学との国際シンポジウムは学生に公開され，授業の一コマとして活用されている。写真2-2は専修大学社会知性開発研究センター・アジア産業研究センター／タイ商工会議所大学経済予測センター共催の国際シンポジウム「メコン地域における中小企業

の発展」(2017年9月)の様子である。このシンポジウムは専修大学とUTCCが共同で実施したタイ，ミャンマー，ベトナム，カンボジアの中小企業が直面するビジネス環境について調査した結果を報告したもので，授業の一環として多くの学生に聴講された。写真2-3は同シンポジウムの講演者・モデレーター，UTCCの教授陣・プログラム管理者の写真である[3]。

　タイ商工会議所大学は自国内でビジネス教育を行っている他に隣国のミャンマーでも中部の都市，マンダレーにおいてビジネス教育を輸出している。すなわち，ミャンマーでNPO (non-profit organization) を設立し，そこから講師を現地の高等教育機関 (大学，職業大学等) に派遣し，タイで行っているカリキュラムでMBAプログラムを提供している。2015年から発効しているASEAN加盟国間のAEC (アセアン経済共同体) によりサービス貿易の自由化が図られた[4]。これにより，加盟している他国内で拠点を設けて教育サービス (講義) を提供すること，タイの教員を派遣して講義を行うこと，ミャンマーの学生をタイに招いてUTCC本校で講義を行うことも可能になった。マンダレーは内陸都市であり，伝統的にタイとは国境貿易が盛んであるため，講義では経営学全般の知識の中でも陸上国境をまたぐロジスティクスや貿易実務などの内容に重点がおかれているようだ[5]。

写真2-2　UTCCの国際シンポジウムには学部生も出席・聴講する

(UTCC撮影：同大学ホームページより)

写真2-3　国際シンポジウムを共催したUTCCと専修大学の教員

（UTCC撮影：同大学ホームページより）

　東南アジアの多くの大学のビジネス教育は現地語と英語のプログラムを双方有していることが多く同大学にも欧米流のMBAコースがある。しかし，ラオス国立大学は現地語，英語に加えて日本語等他の主要なラオスへの直接投資国の言語（中国語，韓国語等）でビジネス教育を行うプログラムを有しているという。このうち，日本語にかかわるプログラムを筆者は視察したことがある。日本の国際協力機構（JICA）の支援（受託）に基づいて開始された「ラオス日本センタープロジェクト」が実施されており，日本のパナソニックグループの関連経営コンサルティング企業が日本流のビジネス教育を運営している。[6]

　ここでは日本の製造業企業が強みとする現場教育を正規学生及び政府職員・企業経営者に行う取り組みが行われている。例えば，日本企業の「経営理念」や「人材育成」の考え方，日本企業が世界に誇る「品質管理」や「5S」の考え方が講義及びインターンシップなどで伝授されている。このプロジェクトでは2008年からラオス国立大学経済経営学部と連携し，日本的経営のMBAコースのMBA選択科目7講座を担当し，日本から講師を派遣したり，TV会議システムを利用して日本から遠隔講義を実施したり支援を行っている，という。

　また，ミャンマーのヤンゴン経済大学の社会人向けビジネス教育（修士課程）

には通常のコースの他にエグゼクティブコース（Executive Master of Public Administration, Executive Master of Business Administration）があり，入学のためには5年間のビジネス経験が必要となっている[7]。また，ミャンマー日本社会経済発展協会やJICAによるミャンマージャパンセンターでは産業中核人材の育成を目的として日本語，英語，コンピュータ講座，オフィス管理講座，ボランティア活動講座などがビジネスコース，企業家育成コース，グローバル人材育成コースの中で教えられているという[8]。

NEUやUTCCのような首都に立地する大学に限らず，地方大学においてもメコン地域では英語によるビジネス教育が本格的に行われている。これは教科書に米国のビジネススクール用のものを使用する教員が多いためであり，教員も英語で講義をするほうが効率的と考えているようである。結果として，学生は米国流のビジネス知識を「スタンダード」として受け入れることになる。こうして，卒業生のビジネス界での行動様式はますます米国流に染まってゆくと考えるのは筆者だけであろうか。

もちろん，メコン地域では日系企業の進出も目覚ましく，そこへの就職や取

写真2-4　筆者が取材したベトナムの現地資本系日本語学校

（筆者撮影）

第Ⅰ部／全体編

引を目指して日本語学校も多く設立されている。日本語学校では日系企業のビジネスマナーも教えられ，中には将来ITソフトウエア開発会社への就職を目指す学生のために必要なIT用語を教える日本語学校もある。日本企業のビジネスマナーは日本企業の業務現場の立ち振る舞いを反映したものも多いため，いわゆる「日本的経営」の文化的側面が，ある程度教育されることになるが，日本企業固有の現場を重視した知識（特に製造業現場の知識）が本格的に教えられるわけではない。

　こうした事情により，結局メコン地域に進出した日系企業は企業内で「日本的経営」の知識やノウハウを教育する必要に迫られるのである。次節では日系企業内での教育についてインタビュー取材に基づき，論じることとする。

3 日系企業内におけるビジネス教育

　日系企業がアジアで生産拠点を設立する場合，工場の生産現場での生産性向上のため，生産管理や品質管理のための企業内教育が行われる。この文脈で日系企業はOJTを重要視し，大学などの座学で得た知識よりも仕事の現場にあわせた教育を入社後行うことに熱心である。ある自動車メーカーはライン生産導入する前にバッチ生産で従業員を教育し，従業員が切り分けされた工程だけに関する知識に固執せず，全体の流れに関する知識をもあえて習得させるようにOJTを行っている。ここでは，ラインにせず，あえて手作業で構造を習得させる。なお，日系企業の社内教育の特徴は知識にとどまらず，「態度」，すなわち少量多品種生産に効率よく対応できる態勢の構築，連絡報告の徹底である。大学時代にはしっかりした社会人としての教育が不十分である。仕事場で大事なのは5S，すなわち整理，整頓，清潔，清掃，しつけである。日本企業の社内教育は人事労務の問題と深く結びついている。すなわち，生産性や品質の向上の基礎となる勤務へのモチベーションと会社への定着意識の醸成である。

　日本企業がこれまで多くの生産拠点を設立してきたタイや中国の生産子会社での社内教育の例を見る。

3-1 日系企業内教育のモデル

日系製造業のアジアにおける企業内教育は日本国内で開発・適用されたシステムに，早い時期に進出したタイや多くの企業が製造拠点を移した中国の現地法人で成功してきた知見で修正を加えたモデルが適用されていると考えて良いであろう。

そのモデルの一例として，中国に進出した日系工場の社内教育の事例を見よう。その概要は以下の通りである。[10]

まず，生産現場である生産管理部の教育システムは図表2-1の通りとなっている。社内資格認定制度を確立し，それに合格させることを社内教育の目標としているものである。

図表2-1 中国の日系製造業企業の生産現場向け教育システム

```
教育方針，教育目標
 ●教育方針
    ✓ 多段階，多技能，効率化を目指し，教育訓練と資格認定体系を継続的に充実
      させる。
 ●教育目標
    ✓ 多品種少量生産システムに適合する教育訓練計画の策定。
    ✓ 充実した教育訓練計画の徹底。
    ✓ 理論と実践を結び付ける教育。
    ✓ 最大限の教育効果の実現を目指す。
 ●具体的目標
    ✓ 社内資格試験における新社員教育合格率90％を達成する。
    ✓ 社内管理教育プログラムに対する管理人員教育出席率90％を達成する。
 ●行動計画
    ✓ 新社員教育計画及び目標，実施方法の作成を行う。
    ✓ 管理人員教育計画及び目標，実施方法の作成を行う。
 ●成果目標管理
    ✓ 半期及び年度末に目標管理と評価を実施する。
```

出所：井関稔編『中国進出企業の工場管理実務・実例集』日本能率協会マネジメントセンター，2004年より抜粋。

次に生産管理者に対する教育システムは図表2-2の通りとなっている。社内教育の講師を現地スタッフから昇進した課長以上の管理職員に担わせることに

第Ⅰ部／全体編

よって，管理職のリーダーとしての権威（知識をもとにした権威）を高めるとともに，社内の職場の考え方（いわゆる「イズム」）の浸透を図っているものになっている。

図表2-2　中国の日系製造業企業の生産管理者向け教育システム

- 教育対象
  - ✓ 班長，主任，高級主任
- 担当講師
  - ✓ 全て現地人員の課長以上
- 教育工程
  - ✓ 1回2時間，月1回の定められた日に実施，12か月間
- 教育内容
  - ✓ 現場管理実践（22時間），及び他社現場管理経験学習（状況次第の時間数）
- ペナルティ等
  - ✓ 欠席の場合は事前許可必要。参加を断る者は降格

出所：図表2-1に同じ。

3-2　日系製造業子会社の事例

　こうしたタイや中国の既存工場で日本流を修正した教育は成功しているように見える。実際に筆者はこうした知識を習得した技術管理者を，チャイナ・プラスワンやタイプラスワンとして日系企業に位置付けられているカンボジアやラオスなどに派遣する工場を視察したことがある。[11]

　次に日本企業がこれまで多くの生産拠点を設立してきたタイや中国の生産子会社での社内教育を，それにかかわる背景や対応とともに筆者のインタビューへの回答の形で見てみる。

日系ベトナムSA社（自動車部品加工：エンジンカバー製造）[12]の事例

　「増産のために今まで中古であった工作機械に加えて新品の工作機械10台を日本から輸入し，また，日本でもやっていない鋳造作業を加えて，日本のオートバイメーカーの新機種向け納品に備えている。また，中国製二輪車と

第2章　メコン地域におけるビジネス教育

の熾烈な競争から日系納入先からのコストダウン要求が厳しくなっている。既存製品に対しては年二回5％程度のコストダウン要求がくるという状況でもある。進出している工作機械メーカーとタイアップしてそれらのスペアパーツ（メンテナンス）を供給するというビジネスモデルで営業していくことも構想されている。こうしたなか，現地の製造現場のスタッフの教育が急務である。加工精度については厳しい水準が必要。現在，設計は日本で行い，ベトナム工場では旋盤加工をしているが，これからはベトナム工場でも設計を行ってゆく計画である。このための人材育成（本社への研修生派遣）も始めている。」

（下線は筆者）

「製造現場の人材であるが，2交代制で操業するためのワーカークラスの募集は容易であり，人件費は日本の20分の1である。8割方の人員は最初の1年は試用期間で2年目から本採用である。これらは多くは高校卒業レベルである。また，短大卒の技術者は15名ほどである。教育を受けた人材をできるだけ確保するために，特に女子社員の結婚・出産による退職を思いとどまってもらうための仕組みに意を用いている。生産現場の指導と管理部門に2名の日本人が派遣されている。管理部門の人材教育は未だ本格化しておらず，経理など重要な現地法人の管理事務については日本人が担当。その他，毎月本社経理担当者と部長クラスが出張してきている。他に適宜，技術人員等が来越する。3〜4年でワーカークラスはかなりできるようになる。責任感とやる気の醸成が課題である。能力給，勤務状況による昇給によりこの課題に対応している。喫緊の課題である品質向上のためにモチベーションを維持して会社で働き続けてくれるための人材の訓練・育成が必要である。」

（下線は筆者）

日系ベトナムTO社[13]（光学機器製造）の事例

「従業員は120名。うち，100名はワーカー。平均年齢は22歳と若い。即戦力となる優秀なエンジニアや日本語の分かる人材を必要としている。管理スタッフや技術者をワーカーレベルの給与の3倍程度にして採用したいが，需要が供給を上回っており，なかなか見つからなく，採用できてもなかなか定

第 I 部／全体編

着しない。引き止め策は研修と給与と考えているが，給与の相場は日系企業の進出拡大により上昇中であり，対応には限界がある。生産ラインの技術エンジニアには男性社員，細かい手作業の生産ラインには女性社員が多い。また，事務，管理にも女性が多い。大家族制に支えられて，女性は出産後仕事に復帰するのが普通である。課題は通訳を通して行う現地従業員とのコミュニケーション。「報告，連絡，相談」があり，そうした仕事上でのコミュニケーション能力の向上を図るための訓練や指導が重要になっている。また，問題発見とそれを解決する提案力も育成してゆく必要があると考えている。」

(下線は筆者)

日系ベトナムSU社（自動車部品・照明製造）[14]の事例

「知識よりも愚直にがんばる『人間力』を評価するという方針である。従って短期的な業績悪化で評価し，強制力で仕事の目標を押し付けるなどはしない。また短期的なパフォーマンスの結果をもって，リストラはしないのが会社の方針である。結果として従業員の信頼を勝ち得，定着率を高めている，と感じている。いわゆる，知識よりも仕事に対する姿勢や意識付け等の「イズム」の教育が重要である。こうしたイズムが定着するまで丸3年かかった。現在では日常の問題解決は現地スタッフに任せられる。自分は最後の裁定に専念している。」

(下線は筆者)

日系ベトナムPEN社[15]（光学機械製造）の事例

「人材の採用は急拡大している。管理人員は大卒，技術人員は短大卒を採用してきた。大卒（新卒）は一般に大学での習得知識を過大評価していて，要求が多い割には実務能力がない。実務は入社してから勉強します，という割にはあまり努力していないと思っている。そのわりには高い給与水準，高いポストなどを要求してくるので，最近では大学の新卒は取らないことにした。社内教育（生産管理，品質管理，経理，連絡報告，生産技術等）としては，また，連絡報告をシステマティックにするためのコミュニケーション訓練も必要である。[16]これらはOJTで注力している。即戦力かもしれないが，多

くの転職経験のある人もとらない。定着率が悪いからである。この結果，だいぶ定着率は高くなり，現在は95％前後の定着率である。しかし，まだ，人材育成と組織整備が追いつかず，不良品率が一時的に上昇している。特にオーダー製品は熟練が必要で一朝一夕にはできないところが品質向上の難しいところである。」 (下線は筆者)

日系カンボジアMI社（精密機械部品製造）[17] の事例

「ワーカーレベルには作業指示を理解して正確に作業するため基礎的な読み書きと作業工程の教育を専用の時間と教室を社内に設け，定期的に行っている。この点は長く続いたかつてのカンボジア内戦で教師が不足し，基礎教育が出来ていない社員が多いカンボジア工場独自のものである。技術管理職はタイ工場で経験を積んだメンバーをカンボジアに派遣している。タイでの当社の「モノづくり」方式を学んで，カンボジアに移転するということである。」 (下線は筆者)

日系カンボジアKO社（児童用品製造）[18] の事例

「生産管理は中国人スタッフ，総務・経理・人事管理は日本人スタッフを配置している。中国人スタッフは当社中国法人の技術職員で日本本社流の生産管理，技術教育・訓練を十分に身に着けた人材をカンボジア法人へ技術管理職待遇で派遣しているものである。」 (下線は筆者)

　以上の事例のように日系企業（製造業）は基本的に日本で開発された工場内教育を踏襲しながら，現地の事情に合わせて修正を加えている。この場合，特に考慮されるのが離職率をいかに抑えるか，ということになっている。そのために離職率の高い地域で先行工場が成功したモデルを活用している。日本から人員を派遣すると大幅なコスト増になるということもあろうが，いわゆるこうした「修正モデル」が成功した教育を体現した人材として，中国やタイの管理者をカンボジアに派遣しているとみることができる。

29

第Ⅰ部／全体編

3-3　日系流通子会社の事例

　以上は製造業の事例であるが，次にサービス業の日系企業の社内教育を報道や企業ごとの広報情報をもとに見てみる。サービス業は商品もさることながら，何といっても接客やマーチャンダイジングが競争力のポイントである。この分野で最も進んでいるチェーン小売業を事例に，社内教育のあらましを概観する。

　大手流通小売業のイオンは「現場は現地流，管理手法は日本流（グローバルスタンダード）」を謳い，日本で開発された手法を持ち込みつつ，現場での対応には現地流で修正を加えている。現地の管理人員に対しては具体的な知識項目としては「売り場運営」，「商品仕入れ（調達）」，「物流・配送」，「スタッフの採用・人材育成」に関する知識が教育されている。海外に出店している百貨店の伊勢丹の現地店も日本で確立された知識である「数量的販売情報の徹底」，「市場調査の徹底」とその結果を仮説と検証を通じて洞察し，その情報を売り場の社員が共有することができるように「売り場運営」，「単品管理」などの知識を現地店舗で教育している，という。

　この業界でも単なる「知識」よりも，それを実際に業務にいかすための「イズム」を徹底するための教育がより重視されているようである。例えば，流通大手のイトーヨーカドーは中国を中心に総合スーパー（GMS）を展開しており，現地店舗の管理人員の現地化を推進しているが，そこで幹部になったスタッフはこうしたイズムを理解し，経営にいかすことができる人材となっている。イトーヨーカドーのアジア店舗で最も成功した例の1つといわれる中国四川省・成都市の現地法人社長を務める金 暁蘇氏（成都イトーヨーカドー総経理）は以下のように述べている。[19]

　「私は，1998年に成都イトーヨーカドー1号店出店の際に通訳として入社しました。最初は管理本部長の通訳を務めましたが，現場との橋渡しをする中で感じたことなどを積極的に提案しました。それが認められて業務担当となり，その後も次々と責任ある仕事を任せられるようになりました。私が日本人幹部から学んだことは，誠実に仕事をするということ。そして，誠実に仕事に取り組めば，それを認めてくれる会社であることを，私も周囲の人た

ちも実感しています。成都イトーヨーカドーは，中国人社員・日本人社員の隔てなく，誰もが自由に発言し，話し合っています。社員たちは積極的に提案し，会社の方針も自分のこととして受け止めて実行できます。これがチームワークと徹底力の基盤だと思います。今後は総経理として，先輩たちが築いてきたこの社風を受け継ぎ，社員がやりがいを持って働ける企業として発展させていきたいと考えています。」

　また，ベトナム（ホーチミン市）で2014年に店舗を開業したイオンの「イズム」の浸透の成功例についても，日本のメディアから次のようにとり挙げられている（東洋経済オンライン報道「現地採用従業員と目指す『アジアシフト』」）。[20]

　「この大掛かりなプロジェクトは，戦略を構築する経営層だけの力によるものではない。実際に現場で働く従業員の奮起によるところも大きい。ベトナム人は非常に優秀だという。決められた仕事については一度教えればすぐに吸収し，責任感強く取り組む。人によっては業務時間内に仕事が終わらなければ徹夜してでもやるという，日本人並みの粘り強さも兼ね備える。特に女性の仕事に対する意欲が高いことが特徴だ。家庭も大事にする一方で，生活における仕事のウエイトが大きい。子どもを産む直前まで働き，生んだらまたすぐに働きに出る母親も多い。夫よりも妻が稼いでいるという家庭も少なくないそうだ。」

　ここでは，ベトナム人の職業に対する固有の姿勢を評価し，日本企業の（特に高度成長期の）「イズム」と親和性があり，通用しやすかったことが挙げられ，それがゆえに店舗開業という困難なプロジェクトの業務遂行における成功に大きく寄与したと評価されている。その上で，現地スタッフが持つ弱点については次のようにイオンの日本流の流儀を指導するとされている。

　「初めは自分に与えられた仕事のみをしていればそれでよいが，事業が進んでいくといろいろな問題が起こる。その問題が，複数の部署にまたがったものであると解決力が小さくなるという。彼ら（ベトナム人現地スタッフ）は自分のジョブディスクリプションを明確にした上で仕事をするからだ。そう

第Ⅰ部／全体編

したときには日本人が現場にまで入り込んでいかなくてはならない。」

　ここには明確な業務範囲の設定（ジョブディスクリプション）が部門横断的で複雑な問題の解決を妨げているため，そのような場合は全体観をもって解決のアクションを起こすための「イズム」が浸透しにくいという難しさが現れてくる。

　　「小売業はスタッフという人的要素が顧客との前面に出るケースが多いため，人材教育は極めて重要であるが，そのための「教育スタッフ」の教育が追い付いていない，ということが日系小売業の問題である」という声も聞かれた（タイFA社（コンビニエンスストア本社））[21]。「店舗管理などの教育をするリーダー社員を育成するのが難しい」ということである。企業内教育の成功のキーファクターは「イズム」を理解する現地リーダー社員の育成が成功するか否かにかかっているようである。

4 ベトナム政府の企業内教育支援

　他のASEAN諸国に目を転じると，社内教育の余力の乏しい地場の中小企業に対しては各国政府が支援を行っている。意欲的な中小企業はそうした教育機会を活用している。例えば，フィリピン，マレーシア，インドネシアでは輸出主体のビジネスを行っている中小企業がそれぞれの政府主催のセミナーや企業教育に企業幹部を派遣し，その幹部がそれを従業員に「伝道」している例がある[22]。筆者はこうしたセミナー現場を2005年に視察したことがあるが，その内容は商品パッケージの「デザイン」，「品質管理」，「在庫管理」，「輸出手続き」，「衛生管理」，「包装技術」など日系企業が社内教育で行っているメニューと近いものであった。

　そのうちの1つの例として，フィリピンにおいて金属，プラスチック製品を製造し日系企業にその製品を部品として納入している現地企業の例を挙げたい。この企業では先進国の発展途上国支援機関である日本のAOTS，オランダのCBI，ドイツのGTZ，カナダのCIDAといった先進各国が有する援助機関主催のプログラムに参加した社長がそのノウハウを社員に教育している。ドイツ

32

第2章　メコン地域におけるビジネス教育

図表2-3　ハノイ食品加工ビジネスインキュベーターの教育メニューと実績

（2005年～2009年）

- トレーニングコースの数：34コース
- 受講者数：680
- 経営者向け教育訓練実施：66回
- 経営者向けセミナー開催：14回
- 教育知識分野：商品開発，品質検査，衛生管理，製造管理，コスト及び価格，財務会計，財務管理，株式売買，会計

出所：鹿住倫世（2016）pp.115-117。

のハノーヴァーの見本市にGTZの支援で過去3回ほど参加し，製品開発やマーケティングの知識を得た。そして，製品開発，設計（3次元CAD等）の技術を従業員に教えた，という。見本市などに社長が参加し，国際市場の要求水準や海外の同業者の製品や技術レベルを，従業員に伝えて，社内の製品開発や製造の効率化に役立てたということである[23]。

　ベトナムでも類似のことが行われている。実際にEUの支援を受けて設立され，中小の食品加工のスタートアップ企業を入居させて支援する「ハノイ食品加工ビジネスインキュベーター」という機関が存在する。このインキュベーション支援機関の教育メニューは先のフィリピンの例と同様に経営者に対するビジネス教育となっているが，極めて実際的であり，日々の事業運営に即したものである。鹿住（2016）が，その教育メニューを図表2-3のように紹介している。

　このインキュベーション機関では食品加工ビジネスのスタートアップ企業の経営者に必要な知識と技能を伝授する目的で教育が行われていることがわかる。特徴的なのはベンチャー経営者向けに「株式売買」の科目があることである。ベンチャー企業を本格的企業に拡大するためには投資家（エンジェル）を必要とするが，非上場の株式をもって投資を要請するため，その法的な手続きやノウハウも不可欠とされているのであり，そうした知識もメニューに加えられていると推察される。

33

写真2-6　ハノイ食品加工ビジネスインキュベーターの教育設備とスタッフ

（筆者撮影）

写真2-7　ハノイ食品加工ビジネスインキュベーターの実習設備

（筆者撮影）

第 2 章　メコン地域におけるビジネス教育

5 まとめ

　メコン地域諸国は AEC の成立を受けて，その発展が期待されている。世界中から直接投資を受けるとともに ASEAN を構成する 10 か国間の人の移動も活発になっている。これに伴って，言語は英語が重視されてきていることはいうまでもない。こうした状況の帰結として，大学で行われているビジネス教育のカリキュラムのベースは欧米流のビジネス教育となっている。すなわち，「人的資源管理」，「ファイナンス」，「マーケティング」，「経営戦略」，「国際経営」，「貿易」，「企業統治」等の科目，すなわち企業経営者のための知識を中心とした座学やケーススタディである。これらを身に付けた学生はその学歴を武器に自分を少しでも待遇の良い企業に「売り込む」ことを目指している。また，大学も学生を企業に売り込むための「付加価値」を付けることを目標としている。学生の「付加価値の拡大」志向は入社後も続き，最初の企業で身に付けた「ノウハウ」，「経験」はさらなる付加価値として売り込めるものでなくてはならない。したがって，企業で得る「ノウハウ」や「経験」はそれぞれ，できるだけ「人に優越する高度な知識・技能」，「人に優越する立場での華やかな経験」でなければならず，そうした「ノウハウ」，「経験」を与えてくれない企業は「踏み台」にされ，より待遇の良い（この場合，安定的な待遇よりも短期的で見栄えの良い待遇）を提示してくれる企業に転職することが理想とされるのである。

　他方，メコン地域に直接投資を行っている外資系企業には製造業や小売業が多く，その教育は，本調査による日系企業を対象としてみる限りでは「品質管理」，「スケジュール管理」，「接客」，「マーチャンダイジング」などの現場管理技術に関するものが中心となっている。また，日系企業の場合，特に「整理整頓」，「報告・連絡・相談」，「Plan-Do-Check-Action」などの業務姿勢にかかわる「イズム」の定着につながる教育も非常に重視されている。このような教育を身に付けた現地社員が将来管理職になり，部下にその知識やイズムを「伝播」するという役割を担う。そこにはその企業固有のノウハウや文化も含まれている。したがって，それを社内教育で「血肉化」した社員は長期にわたり，その企業にとどまり，その企業を支える立場になることが前提として期待されているのである。「イズム」やその「イズム」の部下への移転はメコン地域の大学教育を受けてきた新卒社員，常に転職の度にキャリアアップしようとする社員

にはかえって邪魔になるであろう。

　このように，現地大学のビジネス教育の目指すものと現地に進出している日系企業の目指すものは明確に異なっている。この異なるベクトルが今後交差して何らかの「解」を見出すのか，あるいは永久に平行線のまま進んでいくのかについては今後のメコン地域の経済動向とそれに影響される企業の発展の状況にも左右されるであろう。

　大学の「大衆化」が指摘されて久しい日本では企業が大学に「役に立つ教育」を期待しないのが常態化している。日本では大卒者は「ノンエリート」の一般従業員として扱われる。[24] 他方，メコン地域の大学で学ぶ学生たちはまだ，裕福な家庭に育った少数派の「エリート」であろう。日系企業が日本の大卒者に求めるものをメコン地域の大卒者に求めるのは現時点では無理があるのかもしれない。首都だけでなく，地方の大学もこうした傾向が極めて顕著である。筆者が取材したベトナム第3の都市に立地するダナン経済大学では経営戦略の授業が普通の商学部の授業で英語を用いて教えられていた。筆者も飛び入りで講義させてもらったが学生は積極的に質問を行い，その内容は日本の学生を凌駕していた。

写真2-8　ベトナム第3の都市ダナンに立地するダナン経済大学

(筆者撮影)

写真2-9　ダナン経済大学では学生によるビジネスプラン大会も行われていた。その募集も英語である

（筆者撮影）

　このようなアジアの「エリート」型教育は外資系企業を誘致し，それを起爆剤にして「輸出主導型工業化」を通じて経済発展を図る経済発展モデルがうまく進んでいるうちは良い。メコン諸国の各国も今はそのプロセスにある。しかし，アジアには既に経済発展のピークを越え，日本と同様に低成長時代と少子高齢化の局面に入ってきた韓国や中国などの国もある。それらの国では学生はむしろ「安定的で長期的な職場」を望む傾向も見えつつある。低成長期に求められるのは大企業をわたり歩いて高給を獲得する経営幹部になる人材ではなく，新陳代謝の激しいビジネス界でビジネスを起こし，安定させていく人材である。このような局面では現場の経営知識を着実に組織内で定着させ，他社とは異なる価値を顧客に継続的に提供し続けることが必要になる。そこでは日系企業が行う堅実な「現場知識」とその定着，伝道を重んずる「イズム」の意義が見直されるのではないだろうか。メコン地域諸国も長期的には中国や韓国と同じようなマクロ経済的推移を取る可能性は高く，その時にはメコン地域の大学教育と日系的な企業内教育の内容は近づいていくのではないかと考える。

第Ⅰ部／全体編

［注記］

1）　日本からは毎年数名の学生が日本の大学（明治学院大学等）から交換制度を利用して学んでいる。

2）　専修大学とNEUは2016年から全学的な研究，教育交流協定を結んでいる。NEUの教育システムについてはそれ以来何度か本学でも講演していただいたが，この部分は2007年8月15日のインタビューに基づいている。Dr. Tran Thi Van Hoa, Vice Director, Head of Program for Director & Senior Management Development（DSMD）（当時）へのインタビュー。

3）　本調査は2014年に文部科学省によって採択された「私立大学戦略的研究基盤形成支援事業」の助成金と専修大学の資金によって実施された。

4）　Cross-Border Supply（越境してサービスを提供），Consumption Abroad（自然人が越境してサービスを受益），Commercial Presense（越境して拠点を設立し，サービス提供），Movement of Natural Persons（自然人が越境してサービスを提供）の4モードのサービスが自由化されている。

5）　Dr. Pussadee Polsaram, "Business Education, Case of UTCC MBA program in Myanmar" 専修大学商学研究所研究会，2016年1月22日。

6）　2000年に，ラオス国立大学内に開設されたビジネス人材育成機関で，ラオスにおけるビジネス人材育成とラオス–日本企業のネットワーク構築を支援。同プロジェクトホームページより。リロ・パナソニック エクセルインターナショナル株式会社　http://www.rpei.co.jp/newinfo/2015/14.html　（2017年12月2日閲覧）。

7）　エイチャンプン「ミャンマーにおけるビジネス教育について」専修大学商学研究所　メコン地域におけるビジネス教育の実態調査プロジェクト研究会，2017年2月15日。

8）　同上。

9）　筆者等がベトナム（ハノイ）の日系工場で行った2007年8月のインタビューによる。

10）井関稔編『中国進出企業の工場管理実務・実例集』日本能率協会マネジメントセンター，2004より抜粋。

11）2014年9月に実施したカンボジア（プノンペン）の日系工場（子供用品製造）の訪問インタビューによる。

12）2007年8月に実施したベトナム（ハノイ市タンロン工業団地）の工場訪問インタビューによる。

13）2007年8月に実施したベトナム（ハノイ）の工場訪問インタビューによる。

14）2007年8月に実施したベトナム（ハノイ郊外）の工場訪問インタビューによる。

15）2007年8月，ベトナム（ハノイ）における現地法人社長へのインタビューによる。

16）少量多品種生産につきものの変化に対する対応にエネルギーがとられ，数量報告のシステムの確立まで至っていないという。また，生産台数も毎日の業務終了後，自動的に現場から報告されるということはなく，自分が次の朝，聞いて把握するなどということがよくある，という。

17）2014年9月，カンボジア（プノンペン経済特区）の同社工場訪問インタビューによる。

第 2 章　メコン地域におけるビジネス教育

18）2014 年 9 月，カンボジア（プノンペン経済特別区）の同社工場訪問インタビューによる。

19）https://www.7andi.com/company/challenge/1522/1.html（2017 年 12 月 3 日閲覧）株式
会社セブンアンドアイ HLDGS ホームページ，「成都イトーヨーカドー社長インタビュー」
『セブンアンドアイの挑戦』2014 年 10 月号。

20）http://toyokeizai.net/articles/-/32639?page=4 （2017 年 12 月 4 日閲覧）東洋経済オン
ライン。

21）コンビニ現地本社幹部へのインタビュー，2017 年 9 月 2 日実施。

22）そのような政府主導のセミナーや企業教育の中には先進国の援助や共催によって行わ
れているものもある。

23）広島大学・三菱総合研究所『特定テーマ評価「経済連携」―貿易分野における社会的
能力の形成とその支援のあり方―』独立行政法人国際協力機構，2006 年 3 月。

24）長い不況を経験し，社員教育にコストをかつてほどかけられなくなった企業や国際競
争力強化を目指す政府は大学に「即戦力」，「グローバル市場で戦えるグローバル人材」の
ための教育を求めるようになったが，既に日本の多くの大学は少子高齢化による志願者減
で入学者の質が低下しており，そのような要求に応えるのはむしろ難しいとの指摘もある。

［参考文献］

井関稔編『中国進出企業の工場管理実務・実例集』日本能率協会マネジメントセンター，
　　2004 年。

鹿住倫世「ベトナムにおける女性起業家の現状と支援」鹿住倫世編著『アジアにおける産業・
　　企業経営―ベトナムを中心として―』白桃書房，2016 年，第 6 章所収。

小林守 「メコン地域諸国の進出日系企業の動向」鹿住倫世編著『アジアにおける産業・企
　　業経営―ベトナムを中心として―』白桃書房，2016 年，第 2 章所収。

広島大学・三菱総合研究所『特定テーマ評価「経済連携」―貿易分野における社会的能力の
　　形成とその支援のあり方―』独立行政法人国際協力機構，2006 年 3 月。

Dr. Pussadee Polsaram, "Business Education, Case of UTCC MBA program in Myanmar",
　　専修大学商学研究所研究会報告，2016 年 1 月 22 日。

［参考 URL］

株式会社セブンアンドアイ HLDGS ホームページ，「成都イトーヨーカドー社長インタビュー」
　　『セブンアンドアイの挑戦』2014 年 10 月号
　　　　https://www.7andi.com/company/challenge/1522/1.html（2017 年 12 月 3 日閲覧）

東洋経済オンライン報道記事
　　　　http://toyokeizai.net/articles/-/32639?page=4（2017 年 12 月 4 日閲覧）

リロ・パナソニック エクセルインターナショナル株式会社ホームページ
　　　　http://www.rpei.co.jp/newinfo/2015/14.html（2017 年 12 月 2 日閲覧）

第**3**章・

企業進出事例と労働教育環境

1 企業進出事例（公開事例）

　日本国内の企業が海外に進出するのはその企業にとって並大抵のできごとではない。最初に海外進出企業の事例として公開された情報によってその状況を知ることのできるダイキン工業株式会社（以下，ダイキン），マブチモーター株式会社（以下，マブチモーター），マニー株式会社（以下，マニー）とトヨタ自動車株式会社（以下，トヨタ）の米国生産の経緯を紹介しよう。

　ダイキンは，日本企業としては海外進出の経験を長く積み，文字通りのグローバル企業へと進んできた事例として，マブチモーター，マニーは，ASEANへ生産拠点を移した先達として，また，トヨタの事例は，車の現地生産という意味では未開の米国でいきなり量産を開始し，かつ，そこで生産された車は日本から輸出された車と同等の品質が要求された中で，どのようにそれをクリアしたかを示す事例である。実際に海外生産の定着後どのような問題が起き，それに対処してきたかの紹介のためでもある。4社の公開情報事例のあとに，メコン諸国の現地調査での企業進出事例を紹介していく。

1-1　ダイキン工業株式会社[1]

　ダイキンは，長い歴史を持つ大企業である。しかし，消費者が製品に直接接する機会は少なく，2000年代に入って家庭用エアコンでようやくおなじみとなったといえる。しかし，2010年に空調機器分野で世界ナンバーワン企業になり，海外展開を含めて，現在日本を代表する企業の1つであることは間違いない。

　図表3-1はダイキンの会社概要である。空調・冷凍機部門で売上の90％をカ

40

第3章　企業進出事例と労働教育環境

図表3-1　ダイキン会社概要

商号	ダイキン工業株式会社
英文表示	DAIKIN INDUSTRIES, LTD
創業	大正13年（1924年）10月25日
設立	昭和9年（1934年）2月11日
資本金	85,032,436,655円
従業員数 （2017年3月31日現在）	単独　　6,891名 連結　67,036名
本社	大阪
グループ会社数 （2017年3月31日現在）	連結子会社　245社（国内27社，海外218社）
主要営業品目	
空調・冷凍機部門	住宅用空調機，住宅用空気清浄機，業務用空調機， 業務用空気清浄機，大型冷凍機， 海上コンテナ冷凍装置，船舶用冷凍・空調機
化学部門	フッ素樹脂，化成品，フルオロカーボンガス，化工機
油機部門	産業機械用油圧機器・装置，建機・車両用油圧機器， 集中潤滑機器・装置
特機部門	砲弾，誘導弾弾頭，在宅酸素医療機器
電子システム事業部	製品開発プロセスマネジメントシステム， 設備設計CADソフト，分子化学ソフト

出所：http://www.daikin.co.jp/company/gaiyou.html　2017.12.25確認。

バーしてしまうので，あとはその他という印象がある。しかし，90年代後半の空調部門が苦しかった時期には化学部門の利益がこれを助けたとされているし，逆に80年代後半，①アメリカでのフッ素樹脂販売に対するダンピング提訴，②フロンが「オゾン層を破壊する物質」と認定され，その製造・販売の規制が始まったこと，③旧ソ連へ漁船用消化剤として販売していた「ハロン2424」がコム規制違反で摘発されるという「三重苦」状況の時は，空調部門が化学部門を助けたという。

　また，化学部門は初期のフロン，そしてフッ素樹脂，代替フロンなど，冷媒を中心に，空調部門に負けぬ海外進出を果たしてきた。

　特機部門に「砲弾，誘導弾弾頭」とある。これは創業者が軍需と民需をあわせながら会社を創立し，第2次世界大戦へ向けては軍需工場として急拡大した「大阪金属工業」の歴史的経緯によるものである。

41

第Ⅰ部／全体編

　ダイキンは，敗戦後，会社再建のプロセスで，1946年187名，1949年267名，1950年250名の人員整理を行った。その当時の労務担当者で1972年に第3代の社長となった山田稔は，「企業というのは，業績の悪いときに人員整理をし，良いときには採用するというパターンの繰り返しで果たして良いのだろうか。二度と人員整理だけはしないですむ会社にしたいというのが私の信念となった」といっている。第1次オイルショック後の1974年には従業員6,200名のうち，千人近くが余剰といわれるほど過剰人員問題が起きた。そのとき「人員整理回避宣言」を出し，臨時休業，すなわち工場の操業停止と販売会社への配置転換を行い切り抜けた。このことが，結果として独自の販売網を最大限にいかす事業展開につながっていった。「二度と人員整理だけはしないですむ会社」の信念は，海外の事業縮小，整理の際も，いかされることになる。

　ダイキンの海外業務については，同社ホームページ上あるいは「90年史」の年表上には明示されていない。しかし，「90年史」の本文には以下のような記述がある。

　　戦後，ダイキン工業の海外との関係は，製品輸出から始まった。まずは，近隣のアジア地域（フィリピン，台湾，ビルマ，韓国など）へ，1950年代の比較的早い時期に，発動機，パッケージ型エアコンおよびフロンが輸出されている。1963年に（中略）輸出課が設置され，（中略）フロンなどでは商社経由で輸出するケースも多かったが，空調機では施工はアフター・サービスが不可欠となるため，技術を備えた代理店の存在が重要となる（中略）フィリピンでは，同国大手自動車メーカーのデルタモーター社を技術力の点で評価し，代理店として起用している。輸出相手国の保護政策の存在から，製品輸出が不利となることを見込んだ，フィリピン，オーストラリア，韓国などではコンプレッサーなどの主要空調機部品の輸出による，現地でのノックダウン生産も進めた。製品はダイキン・ブレンドのもとに，現地市場へ供給された。アジア・オセアニア地域への進出の足がかりは1960年代に整いつつあった。（pp.67-68）

　さらにヨーロッパ市場では，1966年にイギリス人R. C. ヒックスとマルタでの代理店契約を取り交わし，ダイキンエアコンディション社（DAC社）をマル

タに設立。「ダイキン」の名称使用やヨーロッパでの販売権を与えた。DAC社は，主要ヨーロッパ諸国に15社の代理店を設置した。マルタ進出の成功が，より本格的なヨーロッパ進出の意欲をかき立て，1971年にダイキンヨーロッパ社（DENV社）を設立，1973年に工場を竣工。これがダイキンによって，自らの出資による本格的な海外生産のスタートとなった。しかし，このDENV社は，1980年前後に大きな経営危機を迎え，100％減資による債務返済，増資によって得た5,000万ベルギーフランで再スタートを切ることになった。生産現場では在庫圧縮のために小ロット多品種生産を目指し，機種ごとに生産順序を決めていくサイクル生産システムを確立した。

　　不安定だった労使関係も，社会主義系労働組合のリーダーの解雇を断行することで，安定化を図った。このとき労働組合は，事前通告なしのストライキに突入したが，会社側の解雇理由の説明と説得に応じ，組合員は職場に復帰した。その背景には，「解雇しない会社」への理解と愛着心の醸成があったといえよう。実際，82年の退職率が1.1％であったことに示されるように，従業員の定着率は高水準であった。ダイキン式の人事労務政策と生産方式が，ベルギーの従来の経営風土や労働慣行を超えて，ここに定着の方向を見せたのである。（pp.112-113）

中国市場では1990年代前半には多くの大手日系エアコンメーカーがルームエアコンを中心に合弁や技術提携の形で中国へ進出していた。中国国内メーカーも低価格品を中心にエアコン生産に乗り出し，90年代半ばには400社以上が参入していた。ダイキンは1980年代半ばに技術供与や輸出などによって中国市場と関係していたものの，本格的な進出は明らかに遅れていた。

　この出遅れを挽回し，中国市場での競争力，収益性を維持するためにダイキンは次のような戦略をとった。第1に，商品戦略では先進イメージと信頼性を重視した高級ブランドイメージを確立することに注力，現地で供給する製品が最先端モデルであること，第2に，販売戦略として，自前の販売網作りと人作りに専念し，販売店とは中国の商慣習からすると画期的な全額前金回収のシステムを確立させた。第3に，生産戦略では，工場の設備投資は採算の取れる投資計画を基本とし，品質の管理を徹底させた。「悪い商品は一点も外に出さな

い」という方針を徹底し，検査人員は日本の5倍の25％にも及んだ。第4に，サービス体制については，日本と同じく24時間365日サービスセンターを開設し，サービス対応を徹底させた。工場の稼働も「勇気ある一年」の空白を設け，準備を徹底させた。

2000年の海外売上比率は24％。欧州向けの家庭用エアコンはタイで生産していた。しかし，2003年の欧州の猛暑では高齢者施設で亡くなる人がでるほど。大量のエアコンをタイから空輸したものの，輸送費が利益を圧迫。翌2004年からは家庭用エアコンはチェコで，業務用はベルギーで生産する体制になった。しかし，人件費の高いベルギーでの生産は閉鎖の対象となりやすく，400人の従業員を救うために，欧州に適した製品を自ら開発し，生産することが必要になった。ベルギーが持つ技術を使う製品ということで，ワイナリーで温度制御を行うチラーを開発。これがヒットしてベルギー工場はよみがえった。その後，家庭用のヒートポンプ式暖房・給湯器を開発。これが欧州の標準的な家庭にマッチしたという。

それまで日本に集中していた開発を，ベースモデル方式を導入することにより，日本，中国，欧州で共通の母体機種でコストを削減しながら，それぞれの地域にあった製品を供給することが可能となった。2016年には海外売上比率が2000年の3倍の76％に達した。

ダイキンにとって米国市場は鬼門だった。2006年に2,400億円を投じてマレーシアの空調機大手のOYLインダストリーズの買収を決めたのは，傘下に大型空調機で世界4位の米マッケイ・インターナショナルがあったからだ。2012年に3,000億円を投じて米グッドマン・グローバルを買収し，世界最大規模の生産拠点も稼働させた。しかし，米国ではキャリア，トレーン，ヨークという「米国のビッグスリー」の牙城を崩せずいまだに4番手である。

「米攻略4度目の正直」を狙うために2017年5月にテキサス州ヒューストン郊外に新工場「ダイキン・テキサス・テクノロジーパーク（DTTP）」を開業させた。[2] ここではレゴブロックのようなモジュールで生産を行うラインを持ち，短時間でラインを組み替えられるという。各工程の作業も標準化され，現場従業員の教育もしやすく新工場での短時間の量産も可能という。さらにニューヨークに大型ショールームを開設し，今後「業務用の大型空調機の販売・施工業者の買収を検討し」米国市場に臨むという。

ダイキンは現在，インド，ベトナム，マレーシア，トルコなど世界各地で工場建設計画を進め，このDTTPの生産方式を取り入れる予定という。「従業員が頻繁に入れ替わる海外工場では日本と異なり危険をわかりやすく伝えることが大切」で，そのためには感電などの危険性を伝える安全教育設備として中国上海工場のノウハウを採用するという。

2015年7月発刊の『「拓く」ダイキン工業90年史』では，「切り拓いた世界145カ国，生産拠点82カ所，グループ子会社210社」と記されている。また，同社ホームページ上には，現在海外拠点として，販売（SALES），サービス（SERVICE），生産（MANUFACTURING BASE），部品センター（PARTS CENTER）の区分を表示しながら，40か国で96社（複数拠点を含んでも1社として計算）が示されている。

本社約7,000名，海外を含む子会社70,000名の従業員を束ね，1つのグループとしての一体性を確立できているのは，時間をかけて醸成してきたダイキンウェイを表すグループの経営理念の浸透と徹底であろう。

2002年のグループ理念策定にあたって，当時取締役副会長の井上礼之は次のように述べている。

　　ダイキングループが連結経営を加速し，内容的にも地理的にも拡大する事業をダイナミックに展開して，世界中の顧客から信頼され，また国内外の社員が誇りを持って働けるグループを実現するためには，明快なグループ経営理念とその徹底度合いがますます重要になっています。また，グループ全員が共有すべき求心力としてのグループ経営理念は，皆さんの自由闊達な発想と提案，それに基づく縦横無尽な活躍をより可能とします。そのような観点より，この度，ダイキングループで共有すべき「経営の基本となる考え方」を"グループ経営理念"として策定しました。

　　今後，ダイキン工業をはじめグループ各社の経営方針や経営計画は，この経営理念に沿って策定されます。同時にグループの皆さんが仕事を進める上で，判断や決断に迷ったときに，その拠り所として経営理念を読み返していただきたいと思います。

　　皆さんが，経営理念を体してキラキラと輝く個性を十二分に発揮し，縦横無尽に活躍されたとき，ダイキングループの良き伝統ともいえる"フラット

第Ⅰ部／全体編

図表3-2　ダイキングループ経営理念

1.「次の欲しい」を先取りし，新たな価値を創造する
2. 世界をリードする技術で，社会に貢献する
3. 企業価値を高め，新たな夢を実現する
4. 地球規模で考え，行動する
5. 柔らかで活力に満ちたグループ
1）しなやかなグループハーモニー
2）関係企業と刺激し合い，高め合う
6. 環境社会をリードする
7. 社会との関係を見つめ，行動し，信頼される
1）オープンである，フェアである，そして知ってもらう
2）地域に対して，私たちにしかできない貢献を
8. 働く一人ひとりの誇りと喜びがグループを動かす力
1）一人ひとりの成長の総和がグループの発展の基盤
2）誇りとロイヤリティ
3）情熱と執念
9. 世界に誇る「フラット＆スピード」の人と組織の運営
1）参画し，納得し，実行する
2）チャレンジャーこそ多くのチャンスをつかむ
3）多彩な人材を糾合し，個人の力をチームの力に
10. 自由な雰囲気，野性味，ベストプラクティス・マイウェイ

出所：http://www.daikin.co.jp/company/rinen.html　2017.12.25確認。

＆スピードの経営"がいっそう高度化し，われわれが目指す「世界的企業」，「真の一流企業」の実現に大きく近づくと信じて疑いません。

　「最高の信用」「進取の経営」「明朗な人の和」という社是のもとで，この経営理念に基づき，皆さん一人ひとりが人の持つ無限の可能性を信じ，絶えず高い目標に向かって挑戦し，"超一流のグローバル企業グループ"，"意欲と誇りを持って活き活きと働ける企業グループ"を目指し，ともに進化し続けようではありませんか。

1-2　マブチモーター株式会社[3]

　マブチモーターは，戦後の町工場から出発して，特定仕様で作られた小型モー

図表3-3　マブチモーター会社概要

商号	マブチモーター株式会社（Mabuchi Motor Co., Ltd.）
創立年月日	1954年1月18日
事業内容	小型モーターの製造販売
資本金	207億481万円
連結子会社数	21社
従業員数	781名（2016年12月末日現在）
グループ従業員数	23,768名（2016年12月末日現在）
売上高	140,699百万円（連結／2016年実績）
所在地	〒270-2280　千葉県松戸市松飛台430番地

出所：https://www.mabuchi-motor.co.jp/company/profile.html　2017.12.25確認。

ターの世界に，標準化された製品を持ち込み，大量生産を行い，価格を劇的に下げた。さらに比較的真似されやすいモーターの生産を，中国やASEAN諸国に移し，国内では研究開発と営業に特化し，価格競争に打ち勝ってきた。また，当初玩具に使われるモーターから，家電，音響機器，さらにはヘアドライヤーやシェーバーなどの小型の家電，精密機械，コンピュータ周辺機器，デジタルカメラなどのデジタル家電，自動車部品などに使われる小型モーターへと，その市場を拡大しつつ発展してきた。

　図表3-3に示すように従業員数は800名弱ながら，グループ全体の従業員数は24,000名近くにのぼる。会社の沿革を見ると1954年に創立後，1964年には香港マブチ，1969年に台湾マブチを設立し，世界市場に対する供給体制を確率した。主要な海外進出は1977年に販売拠点としてアメリカマブチを設立，第3の海外生産拠点として1979年に高雄マブチを設立している。1990年には国内での小型モーターの量産を終了，100％海外生産となる。1996年にベトナムマブチ，2005年にはベトナムのダナンマブチを設立している。

　現在の生産，販売，開発の拠点を図表3-4で示す。メキシコで生産し，アメリカで販売，開発は本社と東莞マブチ（中国広東省）で行うなど，市場に近い場所で生産，販売していることがわかる。

　「特定仕様の受注生産」から「モーターの標準化」へ，これが季節に関係ない「平準生産」や「部品の内製化」を可能として，「一極集中の営業体制で直販」，これらが相まって「コスト優位」を産み出し，「持続的利益」を産み出す

第Ⅰ部／全体編

図表3-4　マブチモーター生産・販売・開発拠点

本社	販売	開発
アメリカマブチ	販売	
Troy, MI 48084 U.S.A.		
メキシコマブチ	販売	生産
San Francisco De Los Romo, Mexico		
ヨーロッパマブチ	販売	
Frankfurt am Main, Germany		
香港マブチ	販売	
香港		
大連マブチ		生産
中国大連市		
江蘇マブチ	販売	生産
中国江蘇省		
東莞マブチ	生産	開発
中国広東省		
瓦房店マブチ		生産
中国遼寧省		
上海マブチ	販売	
中国上海市		
深圳マブチ	販売	
中国広東省深圳市		
路東マブチ		生産
中国広東省		
道ジャオマブチ		生産
中国広東省		
江西マブチ		生産
中国江西省		
台湾マブチ	販売	生産
台湾新竹県		
高雄マブチ		生産
台湾高雄市		
シンガポールマブチ	販売	
Singapore		
ベトナムマブチ		生産
Dong Nai, Vietnam		
ダナンマブチ	販売	生産
Da Nang City, Vietnam		
韓国マブチ	販売	
Seoul, Korea		

出所：https://www.mabuchi-motor.co.jp/company/network/　2017.12.25確認。

第3章　企業進出事例と労働教育環境

図表3-5　経営理念他，マブチの基軸となる考え方

経営理念	「国際社会への貢献とその継続的拡大」 マブチの「経営理念」には，社会に対する貢献度を高め，世の中のために無くてはならない企業であり続けたいという想いと共に，マブチグループに属する総ての人達が，「企業の一員として仕事を通じて社会貢献に参画すること」，「人間だけではなく自然や環境，その他万物すべてを大切に思い，物質的な豊かさのみにとらわれない心の充実を得ることによって人間的な成長を遂げること」への想いが込められています。いわば，「経営理念」は企業経営を行う上での根本的な思想であると同時にマブチの遺伝子として未来永劫に受け継がれていく思想でもあります。
経営基軸	「経営基軸」は経営理念に謳った「貢献」をどのように捉え，いかに具現化すべきかを表したものであり，マブチが事業活動を通じて果たすべき大きな使命を明示したものです。わたし達はこれからもこれらの「貢献」を継続的に拡大できる企業を目指し，力強く業務に邁進していく所存です。 1. より良い製品をより安く供給することにより，豊かな社会と人々の快適な生活の実現に寄与する 2. 広く諸外国において雇用機会の提供と技術移転を行い，それらの国の経済発展と国際的な経済格差の平準化に貢献する 3. 人を最も重要な経営資源と位置付け，仕事を通じて人を活かし，社会に役立つ人を育てる 4. 地球環境と人々の健康を犠牲にすることのない企業活動を行う
経営指針	わたし達は事業活動を通じて生み出された価値が広く社会やお客様に評価されて初めて，その貢献の結果として「利益」が得られるものであると確信しています。マブチの「経営指針」は，マブチがより多くの社会貢献に繋がる価値を創造し，健全な成長を遂げる上での起点となる企業活動の指針を与えるものです。 1. 汎用性を重視した製品を開発し，その最適生産条件を整備する 2. 価値分析に徹した製品の開発改良と部品・材料の共通化を徹底する 3. 高度加工技術とムダの極小化によるコストダウンを追求する 4. 新市場を開拓し適正占有率を確保する 5. 適材適所による人材の活用と業務を通じた人材育成を行う 6. 環境負荷の極小化と安全の追求を基本とした企業活動を推進する 7. 長期安定的視点に立つ経営施策を推進する
海外拠点経営指針	1. 長期的な視点に立ち，進出国との共存共栄を図る 2. 各拠点の強みを活かした国際分業体制を確立し国際競争力を維持・拡大する 3. 社会への貢献を重視するマブチの企業文化の浸透と知識・技術の移転を推進する

49

第Ⅰ部／全体編

（続き）

	マブチの社員が共有すべき価値観
行動指針	1. 仕事を通じた社会貢献と自己実現を重ね合わせて捉える
	2. 他人に対し公平，公正であり，他の社員への協力と支援を惜しまない
	3. 自らの役割に照らし誰に対し，どのような貢献をなすべきかを理解する
	4. 社会貢献の源泉となる独自の強みを形成し，その強みを継続的に深耕・拡大する
	5. 自主的に課題を発掘し，困難な課題に挑戦し，解決に至るまで諦めない

出所：https://www.mabuchi-motor.co.jp/company/philosophy.html　2015.12.25確認。

マブチの戦略については楠木（2010）に詳述されており興味のある方は参照されたい。

　町工場から世界を股にかける企業への発展は，マブチの経営戦略の賜である。しかし，そのような経営戦略を世界的に展開するためには，海外のグループ企業の従業員を引きつける普遍的な価値観の共有が大きいはずである。

　マブチの経営ビジョンの体系として，「経営理念」は恒久的に変化しない考え方，「経営基軸」と「経営指針」は短期的には変化しない考え方であり，「経営構想」は時代に応じて変化する考え方の4つを提示している。図表3-5は，変化しにくい三者と「海外拠点経営指針」，「行動指針」を示している。

　この経営理念である「国際社会への貢献とその継続的拡大」から出発するマブチの基軸となる考え方が徹底されているからこそ，世界企業として継続的繁栄がもたらされているのであろう。

1-3　マニー株式会社[4]

　小型医療用器具製造業として2008年度の第8回ポーター賞を受賞したマニーは，2010年のテレビ番組では「世界一しか目指さない！　奇跡の成長を遂げた栃木の田舎企業」と紹介された[5]。しかし，2011年に東京証券取引所第2部に上場，翌年第1部に指定されている。マニーは「品質を支え続ける人材を，顔が見える手作りの方法で育成するために，国内の従業員数を300人程度に維持している[6]」という。図表3-6の最新の従業員数は315名，海外の子会社を含めて3,339名である。事業内容は，医療機器の製造販売，医療機器の輸入販売，その他こ

第3章　企業進出事例と労働教育環境

図表3-6　マニー会社概要

商号	マニー株式会社（英語名：MANI, INC.）
設立	1959年12月24日
事業内容	医療機器の製造販売
	医療機器の輸入販売
	その他これに付帯する事業
資本金	988百万円（2017年8月末現在）
従業員数	315名（2017年8月末現在）
本社・清原工場	〒321-3231　栃木県宇都宮市清原工業団地8番3

出所：http://www.mani.co.jp/company/company2.html　2017.12.25確認。

図表3-7　マニー連結子会社

商号	MANI HANOI CO., LTD.（略称 MHC）
住所	Thai Nguyen Province, Vietnam
設立	2003年2月 （統合したMANI-MEINFA CO., LTD.は1996年5月設立）
資本金	51百万USドル（当社の100%子会社）
従業員数	2,564名（2017年8月末現在）
事業内容	当社製品の加工

商号	MANI YANGON LTD.（略称 MYL）
住所	Yangon, Myanmar
設立	1999年10月
資本金	3百万USドル（当社の100%子会社）
従業員数	168名（2017年8月末現在）
事業内容	当社製品の加工

商号	MANI VIENTIANE SOLE. CO., LTD.（略称 MVC）
住所	Vientiane Province, Lao PDR
設立	2009年3月
資本金	3百万USドル（当社の100%子会社）
従業員数	87名（2017年8月末現在）
事業内容	当社製品の加工

商号	MANI MEDICAL HANOI CO., LTD.（略称 MMH）
住所	Thai Nguyen Province, Vietnam
設立	2010年3月
資本金	0.3百万USドル（当社の100%子会社）
事業内容	当社グループ製品の販売

第Ⅰ部／全体編

（続き）

商号	馬尼（北京）貿易有限公司 英名：MANI MEDICAL BEIJING CO., LTD.（略称MMB）
住所	中華人民共和国北京市
設立	2012年9月
資本金	700万人民元（当社の100％子会社）
事業内容	当社製品の販売，マーケティング，当社の業務請負

商号	MANI MEDICAL INDIA PRIVATE LIMITED（略称MMI）
住所	Delhi, India
設立	2017年3月
資本金	49百万ルピー（当社の100％子会社）
事業内容	当社製品の販売，マーケティング，当社の業務請負

商号	Schutz Dental GmbH（略称SDG） GDF Gesellschaft für dentale Forschung und Innovationen GmbH
住所	Hesse, Germany
設立	1973年
資本金	SDG：51千ユーロ（当社の100％子会社） GDF：25千ユーロ（当社の100％子会社）
事業内容	歯科用器材の販売等，歯科用材料の開発・製造・販売等

商号	マニー・リソーシズ株式会社 （英名：MANI RESOURCES CO., LTD.）（略称MRC）
住所	栃木県宇都宮市清原工業団地8番3
設立	2010年3月
資本金	15百万円（当社の100％子会社）
事業内容	当社の業務請負

出所：http://www.mani.co.jp/company/group.html　2017.12.25確認。

れに付帯する事業と，また，有価証券報告書には「針付縫合糸・皮膚縫合器・眼科ナイフ・針付縫合糸の材料であるアイレス縫合針・アイド縫合針・歯科用根管治療機器・歯科用回転切削機器・歯科用実体顕微鏡・歯科用修復材等の製造及び販売を主たる業務」と表示されている。

　図表3-7は，マニーの連結子会社の概要を示す。

　マニーがどのような企業なのかについては，同社ホームページの企業情報のところに，日本語と英語で記されている「社長あいさつ」（図表3-8）及び「経営方針」（図表3-9）を見るとよくわかる。

第3章　企業進出事例と労働教育環境

図表3-8　社長あいさつ

患者のためになり，医師の役に立つ製品の開発・生産・提供を通して世界の人々の幸福に貢献する

[当社の製品]

当社は，医科と歯科の医療機器メーカーです。医科においては，手術用縫合針をはじめ眼科ナイフ・スキンステイプラー・針付縫合糸等の微小手術機器を主に生産し，歯科においてはファイルなどの根管治療機器やダイヤバー等の切削研削研磨刃機器を主に生産し，生産拠点は栃木県の2カ所とベトナムの2カ所及びミャンマーの1カ所，ラオスの1カ所の合計6カ所です。近時は，既往製品の生産工程の海外移管が進み，海外での生産が主となっています。一方，製品開発やそれによって産み出される新製品の生産は国内で行う体制を強化しつつあります。

[当社の強み・特徴]

寿命の長い治療機器のみを開発・生産しておりますので，長期にわたる品質改善とコスト低減活動の積み重ねができることが強みです。それによって医療機器に特有の要求品質を満たす品質固有技術を生み，更に効率生産固有技術を確立させることで，高品質と高利益率体制とを維持しております。当社は，生産機械及び製品の品質評価機械を自社開発しておりますが，この自社開発を通して固有技術に常に磨きをかけております。国内の医師や歯科医師のより良い治療のための「道具へのこだわり」（極めて高い要求特性）に応える製品開発力も当社の強みです。

[目指すのは世界一の品質]

当社の営業基本方針は「世界一の品質を世界のすみずみへ THE BEST QUALITY IN THE WORLD, TO THE WORLD.」で，すべてのグループ社員全員がこの方針を背にして，業務に臨んでおります。すべての製品を世界一の品質にすることこそが最大の営業施策であると考え，それを担保するために世界市場からの品質情報を基に，品質特性毎に世界一を目指すプログラム（定期開催される「世界一か否か」会議へ向けての一連のプロセス）を組み，目標達成に向け日夜努力を続けています。

[トレードオフ（やらないこと）]

以下のトレードオフを明確にして，戦略立案の基準にしております。

（1）医療機器以外扱わない
（2）世界一の品質以外は目指さない
（3）製品寿命の短い製品は扱わない
（4）ニッチ市場（年間世界市場　5,000億円程度以下）以外に参入しない

出所：http://www.mani.co.jp/company/company9.html　2017.12.25確認。

第Ⅰ部／全体編

図表3-9　マニーの経営方針

企業理念	患者のためになり，医師の役に立つ製品の開発・生産・提供を通して世界の人々の幸福に貢献する
社訓	科学する心で熱心に粘り強く
経営基本方針	順法精神と独創技術を持ち将来利益を確保する
営業基本方針	世界一の品質を世界のすみずみへ
企業文化	熱心に粘り強く仕事する文化，上位職ほど謙虚でよく働く文化，真実を語り合う文化
行動規範	「I.P.C.」をマニーグループ社員の行動規範とする
I.P.C.	Ｉ：Integrity（誠実さ）
	Ｐ：Passion（情熱）
	Ｃ：Communication（コミュニケーション）

出所：http://www.mani.co.jp/company/　2017.12.25確認，各項目の詳細は省略。

　マニーは，針金加工から派生してニッチで製品寿命の長い医療品に特化し文字通り世界一の品質の製品を供給することによって安定成長を遂げてきた。2010年時点の生産は次のように説明される[7]。

　マニーの製造工程は，海外，日本，海外と移動する。ステンレス線材の前処理は1996年と2003年に稼動したベトナムの2工場，1999年と2009年に稼働を開始したミャンマーとラオスの工場で，微細加工やレーザードリリングなど，独自技術が必要とされる工程は国内工場で，最終加工及び最終品質検査を海外工場で行っている。海外工場における製造工程は標準化されており，どの工場でも同じ品質が実現可能である。製造品質確保のための検査は，工程途中での光学的，機械的な品質検査に加えて，人間が目視により，全品品質検査を行っている。一見効率の悪い生産配置のように思われるが，製品が軽く小さいので，海外と日本の工場を往復することのコストよりも，独自技術の日本集中や海外工場での目視による全品品質検査のもたらす利益の方が大きい。

　海外の生産拠点は，人材の引き抜きが起こりやすい工業団地にせず，主要都市から50から60キロメートル離れた田舎に立地する。そうすると利便性が損なわれたり，追加費用が発生したりすることが多い。しかし，地域の人材を一社で吸収することにより他社の参入を防ぎ，人材の流動性を低められる結果，微細な特殊医療機器を生産するための技術教育や日本語教育を十分に行った従業員を維持することができる。また，年間を通じて，海外拠点からの研修生が日

本に招かれ，日本人従業員との公私にわたる交流が行われ，人間関係の構築が進んでいる。

このような「海外―日本―海外」を移動する体制から，「社長あいさつ」にあったように，現在日本国内は，新製品開発と新製品の生産に特化する体制へ移行しつつある。

なお，日本の医師の技術レベルは世界でも抜きん出ており，日本で認められた製品は世界中どこでも通用すると考え，国内においては，医師への直接のデータ提供，論文作成支援，試作品の提供，新製品の共同開発などを行うことによって，世界一の品質を生み出している。また，このような医療機関への支援については，2014年度よりウェブサイトに資金提供情報を公開している。

1-4　トヨタ自動車株式会社の米国生産[8]

トヨタ自動車（以下，トヨタ）は2016年12月末現在28の国と地域に53の海外の製造事業体があり，トヨタ車は，海外の170の国と地域で販売されている。

1957年にクラウンのサンプルカーを輸出し，1958年に米国トヨタが営業を開始したものの，米国での生産は，1981年の日本製乗用車の対米輸出自主規制を経て，GM社との合弁生産に踏み切るまで行われなかった。この合弁は，日米間の新しい産業協力のモデルとして米国の雇用や部品産業の活性化にも貢献し，両国関係に好影響を与えるものと期待され，トヨタにとっても，北米での生産拡大が不可避となる中，合弁による比較的少ない投資で北米へ進出し，現地生産を学べるという利点もある。GM社との合弁生産は，トヨタの課題や日米間の通商問題に対処するための最善策であった。

しかし，社内には，①生産部門では生産ノウハウを合弁工場で公開することへの不安，②販売部門では主力モデルを競争相手に供給することへの懸念などがあった。さらに③全米自動車労働組合（以下，UAW）との協調という大きな問題もあった。それでも両社の合弁生産に関する交渉は進展し，1983年2月にはGM社が閉鎖したばかりのカリフォルニア州フリモント工場を活用するなどの基本合意が成立した。主な内容は，①新会社への出資比率は50対50とする，②1985モデルイヤーのできるだけ早い時期に生産を開始し，年産約20万台を目標とする，③合弁の期間は生産開始後12年以内とする，などであった。

第Ⅰ部／全体編

　1983年12月には米連邦取引委員会（FTC）の仮認可が下り，懸案の米独占禁止法をクリアし，1984年2月にトヨタとGM社の折半出資により，資本金2億ドルのニュー・ユナイテッド・モーター・マニュファクチャリング（NUMMI）が設立された。

　NUMMIは，「トヨタ方式による高度な生産性を実現し，高品質・低コストの乗用車を提供」することを基本方針に掲げた。それを実現するには安定した労使関係やトヨタ方式による生産システムのスムーズな移植，現地部品メーカーとの緊密な協力関係の構築など解決すべき課題は山積していた。

　特に労務問題はトヨタ方式を確立する上で難関であった。UAW傘下の従業員は，組合のルールで個人の職務範囲が厳密に決まっており，1人ずつが複数の工程を柔軟にカバーしていく多能工を基本としたトヨタ方式とは相容れず，生産工程でのチームとしての連携に不安があった。UAWとの交渉では，絶えずお客様の立場で考えるトヨタの「モノづくりの基本」と，安定した労使関係の基となる「労働条件の長期安定的向上」を粘り強く訴えた結果，徐々に理解が得られた。

　1983年9月にはUAW本部との間で「労使は共通の目的を達成するためのパートナー」という当時としては画期的な労働協約を締結した。これにより，NUMMIでは職務規定や作業規定などをトヨタの方針に沿って変更することが可能になり，チーム制や多工程持ち，不良が発生した場合の作業者による迅速なラインストップなどのトヨタの方式が実現した。また，この協約には柔軟な異動を可能とする少職種・時間給に関する規定，昇格・異動に関する会社の人事権，協約期間中のノーストライキ条項などが含まれており，トヨタ生産方式を支える人事制度の基礎となった。

　円滑な生産の立ち上げを図るため，人事・経理といった事務部門も含んだ横断的な推進組織としてのフリモント事業準備室を1983年3月設置した。また，国内工場が海外の特定工場を指導・育成する「親工場制度」を初めて採用した。親工場となった高岡工場では，まず1984年半ばから1985年初めにかけて，NUMMIのグループリーダーとチームリーダー合計257人を9回に分けて研修に受け入れ，QC活動などの基礎教育や現場実習を行った。

　NUMMIは当初，エンジンや変速機など重要なユニットや機能部品を日本から輸入する一方，ガラス，内装品，塗料などについては現地調達を行った。部

品の発注は，GM社の協力を得ながら進めたものの，部品メーカーの選定方法や品質管理などの手法がトヨタと現地とでは大きく異なり，図面や品質目標などの「技術情報」についての見直しなどが求められた。ビジネスの慣行・風土として日本ではグループ会社や協力会社との間でプロジェクトの進行中も継続して意思疎通が図られていることから円滑に行われている業務が，契約時に交換・授受される技術情報で双方の責任分野などが明確に決まる米国では支障をきたすこともあった。これらの点は，早急に国際的に通用する内容に充実させるよう全社をあげて対応した。

　GM社から提携打診を受けて丸3年，NUMMIはようやく生産準備を完了し，1984年12月にはシボレー・ノバの1号車がラインオフし，1985年4月量産体制が整うこととなった。

　この当時のトヨタ車の北米での販売は100万台に達し，雇用の面などで現地経済に寄与する全額出資の製造会社を設立するべきとの意見もある中，輸出自主規制の影響でトヨタ車は供給不足に陥っており，供給量の拡大が重要課題となっていた。このためトヨタは1985年7月に米国及びカナダへの単独工場の進出を正式に発表した。米国では2,000cc級の乗用車を年産20万台規模，カナダでは1,600cc級の乗用車を年産5万台規模とし，いずれも1988年中に立ち上げる計画であった。

　1986年1月米国とカナダの現地法人としてトヨタ・モーター・マニュファクチャリング・ケンタッキー（TMMK），[9] トヨタ・モーター・マニュファクチャリング・カナダ（TMMC）の2社が発足した。両工場の建設にあたっては労使関係，人材育成，設備の導入・運営，物流システムの構築，さらには地域社会への貢献活動などでNUMMIでの経験が大いにいかされた。一方，NUMMIでは元ゼネラル・モーターズ（GM）社の従業員を引き継いだが，TMMKでは全ての従業員を新たに雇用することとなり，その際に多種多様な人材を公正なプロセスで選考するよう十分配慮した。また，ケンタッキー州に自動車工場がなかったことから幹部以外は経験者がゼロであり，自動車づくりの基礎を重視するなど研修内容にも工夫を凝らした。親工場制も採用され，カムリを生産するTMMKは堤工場，カローラのTMMCは高岡工場が指定された。

　TMMKとTMMCの運営にあたっては「品質の確保」に全力をあげた。両工場で生産するカムリとカローラは日本からも輸入されるため，日本製と同等の

第Ⅰ部／全体編

品質を実現しなければ現地工場としての存続が危ぶまれるからである。TMMK
では，将来に備え，複数車種の車体を同一ラインで生産できる最新鋭のフレキ
シブル・ボデー・ライン（FBL）を導入した他，海外工場では初となる樹脂成
形工場も設置し，高い生産性と品質の確保に万全を期した。

　さらに，TMMK独自の工夫として，海外ならではの新しい工場レイアウト
を採用した。すなわち，ボデー，塗装，組立の各最終工程が近いところに集ま
るようにした。品質の状況を各担当者が現物で確認でき，不具合が生じた場合
には，直ちに集合して不良工程を直せるようにした。この方式は一部を除き，
その後の海外工場の基本コンセプトにもなった。また，日本と同様にテストコー
スと監査工場を設け，現地で品質が評価できる体制とした。

　トヨタでは，海外で事業活動を行う際，「良き企業市民」として中長期的な
視野から，雇用機会の創出や地域経済の発展に寄与することを基本理念に掲げ
てきた。その理念に沿った活動が定着したという面でも，北米への単独進出は
大きな意味を持った。例えば部品・材料の現地調達をオープンに進め，その一
環として，1987年2月にTMMKはケンタッキー州で初めて仕入先総会を開い
た。

　当時，米国では日本のメーカーは系列内で排他的取引をしているとの批判が
あった。こうした状況の中で，TMMKは全米から約60社のサプライヤーが参
加した総会で，品質，コスト，納期遵守率，開発技術力などの条件が満たされ

図表3-10　TMMKのマネジメント

地域社会	工場運営
地元優先の雇用	日本と同じ組織
市，郡への特別の配慮	コーディネーター制
マイノリティー，女性の積極的登用	日本で練り込まれた設備
広範な広報活動	親工場制
地場企業のTPS指導	経営層を含むT/L以上全員の日本研修

労務対策	
同一賃金制度	チームワークの醸成
EEOの推進	マルチコミュニケーションチャンネル
頑張れば報われる賃金制度	安全な職場
	内部昇格優先

れば，どこのサプライヤーからも調達するとの「オープンドア・ポリシー」を表明し理解を求めた。この方針は出席者に好感を持って受け容れられ，やがて米国のメーカーと遜色ない現地調達水準へと取引は発展していった。一方でトヨタグループ各社や日本の仕入先も単独あるいは現地企業との合弁方式により，積極的な現地進出に取り組んだ。

1988年5月にはTMMKでカムリの1号車がラインオフした。全従業員からの公募により「今日の品質は明日の成功をもたらす」という工場スローガンを決定し，品質に万全を期しながら10月に本格生産に入った。11月にはTMMCもカローラの1号車を送り出した。TMMCの工場スローガンは，「品質，我らが推進力」であり，この品質重視の方針は両社の従業員に浸透し，1989年2月にはTMMCのカローラが「'89ベスト・ビークル・ビルト・イン・カナダ」に輝き，この賞がなくなるまで3年連続受賞した。

北米での現地生産拠点はNUMMIを含む3工場となり，その合計生産台数は1988年の7万台から1989年には25万台へと一気に拡大した。

TMMKでは量産化と並行して海外では初の本格的なエンジン工場を設置した。海外でのパワートレイン，すなわちエンジンやそれに付随するトランスミッション等の生産は，それまでもオーストラリアやインドネシアなどで行ってはいた。しかし，年産数万台の規模にとどまっていた。本格的なエンジン生産には粗形材（鋳鍛造品）や機械加工で巨額の投資が必要となる他，材料の確保など技術的な問題が多かったからである。そこでTMMKでは，機械加工に生産性の高いトランスファーマシンを導入することとし，その採算効率から生産規模を年産20万台強と決めた。これは米国での車両生産の20万台に見合う規模であった。しかし，米国での生産に必要な量を超えた分は日本で引き取ることとし，トヨタが抱えていた海外部品の輸入拡大という貿易面での課題解決を目指したものでもあった。

TMMKのパワートレイン工場は1988年4月に着工され，まずエンジンとアクスル（車軸）の組立から始めた。同じエンジンを製造する上郷工場での研修生受け入れなど，ここでも人材育成に力を入れ，1989年11月には現地組立による第1号エンジンが，そして1992年3月には機械加工の現地化による一貫生産を確立することができた。パワートレイン工場の稼働により，1991年の段階でTMMK製カムリの現地調達率は75％まで高められた。

第Ⅰ部／全体編

1980年1月本田技研工業は，2輪工場があるオハイオ州で乗用車の生産を開始し，同年7月には日産自動車も米国日産製造を設立し，83年に小型トラック，85年に小型乗用車の生産を開始した。トヨタはGMとの合弁企業NUMMIの経験を積みながらTMMKとして米国単独生産を果たしたわけである。

1-5　TMMKにおけるマネジメント現地化の推進[10]

前項ではトヨタが米国に工場を開設し，量産を開始するまでを扱った。日本人を主体とした初期の体制は，当然ながら時間の経過とともに変化していく。本項では，TMMKのマネジメントの現地化にあたっての問題を取り扱う。

TMMKの創業時の日本人の役割は，トヨタの工場マネジメント，技術の指導役であり，コーディネーターは黒子とはいえどもマネジメントの中心的な役割を担った。人種差別や社会制度，ビジネス習慣の壁は存在していたが，日本人が主導して進めても問題とならなかった。

しかし，コーディネーターとして赴任した日本人が交代期に入ると，マネジメントの手法が前任者と異なっていたり，部門ごとで異なったりして，現地マネジメントに戸惑いが発生し始めた。現地マネジメントも経験を積んできて，自ら職場をマネジメントする意欲ができてきたにもかかわらず，日本人側はそ

図表3-11　トヨタウェイによる価値観の共有

> トヨタが「どのような会社でありたいか」という企業理念を表したものが「トヨタ基本理念」です。これを実践する上で，全世界のトヨタで働く人々が共有すべき価値観や手法を示したものが「トヨタウェイ2001」です。
>
> 事業の広がりにより多様な価値観をもつ人がトヨタの業務にかかわるようになり，暗黙知としてそれまで伝えられてきた価値観，手法を2001年に明文化しました。これにより，全世界の事業体で同じ価値観の共有が可能になりました。
>
> また，トヨタウェイは環境変化の中で進化し，トヨタの強みでありつづけなければなりません。これからも，時代に応じトヨタウェイ自体を変革していきます。
>
> トヨタウェイの2つの柱は，「知恵と改善」と「人間性尊重」です。「知恵と改善」は，常に現状に満足することなく，より高い付加価値を求めて知恵を絞り続けること。そして「人間性尊重」は，あらゆるステークホルダーを尊重し，従業員の成長を会社の成果に結びつけることを意味しています。

出所：http://www.toyota.co.jp/jpn/sustainability/csr/csr/toyotaway2001.html

図表3-12　The Toyota Way 2001

2本の柱		5つの要素
Continuous Improvement 知恵と改善	Challenge	「夢の実現に向けて，ビジョンを掲げ，勇気と想像力をもって挑戦する」
		●「モノづくり」を核とした付加価値の創造
		●挑戦のスピリット
		●技術指向
		●熟慮と決断
	Kaizen	「常に進化，革新を追求し，絶え間なく改善に取り組む」
		●改善，革新の追求
		●リーンなシステムの構築
		●組織的学習の徹底
	Genchi Genbutsu	「現地現物で本質を見極め，素早く合意，決断し，全力で実行する」
		●現地現物主義
		●効果的合意形成
		●実践主義，達成指向
Respect for People 人間尊重	Respect	「他を尊重し，誠実に相互理解に努め，お互いの責任を果たす」
		●ステークホルダーの尊重
		●会社と社員の「相互信頼」と「相互責任」
		●誠実なコミュニケーション
	Teamwork	「人材を育成し，個の力を結集する」
		●人材育成の重視
		●個人の人間尊重と，チームの総合力の発揮

出所：雨澤政材（2016）講演資料より。

う思っていなかったりしたため，コーディネーターと現地マネジメントに少しずつ軋轢が生じ始めた。

　これは1994年に第2ラインを増設し，新車種の生産も含め生産規模を倍増させたことにより，新たに3,000人規模の増員が必要になり，職制ポジションが倍増し，急激な変化に対して組織体制や人材育成が追いつかなかったことによる。

　さらに創業10年となると，マネジメントの完全現地化が必要な状況になってきた。日本人側は現地マネジメントも経験を積んできたとはいえ，まだまだ任

第Ⅰ部／全体編

せられないと思っているため，コーディネーターと現地マネジメントの亀裂は極めて大きくなり，Team Kentucky 崩壊の危機を迎えた。

これを立て直すため，日本人出向者の意識改革が必要となった。例えば，マネジメントは現地人主体を継承するも，意思決定に日本人コーディネーターを関与させる，日本人のみの会議は全て禁止，日本人の交代時の摩擦を避けるために3年間のビジネスプランを日本人と現地人が徹底的に議論して毎年作成し，日本人交代時には1年間は合意した方針を継承，会議での日本人の発言を促進し，対等の関係を醸成，特に会議で発言せず，後で反対は厳禁とするなどである。

TMMKでは，創業時のトップマネジメントやシニアマネジメントが退職や転職でほとんどいなくなり，日本人も創業時にはいなかった人に全て交代していて，各人の考え方や目指す方向がばらばらであることが再認識された。

TMMK新VISION策定のため，1年間かけて現地人も日本人も次長以上のメンバーでTMMKの向かうべき方向と現状の問題点を共有化し，経営理念・価値観として何を共有し守り抜くかに合意した。課長，係長，組長，班長，さらに一般従業員へとのべ4万時間をかけ新VISIONの理解活動を行った。これはThe Toyota Way 2001 としてまとめられた（図表3-11，3-12）。これを受けて，TPS（トヨタ生産システム）の基礎教育と実践能力の育成のためのそれぞれの職位での教育が強化され，受講者の意識が大きく変わり Team Kentucky は再生された。

2 企業進出事例（実態調査より）

前節では公開された情報を使って海外進出の企業事例を取り上げた。本節では筆者が実際に実態調査に行った事例企業を中心に紹介しよう。

2-1 タイE社（自動車用パイプ製品）

本社は1948年東京都大田区で創業。大森に工場兼本社を持つ。同社のホームページによると「切削・鋳造・鍛造・表面処理などの技術エリアにおける企

画・設計をベースとした，主に自動車・産業エンジン用パイプ製品の設計及び切断・成形・曲げ・溶接加工等による一貫生産」を行っている。

自動車産業のアジア市場への進出が加速する中，お客様のパートナーとしてきめ細かな対応を続けるためには，自らもアジアに展開する必要があり，2006年にタイ国東部に当社100％子会社E社を設立。ASEAN地域に現地工場を持つ日系企業に対しては，日本での試作対応のみならず，E社が現地で量産部品として供給することで，お客様の現地調達化ニーズや原価低減ニーズに対応する。さらに，日本国内で培った技術を現地スタッフに導入することで，現地の技術レベル向上にも貢献する。

2006年12月から操業を開始し，6年目でようやく利益が出た。2015年の訪問時にはまだ通算の黒字にはあと1，2年かかるとのこと。タイいすゞ，タイスズキ，GM，三菱重工などが主な顧客。50名ほどの現地従業員に日本人2名の体制。製品の7割はタイ，3割が日本の本社向けとのこと。原材料はタイ国内調達が95％，日本本社からが5％。

自動車メーカーのタイ進出に伴う部品供給企業の海外進出の事例である。会社として海外生産のノウハウは蓄積され，また派遣された日本人の実地での経験は日本国内では得られないものであろう。

2-2　Yタイランド社（冷凍冷房用コンプレッサー部品，金属プレス加工）

本社は川崎市に1956年に設立された。1988年にYマレーシア社を設立，翌年操業，さらに中国での生産を経験した後，2003年にYタイランド社を設立。翌年より操業を開始している。訪問時100名の従業員で内3名が日本人。原材料の自動車鋼板は日本から輸入。その他は現地調達が多い。タイへの進出は顧客からの要請であった。自動車メーカーに約6割，家電メーカーに約4割製品を納入。1994年に進出した中国工場がコスト面で競争力を失ってしまったので，2年の撤退準備期間をかけて2009年に撤退したという。

従業員定着率はワーカーレベルではある程度の変動は仕方がないものの，スタッフレベルでの移動はYタイランド社の場合あまりないとのこと。従業員はバイクや車，会社が送迎業者に依頼したバスなどで通勤。

第Ⅰ部／全体編

2-3　Sカンボジア社（ワイヤーハーネスの製造及び販売）[11]

　本社のS社は従業員約6,500名，全世界で25.6万名の大企業。2012年4月に操業を開始したSカンボジア社は，現在1,200名の従業員を抱え，その97％が女性である。工場新設時には，キャラバン隊を組織して農村を中心にリクルート活動をし，苦労して採用したという。現在では良好な職場環境との評判が定着した結果，採用には苦労しないという。

　他国ではオリエンテーションが2～3日，研修全体でも2週間程度だが，カンボジアでは1か月かけている。2013年11月からは従業員のしつけや基礎学力養成を目的とした学校を開校，2週間かけて①モラルルール，②クメール語の読み書きと算数，③健康管理（食事，睡眠，衛生，病気），④チームワークなどについて教えるとともに，生徒全員で朝礼と夕礼を行い，終業前には全員で掃除もする。また，図書館を設置し，従業員が自由に本を読む環境も整備している。

　安定した給与に加えて日々の食事（給食）も提供され，勉強することもできるという評判が口コミで広がり，上記学校の開講後は，一般に月5％程度あるといわれる離職率が，月2％程度に収まっている。識字率が8割に届かないカンボジアにおいては，社会貢献という意味合いもある。同様の人材育成に取り組む日系企業も増えつつある。

2-4　日系ベトナムG社（縫製業）

　日本の本社は製糸から発展したアパレルをコアに多角化している。アパレル部門だけでも中国，インドネシアに複数生産拠点を持ち，タイにも工場がある中で，G社はインナーウェアを担当するベトナム工場という位置付けになる。600名強の従業員に対して約6名の日本人駐在員がいる。製品は，イオンモールなどを通じて一部ベトナム国内で販売され，またパートナー企業を通じてタイでも販売される他は日本へ送られる。

　ベトナムは労働時間の規制が厳しいので，縫製は2交代制，編み立て，裁断は3交代制。福利厚生はあまりよくないと認識。食事がまずいとの声を受け，改善中。将来の上級管理者への期待を込めてホーチミン工科大学の新卒大卒者

64

を採用し，3年間日本で研修させている他，30名強日本での研修を受けさせている。

2-5　日系ベトナムK社（衣料品の検品，修正）

親会社は衣料品・反物・雑貨の検品・修正・加工を行い，中国，ベトナム，インドネシア，韓国，インド，ミャンマー，カンボジアに進出している。

労働集約的な縫製業が海外進出するのに従って，そこで生産された衣料品の検品を行うため，縫製工場を追って海外進出を行っている。

K社は現地採用の日本人スタッフ9名が，日系商社や日系メーカー100社，200から300工場の営業を行っているという。実際の作業は，K社の元社員などにフランチャイズする形で行っている場合も多いという。

2-6　タイ財閥系S社（半導体の契約製造業）

1995年にタイ，アユタヤのバンパイン地区に現地財閥が工場設立。世界中の企業から，半導体がからむ精密部品をその企業向けにコピー製品は作らないとの契約のもとに生産を代行，製造装置そのものが依頼企業から貸与される場合もある。3,000人の従業員で操業していた時代もある。2011年の洪水の際，工場1階が冠水。洪水対策を万全にした工場にリニューアル。日本にあったとしても最先端の設備を備えた工場といえる。顧客は日本では東芝やNEC，オムロンで，ヨーロッパ，アメリカ企業の委託生産工場として利益を上げてきた。しかし，装置の入れ替えや人件費が高騰したことにより，現在では1,200名程度で生産を続けているが，高コストであることは否めず苦しい状況となっている。

従業員は周辺20キロ圏内で，バス，循環バス，バイク，徒歩で通っている。1日21時間，2交代制で操業。8時間プラス残業（賃金の25％から50％増）の形をとっている。

S社の製品は，空港へ運ばれ，空輸で相手先へ送られている。タイ国内企業から注文はほとんどないとのこと。

第Ⅰ部／全体編

3 メコン諸国の労働教育環境

3-1　全体比較

　図表3-13は，ジェトロが実施した「2016年度アジア・オセアニア進出日系企業実体調査」から作成された「ASEAN 9か国と南西アジア4か国の雇用・労

図表3-13　メコン諸国5か国の雇用・労働分野での課題　　　（単位：％，ポイント）

雇用・労働面の課題	ミャンマー	ラオス	ベトナム	カンボジア	タイ	課題別ポイント（5か国）	課題別ポイント（調査全体）	中国（参考）
有効回答数	73	18	637	89	685			599
従業員の賃金上昇	75.3	44.4	75.5	69.7	59.3	324.2	805.7	77.8
従業員の質	65.8	72.2	42.5	62.9	48.5	291.9	652.0	42.4
人材（中間管理職）の採用難	60.3	50.0	32.5	39.3	31.8	213.9	446.8	22.9
従業員の定着率	34.3	44.4	32.5	30.3	27.0	168.5	369.6	23.7
管理職，現場責任者の現地化が困難	34.3	44.4	33.8	40.5	27.0	180.0	358.5	18.7
人材（技術者）の採用難［製造業のみ］	55.0	27.3	26.6	31.6	29.7	170.2	358.5	25.9
日本人出向役職員（駐在員）のコスト	37.0	27.8	29.7	25.8	22.9	143.2	331.7	19.5
人材（一般スタッフ・事務員）の採用難	26.0	22.2	19.1	23.6	20.0	110.9	231.8	13.9
人材（一般ワーカー）の採用難［製造業のみ］	30.0	27.3	19.0	7.9	9.7	93.9	194.6	25.4
解雇・人員削減に対する規制	2.7	5.6	15.0	3.4	10.1	36.8	162.8	23.2
外国人労働者の雇用規制	2.7	0.0	6.2	4.5	4.1	17.5	91.8	1.0
日本人出向役職員（駐在員）への査証発行制限	2.7	5.6	7.6	0.0	3.5	19.4	81.1	3.2
国別ポイント合計	426.1	371.2	340.0	339.5	293.6			297.6

出所：『ジェトロセンサー』2017年7月号，p.4，表1，「ASEAN 9か国と南西アジア4か国の雇用・労働分野での課題」より一部抽出。

第3章　企業進出事例と労働教育環境

図表3-14　メコン諸国の課題16年・15年比較

タイ		16年調査	15年調査	増減
1	従業員の賃金上昇	59.3	60.1	-0.8
2	品質管理の難しさ	59.0	58.2	0.8
3	従業員の質	48.5	51.0	-2.5
4	競合相手の台頭（コスト面で競合）	47.3	43.9	3.4
5	現地通貨の対円為替レートの変動	45.3	41.2	4.1

ベトナム		16年調査	15年調査	増減
1	従業員の賃金上昇	75.5	77.9	-2.4
2	原材料・部品の現地調達の難しさ	64.8	65.2	-0.4
3	品質管理の難しさ	58.6	55.6	3.0
4	通関等諸手続きが煩雑	47.5	55.8	-8.3
5	競合相手の台頭（コスト面で競合）	45.7	45.3	0.4

カンボジア		16年調査	15年調査	増減
1	品質管理の難しさ	76.3	60.6	15.7
2	原材料・部品の現地調達の難しさ	73.7	72.7	1.0
3	従業員の賃金上昇	69.7	62.7	7.0
4	従業員の質	62.9	60.2	2.7
5	通関諸手続きが煩雑	44.8	47.4	-2.6

ミャンマー		16年調査	15年調査	増減
1	電力不足・停電	85.0	50.0	35.0
2	従業員の賃金上昇	75.3	68.8	6.5
3	原材料・部品の現地調達の難しさ	70.0	100.0	-30.0
4	従業員の質	65.8	50.0	15.8
5	人事（中間管理職）の採用難	60.3	53.1	7.2

ラオス		16年調査	15年調査	増減
1	品質管理の難しさ	81.8	58.3	23.5
2	従業員の質	72.2	72.2	0.0
3	原材料・部品の現地調達の難しさ	63.6	50.0	13.6
4	人事（中間管理職）の採用難	50.0	44.4	5.6
5	通達・規則内容の周知徹底が不十分	47.1	38.9	8.2

出所：ジェトロ『2016年度アジア・オセアニア進出日系企業実態調査報告書』pp.33-34,「国別の問題点（上位5項目，複数回答）」より。増減は筆者付加。

第Ⅰ部／全体編

働分野での課題」の表から，メコン諸国５か国を抽出したもので，国別，項目別に複数回答の回答率をまとめている。縦方向に，雇用・労働面での課題として12項目を，横方向には５か国の回答率合計を多い順に並べている。課題の多さが比較できるように，各課題，国別に，回答割合の合計ポイントも加えてある。

項目別に見ると「従業員の賃金上昇」，「従業員の質」，「人材（中間管理職）の採用難」が，324.2，291.9，213.9で続いている。「従業員の定着率」は，調査全体では４番目である。しかし，メコン諸国５か国では「管理職，現場責任者の現地化が困難」，「人材（技術者）の採用難［製造業のみ］」よりも順位が下がっている。

国別では，ミャンマー（426.1）が一番問題を抱えていることがわかる。次はラオス（371.2）で，ベトナムとカンボジアはほぼ同等。日系企業の進出歴，進出数が圧倒的に多いメコン諸国の中進国であるタイは一番問題が少ない。

図表3-14は，同一調査のデータからメコン諸国５か国の国別の上位５項目を取り出したものである。ここでは回答数の多い国から並べてある。2016年と2015年の増減を比較してみると，タイ，ベトナムでは増減は少なく，残る３か国では課題が増えていることがわかる。

3-2　タイ[12]

タイで事業展開する日系企業は4,000社を超え，東南アジア最大の規模となっている。総人件費の上昇，エンジニアや事務系のマネージャーの人材不足，ジョブホッピング，ワーカーとスタッフの人手不足などが挙げられる。人件費の上昇については，2017年１月に４年ぶりに改訂されたタイ中央委員会が設定する最低賃金では，全国一律から地域別になり，最も上がった地域で10バーツの上昇となった。これは，失業率は依然として１％を下回る状態でありながら，既に周辺諸国より高賃金が負担となり，実質GDP成長率が鈍っている現状を反映している。主力の自動車産業でも国内販売台数が落ち込んでおり，部品供給メーカーでは「生産ラインの閉鎖や人員整理を含め，あらゆるコスト削減策を検討している」企業もある。

このような状況もあり，労働裁判の件数が急増しているという。タイでは原告は提訴を無料で，しかも口頭で行える上に，係争期間は最長でも７日間と短

68

いために労働裁判を起こしやすいという。日頃から労使関係には留意し，労働者との話し合いの場を持っておくことが必要。また，裁判になった場合に備えて，警告文などの根拠書類をそろえておくなど，二段構えの対応が必要となろう。

3-3　ベトナム[13)]

　日本企業の進出は引き続き活発で，3つある日本商工会議所の加盟企業は1,500社を超えた。低廉で豊富な労働力が投資環境の魅力の1つとされてきた。しかし，時間外労働についての規制は日本よりも厳しい。法定労働時間は1日8時間だが，週休2日制でないベトナムの工場では，毎日1時間の超勤をするだけで，年200時間の上限に達してしまう。2直，3直といった生産シフトの配置で時間外労働の制約に対応するのが通例だ。法令違反に問われれば，罰金だけでなく操業停止処分を受ける可能性もあり，税務面でも時間枠を超えた分の残業代は損金と認められない。

　ベトナムは豊富な労働力が魅力とされている。その分，世界各国から外国企業が進出しており，そのため大企業が集中する地位では，現地従業員の採用が困難なケースもある。また，エアコン完備，座り仕事などの労働環境が定着率に大きく影響を与える。

3-4　カンボジア[14)]

　カンボジアでは，縫製業などの労働集約型産業のみならず，小売業や医療をはじめとするサービス産業分野でも日系企業の進出が目立つようになった。しかし，進出にあたって想定していた賃金が想定を上回る上昇率であるとの声も上がっているようだ。ただ，最低賃金が上がってきたことによって，従業員の定着率が向上してきたとの声もある。

3-5　ミャンマー[15)]

2011年3月の民政移管から7年目を迎え，ミャンマー日本商工会議所の会員

第Ⅰ部／全体編

数は約50社から7倍の約350社に拡大した。営業黒字の企業の割合が多い国では，進出企業の業歴が長いという特徴がある。ミャンマーの場合は，回答企業の8割以上が11年以降に進出しているため，黒字企業が増加傾向にあるとはいえ，まだ25％を少し上回る程度である。

　ヤンゴンなどでは，日系企業の求人は多いものの，質，量ともに十分な人材が集まりにくいともいわれている。韓国系，中国系の工場にどんどん引き抜かれる現実もあるようだ。

3-6　ラオス[16)]

　ラオスの人口は約650万人，そのうち418万人が労働人口，全人口の約60％を占める388万人が25歳未満となっている。従業員を集めることは比較的楽である。しかし，多くのワーカーは小学校しか出ていないため「複数の工程に分かれる複雑な作業に対応できない」，「ラオス語で作成された作業マニュアルが理解できない」といったケースもあるという。ゴミはゴミ箱に捨てる，使った工具は決められた場所に戻す，定時出勤して定時まで決められた場所で作業を行うといった職場のルールが身についていないことも進出企業を悩ませている。これらを解決するために，作業工程を単純化する，マニュアルを写真や絵を使ってわかりやすくする，タイや中国のマザー工場からベテランワーカーを指導員としてラオス工場に招き，技術だけでなく5S活動などの指導にあたらせる例もある。

　進出日系企業のヒアリングでは「採用後3か月程度勤務すると，離職率は低下する」という声も多く聞かれたという。「定期的に現金収入を得ることで，携帯電話やバイクなどを購入し，通信費や耐久消費財の維持費を稼ぐために仕事を続けるからだ」との指摘もあった。

[注記]
1）ダイキン工業㈱の情報は，特に注記がない限り，同社のホームページ上のデータ及びそこからダウンロード可能な『「拓く」ダイキン工業 90年史』（2015年7月発刊）による。
2）参考文献にある日本経済新聞電子版，2017年の3点の資料を参照。
3）マブチモーター㈱の情報は，特に注記がない限り，同社のホームページのデータに依拠している。

4）マニー㈱の会社概要，連結子会社，経営方針についての情報は，特に注記がない限り，最新の有価証券報告書を含む，同社のホームページのデータに依拠している。

5）筆者が見たテレビ番組でマニーが紹介された番組で確認できたもの。
テレビ東京「カンブリア宮殿」2010年1月25日 放送
「世界一しか目指さない！ 奇跡の成長を遂げた栃木の田舎企業」
http://www.tv-tokyo.co.jp/cambria/backnumber/2010/0125/

6）マニーの2008年度ポーター賞受賞企業の事業レポート内の人事管理より。

7）以下の2段落は，上記6）の事業レポート内の製造，人事管理の一部を要約，改変している。

8）トヨタの米国生産については，特に注記がない限り同社のホームページ上のデータに依拠している。

9）1986年1月に設立された米国の現地法人はトヨタ・マニュファクチャリング・USAなのでTMMと略称された。この法人は，USAからケンタッキーと改名され，現在はTMMKとなっている。本章での説明は現行法人名であるTMMKを使う。

10）本項の内容は，1997年からTMMKに出向し，上級副社長，取締役社長，取締役会長を歴任した雨澤政材氏の資料，文献に依拠している。

11）本事例は，河野将史（2015）に依拠している。

12）北見 創（2017）に依拠している。

13）小林恵介（2017）に依拠している。

14）真鍋勲生（2017a）に依拠している。

15）水谷俊博（2017）に依拠している。

16）真鍋勲生（2017b）に依拠している。

［参考文献］

雨澤政材（2014）『トヨタで学んだ工場運営―海外工場はどのように展開したのか』日刊工業新聞社。

雨澤政材（2016）「トヨタの海外戦略と現地事業体運営の歴史」H28年第2回TPS/Lean研究会「TPS連続講座」，特別講演資料。
https://www.esd21.jp/news/2016/10/

川又英紀（2015）「ダイキン工業が製造の日本回帰推進　生産リードタイム，「夢の4時間」へ」『日経情報ストラテジー』2015年11月号，pp.48-51。

北見創（2017）「タイ　急増する労働裁判に備えを」『ジェトロセンサー』2017年7月号，pp.10-11。

楠木建（2010）『ストーリーとしての競争戦略 ―優れた戦略の条件』東洋経済新報社。

河野将史（2015）「カンボジアで人材教育に取り組む」『ジェトロセンサー』2015年9月号，p.23。

小林恵介（2017）「ベトナム　超勤規制は先進国並み」『ジェトロセンサー』2017年7月号，pp.12-13。

日本経営史研究所編（2015）『「拓く」ダイキン工業90年史』ダイキン工業。

第Ⅰ部／全体編

http://www.daikin.co.jp/company/history/syashi/index.html

日本経済新聞社（2017.7.1）「空調世界一ダイキン 米巨大工場でグローバル化加速」電子版。

日本経済新聞社（2017.9.26）「ダイキン，「IoT」で技術伝承 狙うは世界攻略」電子版。

日本経済新聞社（2017.12.20）「日本流「合宿」が生産・開発現地化の突破口 ダイキン」電子版。

真鍋勲生（2017a）「カンボジア 政争による賃金引き上げに留意—事業拡大意欲の高まりの中で」『ジェトロセンサー』2017年7月号，p.24。

真鍋勲生（2017b）「ラオス ワーカー教育に工夫」『ジェトロセンサー』2017年7月号，p.25。

水谷俊博（2017）「ミャンマー 人材の奪い合いも」『ジェトロセンサー』2017年7月号，pp.22-23。

[参考URL]

ダイキン工業

 http://www.daikin.co.jp/

 http://www.daikin.co.jp/company/gaiyou.html　会社概要

 http://www.daikin.co.jp/company/rinen.html　グループ経営理念

 http://www.daikin.co.jp/company/kyoten/index.html　拠点情報

マブチモーター

 https://www.mabuchi-motor.co.jp/

 https://www.mabuchi-motor.co.jp/company/profile.html　会社概要

 https://www.mabuchi-motor.co.jp/company/philosophy.html　経営理念

 https://www.mabuchi-motor.co.jp/company/network/　拠点一覧

マニー

 http://www.mani.co.jp/

 http://www.mani.co.jp/company/company2.html　会社概要

 http://www.mani.co.jp/company/group.html　連結子会社

 http://www.porterprize.org/pastwinner/2008/12/02111040.html　2008年度ポーター賞

トヨタ自動車

 http://www.toyota.co.jp/

 https://www.toyota.co.jp/jpn/company/history/75years/text/index.html　トヨタ自動車75年史 文章で読む75年の歩み

 上記URLは，2018.1.5に再確認した。

第4章

日系繊維企業の人材育成・ビジネス教育

1 はじめに

　本章では，メコン地域市場経済化のハブ的役割を果たしつつあるベトナムを対象に，そこにおける日系繊維企業の人材育成，ビジネス教育について考察する。

　以下では，まずASEANへのFDI先駆者ともいえる繊維企業の海外進出のプロセスを確認し，次いでベトナム進出の日系繊維企業の現状を概観する。それを踏まえて，2017年2月23〜25日，10月30〜11月1日の2回にわたって訪問した日系繊維企業6社の事例を取り上げて紹介する。最後にこれらの事例から浮かび上がっている現地企業の人材育成の現状を明らかにして，そこでのビジネス教育の課題について検討していくこととする。

2 繊維産業と海外進出

2-1　1960年代後半から70年代前半

　第2次大戦後，日本の繊維産業は日本経済の復興から高度成長への離陸過程で大きく貢献した。しかし，高度成長期の重化学工業化に伴い，産業上に占める地位は相対的に低下していった。

　1960年代後半からの若年労働者不足と人件費の上昇，また日米繊維摩擦や1971年のニクソンショック後の為替レートの引き上げと1973年の石油ショック，さらには韓国・台湾・香港のNIESの激しい追い上げによって，繊維企業

73

第Ⅰ部／全体編

は海外進出に活路を見出そうとした。

こうした気運に，発展途上国に対する特恵関税の供与といった要因が重なり合い，繊維企業は東アジアへの投資を推し進めた。1965～70年に106件，1971～1974年211件とこの時期に317件の海外投資がなされたが，その投資先の7割が東南アジアであり，そのうちの4割がASEAN[1]であった。

その背後には東南アジア諸国の外資導入に対する各種奨励策をがあった。中でもタイはいち早く1962年に産業投資奨励法を制定した。台湾・韓国も1960年代後半に，マレーシア，インドネシアは1970年代前半に同様の政策を打ち出した[2]。

この時期海外投資をリードしたのは合繊メーカーであった。東レと帝人が日本の合繊製造の主導的役割を果たした。合繊の中心的な製品であるポリエステル製造はこの2社によって独占されたが，その後綿紡績会社も合繊製造に参入し海外への進出を図った。

合繊メーカーによるASEANへの投資は，主にタイ，インドネシア，マレーシアで行われた。東レは1963年にタイに合弁会社を設立し翌年操業を開始した。同年に合繊ファイバーを生産する会社も設立し，70年代前半には原糸・紡績・織布・染色の一貫生産体制を築き上げた。また，帝人も同様に，1965年にはタイ帝人を設立し，1970年代前半までに現地の合弁企業とともに原糸―紡績―織布―縫製までの垂直的企業体を形成した[3]。

この動きはインドネシア，マレーシアにも広がり，その後，残りの合繊メーカー，大手綿紡績会社がこれらASEAN3か国へ続々と進出していき，ASEANは日本の合繊・紡績メーカーの一大集積地となった[4]。

現在のASEAN諸国のうち，域内先進国タイ，インドネシア，マレーシアの繊維産業が原糸から製品に至るまでバランスのとれた産業構造を持つに至ったのはこうした事情による。それに対して，遅れて工業化を開始したベトナムでは，川上・川中部門が幼弱なまま川下部門にあたる縫製部門が突出するという偏頗な繊維産業構造が形成された。ASEAN全体の分業関係の中でベトナムの繊維産業の位置付けを考えるとき，こうした歴史的経緯をおさえておく必要がある。

2-2　プラザ合意後の繊維企業の海外進出

　1985年のプラザ合意以降，円高が急速に進んだ。1985年6月の1ドル＝249円から87年同月の1ドル＝145円までの2年間で40％以上も円が切り上がり，さらに1990年6月1ドル＝154円から1995年4月には1ドル＝79.75円まで急騰した。円高が構造化する中で，製造業の海外進出に拍車がかかった。

　図表4-1は1997年以降の製造業における国別現地法人数の推移を示したものである。この表によって20年間の日本企業の海外進出状況を概観してみよう。[5]

　1997年全製造業における全世界現地法人数は1万8,223であり，そのうち半分近くをアジアが占めていた。アジア域内ではその23％を中国が占めていて，日本企業の海外進出先のトップであった。他方，この時点ではASEANへの日本企業の進出も多く，タイ，インドネシア，マレーシアといった域内先進国を中心に日本企業の現地法人が置かれた。

　表中の指数Aは1997年から2008年の変化を示している。この10年間で全製造業の海外法人数は1万8,223から2万1,264に増加した。17％の増加にとどまったのに対して，中国は2,069から4,878へと実に2.4倍に著増した。この10年間で中国は「世界の工場」としての地位を確立した。日本企業もその地にどっと

図表4-1　製造業の国別現地法人数　　　　　　　　　　（1997・2008・2017年）

地域	1997年 全製造業	1997年 内繊維・衣服	2008年 全製造業	2008年 内繊維・衣服	2017年 全製造業	2017年 内繊維・衣服	指数（A） 全製造業	指数（A） 繊維・衣服	指数（B） 全製造業	指数（B） 繊維・衣服
全世界	18,223	597	21,264	494	29,904	449	117	83	141	91
アジア	8,813	498	12,710	448	18,719	394	144	90	147	88
内中国	2,069	276	4,878	310	6,774	222	236	112	139	72
タイ	1,191	60	1,577	37	2,412	43	132	62	153	116
インドネシア	605	54	659	34	1,218	39	109	63	185	115
マレーシア	791	12	759	8	965	6	96	67	127	75
ベトナム	120	11	332	15	972	26	277	136	293	173

出所：各年版『海外進出企業総覧 国別編』東洋経済新報社による。指数Aは1997年を100，Bは2008年を100とする。

第Ⅰ部／全体編

押し寄せた。

中国と同等の対外投資集積地であるASEAN諸国に目を転じると，この間にいくつかの変化が生じていた。域内先進国の中でタイへの現地法人数は順調に増加していたが，インドネシアは横ばい，マレーシアは減少に転じていた。そうした中で注目されるのはベトナムで，120から332と2.8倍の大幅な伸びを示した。絶対数はまだ小さいが，ベトナムでは1990年代半ばから本格的な外資導入が始まり，日本企業のベトナムへの関心の高まりが見てとれる。

指数Bは2008年を起点に2017年までの10年間の変化を見たものである。この10年間で現地法人数は2万1,264から2万9,904へと41％の増大を見た。リーマンショック後の円高の進行，東日本大震災により生じた生産拠点の分散化，電力料金の値上げ等によって製造業の海外進出が加速した。また近年では，国内需要が伸び悩む中で進出先の国やその近隣諸国の需要取り込みを目的とした海外投資の高まりがこの数字から窺える[6]。

国ごとの変化を見てみよう。この間に中国の現地法人数も4,878から6,774へと1.4倍に増えて，相変わらず中国への旺盛な企業進出があったことを示している。しかし，その伸び方は前の10年に比べると鈍化した。かわって注目されるのはベトナムである。絶対数では中国の14％に過ぎないが，この間も3倍近い伸び率があった。引き続きベトナムへの旺盛な進出を示している。1997年の時点ではASEAN域内先進国の1割程度に過ぎなかった現地法人数が，2017年の時点ではタイには及ばないまでも，マレーシアを追い抜き，インドネシアに迫るまでとなった。

ベトナムのこうした伸長の背後には，「チャイナ・プラス・ワン」の動きがあった。2000年代中頃から中国で，元の切り上げ，賃金水準の上昇，人材の採用難，地代やオフィス賃料の上昇，さらには反日デモ，尖閣諸島問題等の政治的緊張関係によるリスクの高まりがみられ，中国一極に生産拠点を集中するリスクを避けて，新たな投資先を求める動きが出てきた。

こうしたプラス・ワンの投資先としてベトナムが注目されるようになった。特に縫製業や靴製造業など労働集約的な産業がベトナムはじめCML（カンボジア，ミャンマー，ラオス）に進出した。とはいえ，「中国からベトナムへ」というドラスティックな変化が現れたわけではない。一極集中のリスクを避けて，製造コストの安価な地域への進出先としてベトナムが選ばれたのであって，中

国の「世界の工場」としての地位が大きく後退したわけではない。[7]

　ベトナム進出の意図には，製造コストの削減というだけでなく，ベトナム国内，さらにはASEAN地域への販売拠点とするオペレーションの狙いが働いていたともいえる。

　こうした製造業全体の動きの中で，本稿が対象とする繊維産業（繊維・衣服）はこの20年間においてどのような状況であっただろうか。図表4-1によると，1997年時点で繊維企業の海外現地法人数は597であったが，このうち8割以上がアジアに集中し，中でも中国が276と繊維全体の5割近くを占めていたのである。しかし，繊維企業の中国への進出も2008年には310と微増にとどまり，2017年には222と減少に転じている。繊維企業にとって中国への進出意欲が薄れてきたことが見てとれる。他方ASEANの動きに目を転じると，域内先進国であったタイ，インドネシア，マレーシアでも現地法人数は減少傾向をたどった。それに対して絶対数ではまだ小さいが，ベトナムへの繊維企業の進出が着実に伸びていることが注目される。

　そこで，以下ではベトナムにおける日本繊維企業進出の実態について検討していくことにしよう。

3 ベトナム進出の日系繊維企業

3-1　繊維企業のベトナム進出状況

　社会主義国ベトナムは1986年12月の第6回共産党大会で「ドイモイ政策」の採用を決めた。さらに1991年6月の第7回共産党大会で「ドイモイ政策」を国家戦略の基本路線とすることとなり，市場経済化への道を本格的に歩み出した。[8]

　1986年のドイモイ政策採用の後，1988年から1992年のカンボジア和平協定までの5年間に日本からのベトナム直接投資はごくわずかであった。この間の日本からの投資分野は建設業，エンジニアリング，コンサルティングが主で，製造業は小規模な縫製，刺繍関連企業が僅かに進出する程度であった。1993年刊行の『海外進出企業総覧』（東洋経済新報社）によると，この時点で同書が捕捉した日系企業は3件であった。1990年設立の「Vieco Hikosen Co.」（飛行

第Ⅰ部／全体編

船60％出資），1991年操業の「Hong Macau Concrete Product」（トーメン50％出資），「Poul Yick Construction & Investment Co., Ltd.」（日本工営60％出資）で，いずれも合弁会社である。このうち，「Vieco Hikosen Co.」は繊維企業で従業員400人を擁し，エプロン他婦人衣料関係等月産2万枚の衣服を製造していた。おそらく最も早いベトナム進出繊維企業といえよう。

　日本企業のベトナムへの対外投資が本格化するのは1994年2月にアメリカの対越経済制裁解除以降である。同年8月には村山首相がベトナムを訪問して日本との外交関係の密度が増す中，日本企業のベトナム投資の気運が高まっていった。この頃から1997年のアジア危機の頃までが日本企業の「第1次ベトナム投資ブーム」である。投資を促した要因は，原油など資源の豊富さ，器用・勤勉かつ安価で豊富な労働力，市場の将来性等であった。[9]

　図表4-2は，断片的ではあるが第1次投資ブーム以降，1997年，2000年，2008年，2017年のそれぞれ4月時点における日系企業の主要業種別進出企業数（存

図表4-2　主要業種別ベトナム進出企業数　（1997・2000・2008・2017年）

業種	1997年	2000年	2008年	2017年	指数 (1997/2017)	1997年 構成比	2017年 構成比
進出企業総数	120	172	332	972	810	100.0	100.0
製造業	86	117	224	517	601	71.7	53.2
食料品	7	8	10	35	500	5.8	3.6
繊維業	11	15	15	26	236	9.2	2.7
化学	8	14	29	62	775	6.7	6.4
鉄鋼	5	6	9	21	420	4.2	2.2
金属	8	12	14	40	500	6.7	4.1
機械	6	6	16	40	667	5.0	4.1
電気機器	7	16	57	95	1,357	5.8	9.8
輸送機器	16	18	28	61	381	13.3	6.3
精密機器	3	5	10	22	733	2.5	2.3
卸売業	3	6	17	139	4,633	2.5	14.3
小売業	-	-	3	27	-	-	2.8
金融・保険業	3	3	3	17	567	2.5	1.7
運輸・倉庫業	3	9	19	71	2,367	2.5	7.3
サービス業	9	12	43	88	978	7.5	9.1

出所：各年版『海外進出企業要覧 国別編』東洋経済新報社より作成。

在数）を概観したものである。[10] いうまでもなく、ここで示される数字は実際の進出企業数全部を捕捉したものでない。多数の企業が抜け落ちている可能性があることを予め断っておく。

第1次投資ブームの状況を示す1997年について見てみよう。進出企業は多岐の業種にわたっているが、製造業に関していえば、大きなウエイトを占めたのは輸送機器の16であった。次いで繊維業が11で1割近くを占めている。業種的には輸送機器とともにベトナム進出の先導役を務めたといえよう。とはいえ、輸送機器と電機機器、機械、精密機器を合わせたものを機械工業関連業種とすると32社にのぼり、この時期の進出企業の中心はこれら機械工業関連企業であった。1994年には三菱自動車、ソニーが認可され、1996年にはスズキ、1997年にはホンダがベトナムに進出している。[11]

第1次投資ブームは1997年夏に勃発したアジア通貨危機で頓挫した。だが、通貨危機からの回復後もベトナム投資は停滞し続けた。日本企業によるベトナムへの投資意欲の減退はベトナムにおける産業インフラの未整備、法体系の未整備、行政の硬直性などが理由として挙げられるが、より大きな要因はこの頃から中国が「世界の工場」として注目され始め、日本企業の関心が中国へと向かったことにある。[12]

新規外資の冷え込みに危機感を強めたベトナム政府は種々改善に努めた。その結果、2002年秋頃には日本企業の関心も再びベトナムに向き始めた。

2003年11月には「日越投資保護協定」が締結されて、日本の投資活動が協定の枠組みの中で保護されることとなり、2004年に「第2次ベトナム進出ブーム」が訪れた。その後しばらくして「チャイナ・プラス・ワン」としてベトナムが注目されるようになった。ベトナムでも2006年7月に「企業法」,「投資法」の施行、2007年1月WTO正式加盟、日本との関係では2009年10月に日越EPAの発効と、外資導入の条件整備が着々と推し進められた。

図表4-2により2008年の進出状況を見てみよう。相変わらず進出企業の中心は製造業では機械・電機・輸送・精密などの機械工業関連業種で、3分の1を占めている。他方、繊維企業は15にとどまり、そのウエイトは5％を切る状況であった。日本企業によるベトナム進出の主流が完全に機械工業に移っていることを示している。

2000年に入ってのベトナム進出ブームは2007年のリーマンショックによって

第Ⅰ部／全体編

一時後退する。しかし，2011年から2013年にかけてベトナムへの進出は再び活発となった。リーマンショック後の海外進出の目的は，大企業は現地市場獲得を目ざしたものが多く，中小企業は元請企業の要請や生産コストの低減を求めての進出が多かった[13]。さらに，2011年の東日本大震災によって，生産拠点の分散化を図る企業が増えたことも，その後の日系企業のベトナム進出増加の一因となった。

この期の進出ブームは2014年以降下火になるが，そのことを念頭に置いて2017年4月時点の進出企業の動向を見ておこう。企業数972のうち製造業が517（53.2％），商業・サービス部門が342（35.2％）であった。製造業では電気機器が95社と相変わらず最も多く，次いで化学62，輸送機器61，機械40，精密機器22と続く。機械工業関連業種が製造業進出の主軸であった。ここで対象とする繊維業は26と全体の3％にも満たない。いうまでもなく繊維企業は中小企業が多く，かつ進出・撤退の回転が速いため，抜け落ちている企業が多数あることは想像に難くないのであるが。

2008年からの10年間の変化で注目されるのは商業・サービス部門の伸長である。特に卸売業が急増していて，2008年時点で17であったのが139と8.1倍に増えている。小売業と含めると166にのぼる。これに関連して運輸・倉庫業も19から71に急増した。サービス業も43が88と2008年よりも2倍に増えた。このように商業・サービス業部門が85から342と4倍に増えて，2017年のその構成比は3割5分も占めるようになった。

ベトナムへの進出が「コスト削減型」から「現地市場獲得型」へと広がりを見せていることがわかる[14]。

3-2　2017年における日系繊維企業の状況

図表4-3は，2017年4月時点でのベトナムに進出している繊維企業の概要を示したものである[15]。繊維企業数は進出企業967社のうち36社とわずか4％弱に過ぎない。

しかし，ベトナムの輸出貿易における繊維関連製品のウエイトの大きさを考えると，日系繊維企業の生産や経営のあり方がベトナムの工業化において果たす役割はまだまだ大きなものがあるといえよう[16]。

80

なお，この表を検討するにあたって次の３点に留意する必要がある。第１点は『総覧』に記載されていない多数の繊維関連の進出企業が存在することである。例えば，今年２回に分けてベトナム調査を行った際に訪問した７社のうち４社はこの表にはない。第２点は，この表の背後には進出してすぐに撤退した企業も多数あり，逆にいえばこの時点まで存続した企業がここに掲載されているという点である。第３点は１つの親会社がいくつかの部門に分かれて進出している場合もそれぞれ独立の現地法人１社とカウントした。

　以下では，この表に基づいて日系繊維進出企業の概況をいくつか指摘しよう。

（ア）設立ないし操業時期では，いくつか進出の山が見受けられる。36社のうち「第１次投資ブーム」（1995〜97年）にかけて９社が進出している。次いで「第２次進出ブーム」（2004〜07年）７社，2010年〜13年13社，2015〜16年５社。特に，2010年代になって36社中18社が進出した。

（イ）資本金規模別企業数では，資本金500万ドル以上が３社，300〜499万ドル５社，100〜299万ドル11社，100万ドル未満14社，不詳３社であった。資本金最大の法人は1998年に進出したYKKの1,680万ドルであった。同社の「ファスニング」製品はアパレルだけでなく車両部材も含まれ，広範な分野への資材供給をしているが，繊維関連資材としてこの表に入れた。次いでモリト970万ドル，グンゼ650万ドルが続く。繊維産業は全体的に資本金額の小規模なものが多く，100万ドル未満が14社と40％近くを占めている。

（ウ）出資形態別では，独資24社，合弁会社９社，不明が３社であった。合弁会社は日系企業同士のものがほとんどで，外資との合弁は現地法人資本とが１社，香港資本とが１社であった。

（エ）進出企業の親会社では，アパレル企業や副資材メーカーが生産基地として進出するケースと，商社系企業が生産拠点ないしは流通機能をはたすために進出するケースとに大きく分けられる。前者は36社のうち14社，後者は総合商社，繊維系専門商社あるいは繊維メーカー型商社が出資するケースで21社あった。後者は，商社がユーザーとの間に介在して受注したユニフォームや作業着などの少品種量産品の生産拠点として自ら子会社を設立して現地生産を行うケースと，輸出入業務や繊維品の卸売等まさに商社としての機能を果たすために進出したケースとに分けられる。

81

第Ⅰ部／全体編

図表4-3　ベトナム進出日系繊維企業

	企業名	所在地	事業内容
1	Gunze（Vietnam）Co., Ltd.	HCMC	インナーウエアの製造・販売
2	Yasuda（Vietnam）Co., Ltd.	HCMC	婦人服の製造
3	Hop Thinh Co., Ltd.	Haiphong C.	作業服の縫製
4	Nomura Fotranco Co., Ltd.	Haiphong C.	衣料品の縫製
5	Sankei（Vietnam）Co., Ltd.	HCMC	衣料副資材製造・販売
6	Unimax Saigon Co., Ltd.	HCMC	ユニホームの製造・販売
7	Vietnam Wacoal Co., Ltd.	Dong Nai	インナーウエアの製造
8	Wonderful Saigon Garment Co., Ltd.	HCMC	各種ユニホームの縫製及び衣類縫製品の輸出
9	YKK Vietnam Co., Ltd.	HCMC	ファスニングの製造・販売
10	Teijin Frontier（Vietnam）Co., Ltd.	Dong Nai	衣料品の加工・製造・販売・輸出
11	Lecien（Vietnam）Co., Ltd.	HCMC	婦人インナーウエアの製造
12	Nicca Vietnam Co., Ltd.	Dong Nai	繊維用界面活性剤の製造・販売
13	Watabe Wedding Vietnam Co., Ltd.	Dong Nai	ウェディングドレスの製造
14	GF Vietnam Co., Ltd.	HCMC	衣料品の検品，コンサルティング
15	SHIMADA SHOUJI（VIETNAM）CO., LTD.	Binh Duong	アパレル縫製資材の製造・販売
16	Nomura Thanh Hoa Co., Ltd.	Thanh Hoa C.	衣料品の縫製
17	Vietnam Kuraudia Co., Ltd.	Binh Duong	ウェディングドレス，ベール等の製造・縫製
18	Dong Nam Woolen Textile Co., Ltd.	Nam Dinh	梳毛織物の製造・販売
19	SB Saigon Fashion Co., Ltd.	HCMC	婦人ブラウス，スーツの製造
20	Hong Phuc Duc Co., Ltd.	HCMC	機能アパレル製品の縫製
21	Kane-M Danang Co., Ltd.	Danang C.	服飾資材，生活資材の金属・樹脂・繊維製パーツの製造・加工・販売
22	Onward Kashiyama Vietnam Ltd.	HCMC	衣料品の販売
23	SB Pearl Fashion Co., Ltd.	HCMC	レディス衣料の製造
24	Toyotsu Vehitecs Vietnam Co., Ltd.	Binh Duong	衣類，刺繍製品の製造
25	Fujix Vietnam Co., Ltd.	HCMC	縫製用ミシン糸の販売
26	Sumitex Vietnam LLC	HCMC	アパレル製品の生産管理・輸出等
27	Kuraray Trading Vietnam Co., Ltd.	HCMC	繊維製品，化学品の輸出入・販売

第4章　日系繊維企業の人材育成・ビジネス教育

（2017年4月時点）

設立・操業年	資本金・売上高	従業員数	備考
1995年	（資）650万US$	614人	グンゼ100%
1995年	（資）150万US$	800人	安田縫製79.3%，オンワード樫山15%，安田縫製（間）シャルム5.7%
1997年	（資）100万US$ （売）161万US$	311人	東洋紡STC50%，コーコス信岡50%
1997年	（資）53万US$ （売）2,142億D	1,382人	野村貿易100%
1997年	（資）90万US$	-	三景100%
1997年	（資）250万US$	950人	伊藤忠商事80%，ボンマックス20%
1997年	（資）450万US$	2,165人	ワコールWacoal International Hong Kong100%
1997年	（資）240万US$ （売）270万US$	433人	丸紅51%，サンエス29%，ガードナー20%
1998年	（資）1,680万US$	-	YKK
2001年	（資）116億D	450人	帝人フロンティア57%，Teijin Frontier（Hong Kong）Ltd.43%
2004年	（資）150万US$	644人	ワコール100%
2005年	（資）350万US$ （売）1,542億D	34人	日華化学Hong Kong Nicca Chemical Ltd.100%
2005年	（資）310万US$ （売）500万US$	382人	ワタベウェディング100%
2006年	（資）50万US$	386人	野村貿易30%，タグチ3.5%，Hong Kong GF Ltd.66.5%
2006年	-	30人	島田商事
2007年	（資）90万US$	615人	野村貿易100%
2008年	（資）280万US$ （売）14,872万円	92人	クラウディア100%
2010年	（資）350万US$ （売）103億D	60人	トーア紡20%，Nam Dinh Silky Textile Investment Joint Stock Co.74.3%，常熟市華博毛紡織物5.7%
2010年	-	-	日鉄住金物産100%
2011年	-	-	原田産業
2011年	（資）970万US$	344人	モリト100%
2011年	（資）100万US$	-	オンワード樫山100%
2011年	-	-	日鉄住金物産100%
2011年	（資）150万US$	462人	豊通ヴィーテクス60%，豊田通商40%
2012年	（資）136億D	7人	フジックス100%
2012年	（資）140万US$	175人	スミテックス・インターナショナル100%
2013年	（資）70万US$	23人	クラレトレーディング100%

第Ⅰ部／全体編

（続き）

	企業名	所在地	事業内容
28	Nihonwasou Vietnam Co., Ltd.	HCMC	和装縫製に関するコンサルティング
29	Toyoshima Vietnam Co., Ltd.	HCMC	縫製業・卸売業・輸出入業
30	Unitica Trading Vietnam Co., Ltd.	Hanoi C.	繊維，衣料，産業資材の輸出入・販売
31	Ace Crown Vietnam Co., Ltd	HCMC	工業用ミシン糸販売
32	AOKI Vietnam Co., Ltd.	Long An	衣料品（パジャマ）の製造・販売
33	Kiyohara Vietnam Co. Ltd.	HCMC	服飾資材，その他の輸出入・販売・コンサルティング
34	Nomura Trading Vietnam Co., Ltd.	HCMC	貿易業
35	Chori Vietnam Co., Ltd	HCMC	繊維の輸出入
36	Gunze Hanoi Co., Ltd.	Ha Nam	工業用ミシン糸の販売

出所：『海外進出企業総覧』週刊東洋経済（臨時増刊），2017年より作成。

（オ）現地企業の事業内容では，インナー・ユニフォーム・作業着・ブラウス・婦人服・ウェディングドレス等の製造・販売が18社，テキスタイル1社，ミシン糸・服飾などの副資材関係が5社，検品や生産管理コンサルティング等が3社，そして繊維品の販売，輸出入など流通関係が9社であった。衣料品縫製を中心に，それに必要なミシン糸，服飾等の副資材の製造・販売業者，繊維製品の国内販売や輸出，あるいは縫製原材料の輸入に携わる企業が進出していた。

（カ）時系列的に見たベトナム進出企業の特徴では，第1次投資ブームの時期に進出した繊維企業はいずれも縫製業務を行うことを目的としたものであった。そこでは1,000人前後から2,000人規模の大型工場が建てられて，インナー，ユニフォーム，作業着といったファッション性が薄く少品種大量生産の繊維製品が製造された。労働集約的要素の強い繊維品製造では生産コストの中で大きなウエイトを占める人件費の安さが主な進出動機であったといえよう。第2期になると，第1期と様相が異なり，ウェディングドレスといったファッション性のあるもの，あるいは縫製のための副資材，さらには最終工程である「検品」などの縫製業の補完的企業が進出し始め，そしてその流れは第3期へ引き継がれていく。第3期

設立・操業年	資本金・売上高	従業員数	備考
2013年	(資) 10万US$	-	日本和装ホールディングス100%
2013年	(資) 160万US$ (売) 215億D	301人	豊島100%
2013年	(資) 75億D (売) 975億D	6人	ユニチカトレーディング100%
2015年	(資) 30万US$	-	大貫繊維51%，帝人フロンティア36%，サラインターナショナル13%
2015年	(資) 25万US$	56人	アオキ100%
2015年	(資) 30万US$	4人	清原100%
2015年	(資) 50万US$	15人	野村貿易100%
2016年	(資) 25万US$	-	蝶理100%
2016年	(資) 330万US$	6人	グンゼ100%

　には，製品販売，輸出入業務，副資材流通を扱う商業機能を担当する企業の進出が目立つようになるのである。副資材メーカーと流通業者の進出には日系繊維企業への資材供給だけでなく，ベトナムローカル及び他国外資系アパレル企業，さらには今後増えるであろうメコン地域内後発工業国への販路拡大の思惑もあってのことといえよう。

（キ）進出地域では，南部のホーチミン市が21社，隣接するドンナイ省4社，ビンズオン省3社，ロンアン省1社を合わせると27社となり，4分の3が南部に集中している。北部ではハノイ市1社，ハイフォン2社，タインホア市1社，ナンデイン省1社，ハナム省1社合計7社で2割弱，中部ではダナン市1社とまだ少ないが，ホーチミン市周辺の人件費の高騰・人材供給難もあり，今後は北部・中部への進出が増大していくだろう。

　以上，2017年4月時点における日系繊維企業の進出状況を概観した。これらのことを踏まえて，次節では調査訪問した進出企業の経営・生産体制，人材育成・ビジネス教育の現状を見ておこう。

第 I 部／全体編

4 進出企業の人材育成・ビジネス教育の現状

　ここで取り上げた6社は，アパレル関連の企業4社，繊維資材企業1社，繊維関連企業1社である。これらは全てベトナム現地法人で，それらの親会社は大企業から中小企業まで様々である。

　各事例では，親会社の紹介特に海外事業展開状況，現地法人の経営・生産体制，そこでの人材育成・ビジネス教育の現状を取り上げて，できるだけありのままの姿を示すようにした。そのため，内容的にはまとまりを欠いていることをあらかじめ断っておく。なお，各社の概要については図表4-4にまとめておいた。

図表4-4　ベトナム訪問日系繊維企業の概略

(2017年)

社名	所在地	設立	資本金	従業員数	日本人管理者	事業内容	販売先
A	南部	1995年	650万ドル	615名	6名（社長，副社長他）	インナー	日本97%国内3%
B	北部	1997年	23万ドル	1,400名	6名（社長，管理者，技術者4）	ユニフォーム・OEM生産	日本90%国内10%
C	南部	2005年	550万ドル	920名	3名（社長，工場長，技術部長）	タオル・小物・バッグ	日本95%国内5%
D	北部	2005年	480万ドル	300名	2名（社長，副社長・総務/営業）	紳士・婦人・子供靴下	日本100%
E	南部	2005年	100万ドル	940名	10名（社長，事務2，顧客対応7）	検品・修整	日系アパレル等
F	北部	2017年	330万ドル	34名	3名（社長，工場長，技術部長）	ミシン糸製造・販売	日系アパレル等

4-1　A社

①親会社について

　A社の親会社は日本有数の繊維企業である。同社は繊維以外の事業部門も展開し，繊維関連事業部門のウエイトは年々相対的に低下している。

　同社の海外展開の歴史は古く，1980年代初頭に中国企業と技術指導・製品引

86

第4章　日系繊維企業の人材育成・ビジネス教育

取の合作契約をしたのが海外進出の始まりであった。1985年のプラザ合意後の急激な円高の進行，繊維製品の輸入急増，バブル経済崩壊後の長期経済低迷によって同社のアパレル事業の国内生産は縮小し，海外事業の積極的な展開がなされた。

　中国及びASEANでの本格的な生産拠点設立とそのネットワーク構築は1990年代に入ってからである。90年代初頭にタイ，インドネシア，中国に，95年にベトナム，そして2000年代に入って中国ブランチを増やし，さらにバングラディシュにも進出しており，海外進出の経験は豊富である。したがって，海外進出のノウハウ，海外子会社での生産管理や人材管理・育成のオペレーションも着実かつシステマティックに行われている。

　繊維製品に関しては，10年前から本社のSCMチームがグローバル視点で全体的な生産数量，品質，人員の配分を管理し，本社のMDが製品化をコントロールしている。その方針，生産計画，コントロールに基づいて，日本国内はもとより海外生産拠点での製造・販売が行われている。本社の国内工場はマザー工場としての役割を担い，海外各地からの工員及び幹部研修生の教育機関として機能している。

② 現地企業の経営・生産体制

　A社は「編立」「裁断」「縫製」を自社工場で行い，「染色」はタイとベトナムのローカル工場で行っている。生産体制は8時間労働の2～3交替制をとっているが，生産が間に合わないほどで，加工スペースも限界に近く，第2工場を必要するほどである。

　原材料は現地調達が基本で，パキスタン，タイ，ベトナムから調達している。製品のほとんどは日本向けで，数％をベトナム国内に販売している。しかし，価格的に競争は厳しく購買層が限られてくる。

　A社の日本人駐在員は6名である。社長，副社長及び幹部社員であるが，そのうち1名が外部委託工場に常駐している。将来的には「現地化」を推し進め，日本人駐在員を2名にまで減らし，現地スタッフで運営できる体制を構築したいとのことである。

　中間管理者としてベトナム人課長が1名，課長補佐が2名いる。課長は入社以来の従業員で，最初日本語の通訳から始めた。実習で日本にも派遣された。

87

第Ⅰ部／全体編

A社の従業員数は600名余。平均年齢は31歳で，平均勤続年数は7年弱である。とりたてて，従業員の流出対策や福利厚生策をとっているわけではないが，勤続年数が比較的長いのは同社に対する安心感・安定感があるからだろう。

工場現場のスーパーバイザーは20名で，半数は大卒で残りは工員からの抜擢である。その人選は入社後10年経った者の中から抜擢する。不足する場合は人材派遣会社からも採用する。

③人材育成・ビジネス教育

同社の従業員教育の特徴は，進出先の工場においても本社と全く同じ方針で従業員教育を行っている点である。本社は創業120年を超す老舗企業であり，本社工場でも海外生産拠点でも創業の精神を具体化した行動規範「3つの躾（あいさつをする・はきものをそろえる・そうじをする）」を従業員の間に徹底している。工場見学の際に築後20年経った工場の，新しくはないがその清潔さや従業員の帽子を脱いでの挨拶の中に，「3つの躾」が行き届いているのを垣間見た。

生産現場のリーダー育成方法として，A社では毎年20名を超す従業員を会社負担で日本に送り込み，国内の工場において3年間の研修を受けさせて，帰国後に彼らを工場のリーダーとする仕組みを持っている。

ワーカーについては，3か月間の実習を受けるため日本に派遣する。他方，本社からも日本人社員がベトナムで実習する。その目的はローカル従業員との交流と，日本人社員に海外の生産現場を肌で実感させるためである。

ベトナム人は真面目で自分のために一生懸命に学ぶことが好きだが，人の育て方，指導の仕方，ものの教え方といった部分が欠落している。中間管理者としての資質に欠ける点をどう教育するかが課題である。

またベトナム人は人とのタテ・ヨコのコミュニケーションのとり方が十分でない。仕事を円滑にすすめるための「報・連・相」が欠けている。日本人スタッフで経営，生産，販売全てを管理・監督することは困難であるから，そのためにも現地人材育成が課題であり，まずは現地スタッフの高度化が要求される。A社の社長は，自ら直接ローカルスタッフに話しかけ，ダイレクトな関係づくりを日常的に行うようにしている。これもOJTの1つか。

現地スタッフの育成については個々の現地法人が独自に行うこととなってい

る。日本独自の思想，教育体系に基づく日本式経営理念を直ちに現地法人に移植することは困難である。両国の国民性の違いを踏まえて，日本人の思想に近い，あるいは理解できる人材の採用につとめている。

A社では幹部人材として近年大学新卒3名を採用した。そのうちの1名はホーチミン工科大学を卒業した女性である。この女性を幹部候補生として3年間本社工場に派遣した。そこでは日本語教育を徹底し，N4からN2までのレベルに上げることをした。また日本人と同じ待遇のもとで，専門科目の勉強よりも本社の社風に馴染ませることを旨とした。

A社では，「経営の現地化」のための人材教育として次のようなことを行っている。

（ア）人材教育が急務であり，現地人材の日本研修（数か月から3年）を実施し，将来のASEAN人材育成を計画している。

（イ）人材育成とともに，現地スタッフへの権限の委譲と責任の移管を進めている。

（ウ）（メコン地域のビジネス教育のあり方としては）各国，各社各様の方針があり，ビジネス教育は個々の会社が行っている。セミナー等もあるが効果は不明である。　　　　　　　　　　　　　　　〈2017年2月訪問調査〉

4-2　B社

①親会社について

B社の親会社は中堅貿易商社である。創業は古く，大正年間の南洋貿易に始まる。同社の事業分野はアパレルの他フード，鉱産物，マシナリー，エレクトロニクス，化学品など多岐にわたっている。繊維事業部門は同社の売上のほぼ3分の1を占める。

一般的に，商社のアパレルOEM事業のメリットは，「工業力」と「商業力」を併せ持っていることである。「工業力」とはこれまでのOEMビジネスで培った生産設備と技術力の蓄積であり，「商業力」とは素材から製品までのトータルな視点と流通ルート，つまり仕入れ・販売ルート，情報収集力，物流ネットワークを有することである。同社もこれを武器にアパレル事業を展開している。

第Ⅰ部／全体編

②現地企業の経営・生産体制

　B社は，ユニフォーム，カジュアルパンツ，スカート，ドレスシャツ等の
OEM生産を行っている。OEM生産の発注主は親会社で，その取引先であるデ
パートあるいはアパレル企業等と最終ユーザーとの間に介在して，取引先がユー
ザーから受注した製品を，子会社であるB社で生産する。仕向先は親会社9
割，国内1割である。国内販売については価格的に厳しいが，将来的にはその
ウエイトを増やそうとしている。生地や資材は親会社から供給される。紡績糸
は日本の紡績メーカー産を用い，生地は中国産が多い。ローカル企業の生地は
品質が良くないので調達は難しい。近年中国系布帛メーカーがベトナムに進出
している。それに対して，日系テキスタイルメーカーの進出はない。

　B社の日本人スタッフは6名。社長1名，技術関係3名，現地採用日本人2
名（このうち1名は国内販売ルート作りに従事している）。いまのところ経営
は順調あるが，将来的には従業員の人件費高騰に危惧を抱いている。

　同社の従業員は95％が女性で，その大半は縫製作業に従事している。平均年
齢29歳。平均年齢が高いのも主婦層が女性従業員の6～7割を占めているため
である。ベトナムの法律では妊婦には休憩時間1時間を与えることになってい
る。産休は6か月で，産休後も1年間は昼休みに授乳させることが義務付けら
れている。こうした女性従業員が80名ほどいる。彼女たちは自宅と工場が近接
しているので自宅に帰って授乳することができる。既婚女性の就業が一般的で
あるベトナムでは，勤務先が自宅に近いことはこの点からも重要で，B社が街
中にあることのメリットである。同社の離職率の低さもここらに一因があるよ
うに思われる。

　B社の労働条件は，この地域の他の外資やローカル繊維企業に比べると比較
的良い。平均賃金が比較的良く，勤務時間も午前7時45分～午後5時とキチン
としていて，残業も6時までである。有給休暇は14日ある。従業員の賃金は基
本的に横並びであるが，基準枚数を決め，仕上げ枚数の上下差で給料差をつけ
ている。しかし，従業員の勤続年数が長いため従業員の熟練度もそれほど差は
なく，達成率で見ても上下5％程度である。福利厚生に関しては，ベトナムで
は労働組合が義務付けられていて，社長以外は皆組合員となり，その組合費の
半分を会社が負担している。この他親睦のために従業員旅行を会社負担で行っ
ている。ベトナムでは家族ぐるみの福利厚生政策は効果が大きい。

第4章　日系繊維企業の人材育成・ビジネス教育

従業員の欠員が生じた場合はその都度募集を行う。従業員募集には苦労していない。募集は口コミで，従業員の家族，親族，親戚，友人の紹介等ですむ。求人広告を出す必要はない。労働条件の良さや，B社が20年間この地にあって信用を積み重ねてきたことの現れであろう。

③人材育成・ビジネス教育

ワーカーには日本の勤労意識を理解させ，身に付けさせるためにスリッパを履く，床を掃除するなど5S（整理・整頓・清掃・清潔・躾）の徹底をはかっている。

同社には勤続年数の長い従業員が多く，離職率も低い。長年勤めている従業員の技術的蓄積はかなりのものであるが，その技術的蓄積をデータ化して目に見える形にできていない。作業技術の指導もデータに基づくものにしていきたいとのことである。

進出企業にとってローカル管理者はたいへん重要である[18]。同社の場合，ローカル管理者はオフィスで8名（従業員数37名），工場内で40名（従業員数1,400名）いる。オフィスにおけるローカル管理者の仕事は，生産管理，通関業務管理，財務管理，給与計算・人事評価である。他方工場内の中間管理者の仕事は，生産指導，生産進捗管理，品質管理，安全衛生対策（5Sの推進），道具・危険用具の管理，工員評価である。

ローカル管理者に対して求められることは，オフィスでは貿易・通関や法律の知識，生産・労務などの管理能力，経理処理能力，部局をまとめるリーダーシップである。そこでは日本人経営者への「報・連・相」が常に求められる。コミュニケーション手段としての日本語能力は必要とされるが，通訳がいる場合はそれほど流暢である必要はない。工場では生産の技術や知識をベースに，従業員への技術指導やリーダーシップ，さらに生産現場における問題意識や課題解決能力，危機管理能力が求められる。

同社ではローカル管理者育成のために，外部研修への参加，日本の親会社での研修を行っている。工場のローカル管理者育成では，親会社が関係する日本の縫製工場での研修を行っている。

また将来的にはOEMからODMへの推転が課題となる。その体制作りのための製造現場や事務スタッフの充実が課題となる。　　　　〈2017年10月訪問調査〉

第Ⅰ部／全体編

4-3　C社

①親会社について

　C社の親会社はタオル業界のトップ企業である。同社はグローバル化の中で，タオルの製造（企画・開発・生産）から販売（卸売―小売）まで一貫して行うSPAの構築を目指している。

　その方針のもと同社の製造部門は，本社（サンプル，商品開発，高級品生産等）を軸に，中国，ベトナムの3者を結ぶトライアングル生産体制を敷いて，その連携のもとで製織，染色，プリント，刺繍，縫製に至るまでの全ての工程を一貫して行っている。

　また同社は本社所在地にタオルミュージアムを持ち，そこでの直販やネット通販を行うとともに，直営ショップを全国的に展開している。さらに同社は東京の繊維卸問屋を傘下におさめ，ブランドタオル等を百貨店へ製造販売している。

　同社の海外展開は1994年中国に一貫生産工場を設立したことに始まる。そこは海外生産拠点であるとともに，現在では中国国内で100店舗以上の小売ショップを展開している。ベトナムへは「チャイナ・プラス・ワン」として2005年に進出した。進出の理由は，温暖な気候，染色に適した良質な水，刺繍文化に象徴される優秀な人的資源の豊富さであった。ベトナムでは，中国での経験で得たノウハウをもとに工場の効率化に取り組み，30％省エネ工場を建造している。[19]

② 現地企業の経営・生産体制

　C社は先染め及びプリントタオルの染色・製織・縫製の一貫生産だけでなく，エプロン・キッチンマットなどの小物類やバック縫製品も生産している。そのうえ，近年ベトナムに進出してきた日系大型ショッピング・モールに直営店を出店して国内販売活動を展開し始めた。

　経営については，日本人スタッフ3名（社長1名，副社長＝生産担当1名，総務・経理担当1名）で対応している。

　従業員募集は斡旋業者を通じて20～30名を採用しているが，人材確保に苦労している。遠方からの従業員には寮を完備している。通勤者はバス通勤である。バス会社が通勤用のバス路線を作り，併せて求人斡旋も行う。親会社社長によ

ると，社長自らの経験から工場現場での待遇改善に努めており，海外でも日本の工場と同等の労働環境作りを心掛けているとのことであった。工場の中に置かれた製氷器や，食堂の賄い業者にシダックスを入れたり，また工場に自動洗浄機付きトイレを設備したりしているのはその現れであろう。[20]

　こうした待遇面での配慮にもかかわらず従業員の離職率は高く20〜30％にのぼる。特にテト前後には50％に達する。勤続年数は短く，特に若い人ほど短い。ホーチミン市から100kmほど離れているにもかかわらず賃金は同市と競合し，また工業団地間での競争も激しく，人材確保に苦労している。他方，従業員も田舎からの出稼ぎ感覚が強く，条件の良い方に流れてしまう。

③人材育成・ビジネス教育

　同社の中間管理職は20〜30名である。このうち大卒は工場長と経理長の２名である。

　生産現場における幹部クラスの研修は中国で行っている。中国工場がマザー工場の役目を果たしている。幹部クラスで定着している人を選んで中国でリーダー研修を受けさせている。毎月２名ずつ１か月間派遣している。必要に応じて２〜３回派遣することもある。中国人の方が進んでいて技術だけでなく，指示の仕方，考え方，確認の仕方もベトナム人より上である。ベトナム人はそれを実際に見て学ぶ。だが，中国への研修は近年中国政府の規制が厳しく，１か月以上の研修に対して中国側のビザが下りない状況である。

　ワーカーの技術実習では，昨年まで１年単位で延べ３名を日本の本社工場に派遣していたが，今年度から３年に延ばして20名派遣した。技能実習制度を使っている。親工場とベトナム工場の間で工場間移動という形をとっている。

　日本語の勉強は人材派遣会社の講師を招いて講習する。同時にその派遣会社に日本派遣の手続きも委託している。

〈2016年９月本社訪問。2017年２月Ｃ社訪問〉

4-4　Ｄ社

①親会社について

　Ｄ社の親会社は，国内有数の靴下専業メーカーである。事業所は国内の２工

第 I 部／全体編

場とベトナム工場である。販売先は，大手量販店や専門店から卸商，さらにスポーツ用品メーカーと幅広い。専任の企画担当者が顧客のニーズを聞き，サンプルを作り，生産プランニングを提案する。取り扱う製品はPB商品から，NP商品，キャラクター商品，スポーツブランド品まで多種多様である。そうした多種多様な製品を一貫した生産・管理体制のもとで機動的に製造するために，同社では稼働台数に倍するバラエティに富んだ機種の編機を保有している。

　また同社では，本社工場とベトナム工場との両者を連結した生産管理システムを共有していて，編み方・素材・デザイン・形状等多種多様な生産ラインの管理を効率的に行っている。この管理システムによって原材料や商品情報全てが把握されているので，だれでも容易にインボイス等の帳票を作成できる。生産稼動以外でのヒューマンエラーがなくなり，かつベトナムでは現地スタッフのモチベーションを高めている。

② 現地企業の経営・生産体制

　D社は，年間1,000万足の紳士・婦人・子供靴下を生産している。製品は日本に送られ，日本国内で販売される。販売は本社が担当し，生産をベトナム工場で行うという関係がうまく機能している。

　編立は機械が行うが，靴下の製造工程で多くの人手を要する工程は，「セット」（蒸気で形を固定する作業），「ペア」（片方ずつ編み上がった靴下を左右合わせて1組にする作業），「検査」（仕上がりをチェックし，検針をする作業）といった仕上げ工程である。顧客の製品に対する安全・安心への要求は厳しく，「検針」には細心の注意が払われている。納品先によっては第三者チェックまで求められる。ベトナム工場での編立の生産性は本社工場の3分の1ほどである。だがいくら編立で生産性を高めても仕上がりで不具合が生じればそのリスクはたいへん大きい。そのため，ベトナム工場では仕上げ工程に多くの人数を割り当てそのリスク回避につとめているのである。

　経営については日本人2名（社長1名と総務関係1名）で対応している。技術・生産管理は中国人技術者2名が担当している。この2名は3年前から勤務していて，必死に働いてくれる。この中国人は日本語をしゃべれないので，中国語を話せるベトナム人に通訳をさせている。なお，D社では技能実習制度は利用していない。

第 4 章　日系繊維企業の人材育成・ビジネス教育

　D社所在地ではホーチミン市やハノイ市に比べると従業員の離職率は低い。従業員の平均年齢は20代後半で，全員自分の家から通勤している。人件費はこの10年間で5倍に上昇した。

③人材育成・ビジネス教育

　ベトナム人の気質は南北で異なり，北部の気質は真面目で堅い。ベトナム人は日本人に対してもコミュニケーションがとれると心を開く。また純粋さという点では日本人よりも良い。

　現地企業にとってローカル中間管理者が重要である。D社の場合，彼らに経営方針を話して，自分なりに判断し，考えて行動させるようにしている。中間管理者として，日本語のできる3名のベトナム人（30歳前後）を雇った。その3名は独学で日本語を学んだり，日本で研修を受けた者であったりである。オフィスは大卒，工員は高卒で，中間管理職の3名のもとにベトナム人15〜20名を配置する仕組みができあがっている。

〈2016年8月本社訪問。2017年10月D社訪問〉

4-5　E社

①親会社について

　E社の親会社は，繊維業界の特殊分野である繊維素材・衣料品の検品・修整の専門業者として業界トップの企業である。元来検品・修整業というのは，織物産地の中で「仕直し業」といわれて内職仕事であった。そのためこの業界はほとんどが零細企業で，同社のように国内外合わせて売上金（＝工賃）50億円近い企業は皆無である。

　同社の業務の内容は，検品・検針，不良箇所の修整，多様な仕上げ加工である。検品・検針の作業は機械と手作業による単純な反復作業であるが，他方修整作業は病院の治療と同じで，顧客ごとにそのニーズは異なり，それに合わせて1つずつ処理に適った器具，薬品，手作業でもって解決方法を決めていかなければならない。この両者を密接に絡めて，検査・検針→「不良品が発生すればそれを修整し，合格品にする」ことを一貫した流れでシステマティックに行っているのが，同社の特徴であり，強みである。

95

第Ⅰ部／全体編

　同社の作業は顧客のニーズに応じて，時には自社工場内で，時には顧客の工場に従業員を派遣して行うなど柔軟性を持っている。その事業展開にあたっては，必ずしも設備を揃えて行う必要はなく，まずは作業チームを編成して先方の工場に派遣し，地域的な需要が確実視された段階で工場や検品センター等の固定的な設備を設ける。そしてそれを拠点に同様なやり方で，さらなる市場開拓を行う。このようにして，同社のビジネスは顧客のニーズに応じるようなかたちで国内からアジア全体にアミーバのように広がっていったのである。

　このビジネスモデルでは作業場は賃貸でも良いし，検針機械も進出当初は最少のセットを用意すれば良い。あとは作業ワーカーとワーカーを管理・指導する中間管理者がいれば第1歩を踏み出せる。初期投資も少なくてすむのである。

　同社の海外進出は日本のアパレルメーカーや，テキスタイルメーカーなどの海外進出と軌を一にしている。その始まりは1986年の香港で，中国の開放政策に連動しての進出であった。中国本土へは1994年に日本化学繊維検査協会とともに進出し，その業務を担った。同地に進出した日系アパレルメーカーや商社からの要望で，日本向け逆輸入品のチェックを行った。やがて現地需要も取り込んでいき，中国へはざっと数えただけでも合計10か所の現地法人及びその営業所を展開している。

　ASEANへの進出は2000年代に入ってからである。中国における人件費の上昇や労働問題の不安定性，さらにチャイナリスク等で「チャイナ・プラス・ワン」の流れがかさなり，2005年にベトナムに進出した。その後ベトナムを拠点にミャンマー，カンボジアへと枝葉を広げていった。かくして現在は中国10か所，ベトナム3か所，インドネシア2か所，あとは韓国，インド，ミャンマー，カンボジアに各1か所である。

　その海外工場・検針センター数の地域的多寡は，日系繊維企業の進出集積度に連動しているともいえる。同社は進出先においてスクラップ・アンド・ビルトを迅速に行っている。例えばタイがその良い例である。タイはテキスタイル供給国であることから縫製メーカーが少なく，しかも人件費も高いし残業をしない等々で，わずか1年で撤退した。このような柔軟な海外展開を可能にしているのが，フランチャイズ方式である。次に見るようにE社はこの進出形態の1つの成功例である。

96

②現地企業の経営・生産体制

　E社のオーナーは親会社をスピンアウトした元社員である。ベトナムには南部と北部の２か所に工場があって，それぞれ別法人となっている。E社は南部の工場で，ここの経営は現社長に全てまかされている。社長はベトナムの大学を卒業した日本人で，2009年にE社に現地採用された。

　E社と本社との関係はフランチャイズ契約に基づいている。本社は51％の株式を保有するとともに同社の商号や業務上のノウハウ・知識，また必要に応じてE社に技術者を派遣している。E社はもともと親会社のものであったが，撤退を決めた際に，現オーナーがその経営を引き継いだ。現在では上述したように本社との合弁企業となっている。ベトナム進出当初は同社の従業員規模は100名程度であったが，いまでは900名を超える規模となった。

　ホーチミン市には検品業者が10～12社進出しているが，E社はいまやトップ企業である。E社の社長はベトナムを拠点にCMLへも進出しつつある。ミャンマーの場合も，親会社が撤退したあとをE社の社長がオーナーとなって経営を引き継ぐことになった。ミャンマーでの立ち上げの際にはベトナムから人が派遣された。さらにはカンボジアへもそうした形態で進出を図ろうとしている。

　E社の日本人スタッフは社長含めて全部で10名である。２名が事務を担い，社長も含めて残り８名が顧客対応である。これらの日本人は社長も含めて全て現地採用である。現地採用の日本人で意欲あるものは現社長のように経営をまかされ，さらには新規開拓をしてフランチャイズ方式によって独立することも可能である。野心のある人材を求めている。

　ベトナムでのビジネスは検品業が主体で，その７割が10～100名の作業チームを顧客の縫製工場等へ送り込みそこで行う出張検品である。日本向け製品は品質チェックが厳しく，第三者テストを仕入れ条件に指定いるところもある。縫製工場からはいやがられる仕事である。

　他方，修整作業は一品ごとに対処の仕方も異なることから複雑かつ多様である。その技術は難しく，その指導のため日本の親会社から技術部長が派遣されて指導にあたる。ふだんは処理法が困難な場合は，ネットを通じて親会社技術担当者から処理法のアドバイスを受けている。

第Ⅰ部／全体編

③人材育成・ビジネス教育

　検針は機械を使って行うが，検品は人の作業である。単純作業であるがワーカーのチェック力が重要となる。検品作業は「怒られる仕事」「嫌われる仕事」「立ち仕事」「達成感のない仕事」とワーカーにとってはあまり良い仕事とはいえない。そのため従業員の定着率は6〜7割と良くない。

　必要な人材は2つに分かれる。1つはワーカーで，それに求められるのは単純かつ反復作業を飽きずに着実に行えるかどうかである。学問は必要でなく，健康で勤勉であれば良い。採用したワーカー教育としては基本的な規律を教えることが何よりも大事である。

　もう1つはローカル中間管理者で，全部で9名いる。ローカル中間管理者は工場（作業）現場とオフィスとに分かれる。工場（作業）現場では従業員数900名中8名のローカル中間管理者がいる。他方オフィスのそれは事務関係従業員40余名中3名である。仕事の内容は前者では作業の割当，従業員の配置，作業現場の監査，従業員の指導・教育である。後者はクライアント情報やオーダーの管理，スケジュールの作成・管理である。

　こうしたローカル中間管理者に求められることは，高度な技術や専門的知識も大切だが，何よりもオフィスでは情報処理や数量管理が求められる。工場，オフィスともに共通して求められることは，「報・連・相」を徹底し日本人スタッフやクライアントと密な連携がとれることである。クライアントは日系企業が多いので，日本語でのコミュニケーション能力が求められる。

　ローカル管理職教育として行っていることは，工場では作業現場の監査結果や問題点，あるいは改善策を定例ミーティングで確認し合うことである。オフィスにおいても基本的に同じで，課題や問題の把握状況や改善策を定例ミーティングで確認することで，そのことを通じてOJT的教育を行っている。

　オフィス管理者にとって必要なビジネス教育は，報告書，会計書類等の情報処理・システム化である。　　　　〈2016年2月本社訪問。2017年2月E社訪問〉

4-6　F社

①親会社について

　F社もA社と同じ親会社を持つ。ここでは親会社のアパレル事業部門に所属

している繊維資材グループの概要について触れておく。繊維資材グループの事業は，祖業であった製糸業が1987年に終止符を打ったため，主力製品がアパレル産業用のミシン糸となった。1980年代後半以降国内縫製業の空洞化に伴って，国内トップの地位を築いていた繊維資材事業も海外への展開を余儀なくされた。

　1991年にインドネシアにミシン糸製造・販売会社を設立，その後1996年には中国，2012年にはバングラディシュ，そして2017年にベトナムへと進出した。副資材であるミシン糸ビジネスはその性格上基本的には現地で製造し，製品を現地で販売することになる。したがって，その海外展開の軌跡は日本のアパレルや産業用繊維資材（自動車のシートベルト・エアバック等）メーカーの海外事業展開と軌を一にするものであった。

②現地企業の経営・生産体制

　F社は2017年3月に設立されたミシン糸専用工場である。現在は操業準備中で，年末までに設備等の据え付けも完了する予定である。販売先は現地の日系アパレル企業やSPAの縫製工場である。将来的には日本への輸出も計画している。

　F社がベトナム北部に進出を決めた背景には，同社がミシン糸製造ではベトナム進出の最後発メーカーであること，それゆえに南部では競争者も多く，しかもベトナムの縫製工場そのものが南部から北部や中部へ移動しつつあること，特に有力SPAの生産拠点となる工場が北部に設立されたこと，といった事情があった。

　また同社は撚糸工場と染色工場をワンセットで事業展開することを考えていたので，染色工場建造の許可を当該地方行政府から与えられたことも大きかった。この撚糸―染色の一貫生産体制構築は，販売先の日系アパレル企業，特に世界展開のSPAや自動車メーカーのシビアなミシン糸への品質要求に応えようとするものであった。

　世界展開しているSPAや安全性を重視する自動車内装繊維資材メーカーへの売り込みには，染色強度（堅牢度），摩擦や磨耗，耐光性等に対する高い品質基準をクリアする製品づくりが求められる。そればかりでなく，2013年のバングラディシュのビル崩壊事故以後は企業の社会的責任を意識した，労働条件等

第Ⅰ部／全体編

に配慮した企業経営であることが求められている。

　こうしたユーザーのニーズに対応できる生産設備と技術力，経営内容がこれからのベトナムでの競争力の源泉となると同社では考えている。

　今回の進出に向けて同社では2016年５月からレンタル工場で予行的生産・販売をスタートした。新工場立ち上げにあたっては，本社のグローバル技術統括部による技術支援が行われた。日本からそれぞれの技術担当者が来越して，１か月〜３か月間滞在して生産設備設置から操作までを指導した。同社の場合，機械設備・調整と作業指導とは別々の担当者によって分業化されていて，海外進出がシステマティックに行われている。

　現在は操業準備中でもあり，30名体制で生産を行っている。男性１名，女性３名のリーダーのもと２交代制で生産を行っている。この30名が将来的には工場現場のリーダーとしての役目を果たすことになる。今後は50名—70名—100名と徐々に増やしていく予定である。

　Ｆ社も工場内部は清潔で，従業員も礼儀正しく，同社の「３つの躾」が行き届いている。日本人スタッフとベトナム人従業員とのやり取りは日本語のできるローカル社員の通訳を介して行われる。この２名は技能実習制度で３年間日本にいた経験があり，彼らへの給料は月10万円で普通のワーカーの５倍である。

③人材育成・ビジネス教育

　現在は計画段階であるため来年１月〜３月には４名をリーダー候補として日本の基幹工場に１か月間派遣して実習させる予定である。そこではマナーや日本的（社会，生産等の）仕方を感覚的に学んでこさせる。

　染色工場では化学知識や染色技能・技術の熟練が必要であるが，Ｆ社では大卒の採用は考えていない。工場の現場採用の人材の中から育成する。大卒は苛酷な労働に就こうという意識が薄い。せいぜい専門学校卒の現場採用の人材を技術部長がOJTを通して教育していく予定である。　　　　〈2017年10月訪問〉

第4章　日系繊維企業の人材育成・ビジネス教育

5 進出企業の人材育成・ビジネス教育の課題

5-1　現地企業の人材育成の課題

　現地企業の人材育成・ビジネス教育のあり方を考察するとき，次の3つのレベルに分けて考える必要があるだろう。現場の生産を担うワーカーの教育，現場と経営トップとをつなぐローカル中間管理者の教育，そして将来的には現地企業のローカル経営者としての教育である。

　現地企業から見た場合，その必要とする人材教育は，親会社の経営方針・グローバル戦略のもと，現地企業に何を求めるかによって異なってくる。

　そのことを念頭に置いて前章で見た6つのケースについて，そこでの人材育成のあり方を確認しておこう。

　A社は，親会社の一事業部門であるアパレル事業のグローバル展開の中で，海外生産拠点として位置付けられている。ベトナムへの進出要因は基本的に「生産コスト削減型」である。現時点では本社の生産計画に基づき着実にそれを実行することが現地法人の課題となっている。つまり，いかにコストを抑えて日本市場に通用する高品質の製品を納期どおりに生産するかである。ただし，将来的には経営の現地化と進出エリア域内での製品販売も目指している。A社では上記の課題を遂行するための人材確保と人材教育，中間管理者育成が課題となる。まず，ワーカーの教育・人材育成では「3つの躾」＝人間教育（＝5S）の徹底とOJTを通して生産技術の高度化を図ることであろう。同社は毎年約20名のワーカーを技能実習生として親会社国内工場へ派遣し，帰国後彼らは現場でのリーダーの役割を果たす。

　中間管理者育成については，1つのケースとして，HCM工科大学卒業者を日本に研修に送り出している。そこでの教育目的は日本語教育と親会社の社風に馴染ませること，つまり日本的生産システムの体得であり，親会社の社員との交流をつうじてのOJTであった。

　B社は親会社が受注した製品のOEM生産の担い手である。現地企業に求められていることは，親会社がクライアントと契約した条件に基づいて，いかに生産コストを抑え，同時に納期厳守・高品質の製品を日本に出荷するかである。現地法人としての課題は親会社の指示する仕様書に基づき，その指示どおりの

101

第Ⅰ部／全体編

製品を安定的に生産することである。そこでは，安定した生産を実現するためのワーカーの確保と，安定した労使関係のもとでの確実な生産管理・労務管理が肝要となる。同社の場合，従業員1,400名の規模の経営を維持するためのローカル管理者の役割は重要となる。同社ではローカル管理者育成のために，外部研修への参加，日本の親会社での研修を行っている。

　C社は，本社工場―中国工場―ベトナム工場というトライアングル生産体制のもと，中国に次ぐ海外生産拠点として設立された。同社の人材教育は上記のトライアングル生産システムのリンクの中で行われている。まずワーカーについては，技能実習制度を利用して本社工場で行われる。今年から毎年20名が3年間派遣されることとなった。これは本社工場にとっても，重要な労働力供給源となり大きなメリットを与えることとなる。

　他方，現場幹部の研修は中国工場で行われている。親会社によってその生産システムが最初に移転された中国工場が今では親会社の基幹工場となっている。中国工場での現場リーダー育成の経験はベトナム工場への生産移転にいかされることになる。中国工場の現場リーダーたちが，今度はベトナム工場のリーダー育成の指導にあたっている。日本→中国→ベトナムという技術移転の1つの典型といえよう。

　D社は，本社の生産工場としての役割を果たしている。同社はベトナムに進出して10年になるが，この間，本社工場の生産比率は下がり，いまや全生産量の3分の2をベトナムで生産している。同社では，親会社との間で生産管理システムを共有していて，編み方・素材・デザイン・形状等多種多様な生産ラインの管理を効率的に行っている。この管理システムのもと，容易にだれでもインボイス等の帳票を作成できるようになった。事務の合理化が進んでいる。情報機器を操作して本社と現地企業との連携を着実に行える人材の養成が必要となるだろう。

　E社は，検査・修整を専門的に行う特殊な作業会社である。同社の要となるローカル人材は，工場ないしは出先現場での作業チームのリーダー，及び市場開拓のためのビジネスセンスと顧客への対応力を持つ人材である。特に後者では日本人経営者あるいは日系クライアントとの間にたって的確に対応できる日本語とコミュニケーション能力が必要とされる。同社にとっての人材育成とは，こうしたローカル中間管理者の育成と，将来的にはE社が起点となってメコン

地域へ進出する際に，出先の現地法人を率いていくビジネスマインドを持った人材の育成である。

　F社は，A社と同じ親会社を持つが，ビジネスの仕方はA社とは大きく異なる。F社の場合，現地製造・現地販売を前提とした「現地市場獲得型」のベトナム進出である。現地市場に参入して，同社の高品質のミシン糸を現地の顧客にどう売り込むか，同社のテーマは最初から現地化である。いまはまだ，立ち上げ準備の段階であるため，当面の課題は生産工場としての着実な立ち上げであり，生産を軌道に乗せることが優先される。現場のワーカーと，現場リーダーの育成，染色技師の育成といったことが当面の課題である。だが，中長期的には製品販売＝ビジネスの担い手である。日系企業が取引相手である限りビジネスの中心的な担い手は日本人営業部隊であろう。だが，先々ローカル市場（ベトナム及びメコン地域）へと広がりを持ったとき，その担い手たるローカルビジネスマンの育成が必須の課題となるだろう。

5-2　ベトナムにおける日本語教育の現状

　日系企業で就業するローカル従業員でより優位な給与や待遇を得ようとする場合，とりわけ中間管理職に就こうとする者にとって，コミュニケーション手段としての日本語能力は必須となる。また，そうした人材に求められるものはローカルのワーカーや事務員と日本人幹部との間に立って，日系企業が重要視する「報・連・相」＝コミュニケーション力であろう。[21]

　そこで，日系繊維企業にとって必要とされる人材の基本となるベトナムにおける日本語学習について見ておこう。

　『2015年度海外日本語教育機関調査』（国際交流基金，2017年）によると，「中国プラスワン」として東南アジアの生産基地化への流れの中で，東南アジア，特にベトナムにおいて日本語学習需要の高まりがみられた。現在ベトナムでは中等教育から日本語が正規のカリキュラムに導入されて1万734人が日本語を「正規科目」として学んでいる。さらに高等教育でも1万9,602人の9割が日本語専攻あるいは他の専攻で日本語を学んでおり，ベトナムの高等教育機関における日本語学習者が3割を占めるほどになった。

　こうした日本語学習熱の高まりは，いうまでもなくベトナムへの日本企業進

第Ⅰ部／全体編

図表4-5　ベトナムにおける日本語学校学習者数・教師数・機関数

調査年度	実数				
	1998年	2003年	2006年	2012年	2015年
学習者数	10,106	18,029	29,982	46,762	64,863
教師数	300	558	1,037	1,528	1,795
機関数	31	55	110	180	219

調査年度	推移				
	1998年	2003年	2006年	2012年	2015年
学習者数	100	178	297	463	642
教師数	100	186	346	509	598
機関数	100	177	355	581	706

出所：1998～2006年は税所哲郎（2010）表4，2012年，2015年は『2015年度海外日本語教育機関調
査』国際交流基金。

出の増大と，日本企業への就業希望者が増大したことによる。日本語学習需要
の増大をうけて，ベトナム政府は「国家外国語プロジェクト2020」等で政策的
にその流れをあと押ししている。だが，日系企業への就業希望者のニーズを満
たすまでには至っておらず，公的教育の隙間を埋めるかのように民間の日本語
学校が急増しているのが現状である。
　図表4-5は民間日本語学校について見たものである。民間の日本語学校は1998
年の31から2015年の219へと7倍に，また学習者数は1998年1万106人から
2015年の6万4,863人へと6倍強に増えた。ところが，そうした日本語学習需要
の高まりにもかかわらず，図表4-5は日本語教師の供給が追いついていない状
況を示している。
　日本語学校を含めて民間企業や民間団体の人材育成機関はハノイ市やホーチ
ミン市に集中している。それらの機関には，日本への留学を支援する学校，日
本語教育ネットワーク形成や日本文化を重視する教育機関もあれば，工学系の
技術，情報技術，あるいは経営，会計，マーケティング等のビジネス教育を併
せ教える教育機関もある。[22]
　そのような民間日本語学校の1つが「さくら日本語学校」である。税所氏に
よると，同校は1989年に日越友好を目的に設立された民間の日越文化センター
がその前身で，1995年に現在の地に移転して「さくら日本語学校」と改称され
た。[23]

104

同校の教育は日本語教育と人材教育の２つの分野に大別される。日本語コースは最長２年間で，教師養成，留学準備，日本語能力試験対策の日本語教育を主体としつつ，ビジネスマナー，企業研修，社員査定用日本語能力養成などの教育も行っている。他方，人材育成コースは３か月の短期研修で，スタッフ養成としてベトナム人教職員の日本研修，日本人教職員の現地派遣，教授法研修を行っている。

「さくら日本語学校」の日本語教育の特徴は，文法や語彙だけでなく日本文化の疑似体験を行うなど日本や日本人への理解を深めつつ，会話を中心とした直接法をベースとする独自の教授法による教育を行っていることである。

2017年２月にわたしたちが訪問した際のヒアリングによると，学生数は現在1,900名にのぼる。税所氏の論文作成時（2010年）では約1,000名の学生数とのことであったから２倍近く増えたことになり，日本語学習熱の高まりが窺える。学校には週３日コースと週６日コースの２つがある。３か月１タームとする４学期制をしき，２年間で８段階の日本語教育が行われている。教育は日本人教師14名とローカルスタッフによって行われていて，クラスごとに日本人教師１名とベトナム人スタッフ２名がチームを組んで教える。卒業者はJLPT（Japanese-Language Proficiency Test，日本語能力試験）のN2〜N3レベルに[24]達することを目指している。

同校の学生は大学生が多い。学生は日本語だけでなく，留学希望者が多いせいか日本文化も学ぼうとする文化教養志向の学生が多い。他方，技能実習生希望者も履修しており，彼らの70％が企業に就職しているという。

ヒアリングによると，近年ブローカー的新興日本語学校が急増し，同校の日本語教師の引き抜きが行われ，同校は日本語教師養成の必要に迫られた。また，日系企業のローカル管理者の育成需要も高まっていて，同校にも日本語研修の要請の申し入れがあるという。しかし，研修需要に対して，交通事情や講師不足等，時間的にも人数的にも教師派遣には制約があるとのことであった。

こうしたことも含めて図表4-5も示すように，ベトナムにおける日本語教師養成が喫緊の課題となっている。さくら日本語学校ではこれまで学生用に用いていた「新宿日本語学校」（日本の提携校）開発の「江副式教授法」を徹底して，[25]３年間で教師養成をシステマティックに行っている。その指導のため，新宿日本語学校から非常勤講師を派遣してもらっている。

105

第Ⅰ部／全体編

さくら日本語学校では今後，同校卒業生に半年間訓練をして教師を養成する他，ビジネスで必要とされるコミュニケーション力のある学生教育の充実も図りたいとのことであった。

5-3　進出企業から見た外国人技能実習制度の持つ意義

日系繊維企業で働くローカルワーカーには，日本で行っている生産システムに順応できること，すなわち時間・規律にキチンと従い，細やかな作業を集中して長時間行えること，集団行動・言葉の習得に前向きであることが求められる。そこでは縫製技術の習得もさることながら，作業現場を担うワーカーにとって日本的生産システムの根幹にかかわる「３つの躾」，「５Ｓ」といった行動規範の体得が最重要と考えられている。

その意味で，前述のA社，C社のケースから窺えるように，現場のワーカー育成において外国人技能実習制度が大きな役割を果たしているといえよう。

今年11月１日に「外国人の技能実習の適正な実施及び技能実習生の保護に関する法律（技能実習法）」が施行された。1960年代後半以降の日本企業の海外進出に伴い，現地法人の社員教育の一環として行われていた研修制度を原型に，1993年に制度化されたのがこれまでの「外国人技能実習制度」であった。今回施行されたのはその改正法である。

その主な改正点は，（ア）技能実習の職種に「介護」が追加されたこと，（イ）既存の制度の「適正化」と「拡充」が図られたことである。日本の繊維企業にとって直接かかわってくるのは（イ）にかかわる改正である。今回の「適正化」と「拡充」によって，技能実習の適正な実施と技能実習生の保護の観点から監理団体の許可制，技能実習計画の認定制等が新たに導入された一方で，優良な監理団体・実習実施者に対しては実習期間の延長や受け入れ人数枠が拡大された。

これまでの技能実習制度では，入国後１年目の技能等を修得する活動（１号実習生）と，２，３年目の修得した技能等の習熟のための活動（２号実習生）とに分けられ，最長３年の期間，技能実習生が雇用関係のもとで，日本の産業・職業上の技能等の修得・習熟をすることを内容とするものであった。この実習期間が最長５年に延長されたのである。

106

第4章　日系繊維企業の人材育成・ビジネス教育

技能実習生には次のことが期待されている。（ア）技能の修得と帰国後の能力発揮によって自身の職業生活の向上や産業・企業の発展に貢献すること，（イ）母国において修得した能力やノウハウを発揮し，品質管理，労働慣行，コスト意識等事業活動の改善や生産向上に貢献することである。[26] そこで期待されたのは，まさに実習生たちによる日本的生産システムの基本部分の習得であった。

では，外国人技能実習制度の現況はどのようなものであろうか。

2016年10月末時点での外国人労働者は108万3,769人（前年比19.4%増），外国人雇用事業所は17万2,798か所（同13.5%増）にのぼった。[27] 届出が義務化されて最高の伸び率であった。産業別外国人労働者では製造業が31.2%を占めていた。産業別構成では製造業は近年減少傾向にあり，かわって建設業，宿泊業，飲食サービス業が増加している。製造業の中での繊維工業のウェイトを見るとわずか2.7%にとどまり，日本での繊維工業の位置付けを反映している。

外国人労働者のうち技能実習生は21万1,108人で2割近くを占めている。国別実習生を見ると，中国8万4,373人（40%），ベトナム7万2,740人（34.5%）であった。この2か国で外国人技能実習生のじつに4分の3を占めているのである。

図表4-6は2013～2016年の4年間の1号技能実習生数及び同2号移行申請者数の推移を示したものである。[28] 2013年の「1号技能実習生」数は4万410人であった。そのうち中国が2万8,805人で71.3%を占めていて，ベトナムはわずか15.1%であった。2016年には総数は4万9,129人と2013年に比べて2割ちょっと増えた。この間に国別構成に大きな変化が生じていた。中国のウエイトが35.8%に低下し，かわってベトナムが42.3%と中国に取って代わったである。当然のことながら技能実習生2号移行申請者数においても2013年から2016年の間に

図表4-6　中国・ベトナム技能実習生（1号・2号）の推移　（2013-2016年）

年	1号技能実習生			年	同2号移行申請者		
	全数	中国	ベトナム		全数	中国	ベトナム
2013	40,410	28,805	6,114	2013	51,747	35,611	7,584
2014	46,775	26,635	11,176	2014	59,027	33,822	13,319
2015	48,697	21,136	16,711	2015	73,760	30,482	25,095
2016	49,129	17,573	20,811	2016	83,476	25,756	35,504

出所：「JITCO入国支援技能実習生（1号）性別・国籍別」「同（2号移行申請者）性別・国籍別」より作成。

107

第Ⅰ部／全体編

同様の変化が生じた。

この間におけるベトナムの急伸が注目される。1号技能実習生数で3.4倍に，2号移行申請者数で4.7倍に著増したのである。ベトナムへの日系企業進出，ベトナムにおける日本語学習需要の増大，技能実習生の著増と日越両国間の急速な注目度の高まりといったことと軌を一にしている。

ところで，「技能実習生2号移行申請者」総数8万3,476人について業種別構成を見ると，最多は機械・金属で1万5,258人，次いで建設業1万4,211人，食品製造業1万4,853人，そして繊維・衣服1万39人であった。技能実習制度は人材難で困っている繊維関連企業，特に縫製業にとって重要な労働供給源となっていたのである。そのことは繊維・衣服の外国人技能実習生の県別分布にもはっきりと現れている。1位岐阜県1,282人（中国823人・ベトナム227人），2位愛知県677人（中国305人・ベトナム288人），3位岡山県648人（中国275人・ベトナム304人），4位福井県511人（中国260人・140人），5位愛媛県503人（中国279人・ベトナム177人），6位広島県486人（中国276人・ベトナム159人）。いずれも繊維関連産業の産地が所在する県である。

その中で，衣服・繊維製品では岐阜が最多である。これは岐阜の縫製業を反映しているのだろう。2位の愛知は毛織物業や縫製業だろう。岡山，広島はジーンズ等の綿織業・縫製業，福井は合繊製織あるいは製品縫製，染色業があり，愛媛はタオル製造業が想定される。1号，2号いずれも同じことがいえよう。

例えば，岐阜の縫製メーカーでは基幹の労働力を中国などからの技能実習生に頼っているのが現状である。若い実習生たちは十分な監督指導のもとで高い技術力を短期間で身に付けて，縫製メーカーに求められる「少量・付加価値型の発注に機敏に対応できる」貴重な戦力になっているのである。[29]この実践力として習得された技術を，日系繊維企業では生産現場での戦力としてだけでなく，ローカルワーカーへの指導力として期待しているのである。

このように，技能実習制度の目的・趣旨は日本で培われた技能，技術または知識が実習生を通してそれらの国や地域に移転し，それらの国や地域の「人づくり」に貢献することであった。

事実，この制度が，日本的生産システムの技術移転という意味で，またコミュニケーション手段としての日本語の習得という意味で，海外に進出した日系企業にとって，大きな役割を演じていることは確かである。現地企業の中には

第4章　日系繊維企業の人材育成・ビジネス教育

この外国人技能実習制度を通して人材育成のためにワーカーを日本の工場へ派遣しているところもある[30]。

　人件費の高騰や人材不足になやむ日本企業が低賃金労働力確保のためにこの制度を利用するケースも増えており，中には時間外労働，最低賃金法違反，さらには賃金不払いなどの不正行為に走るケースも多発している[31]。

　この制度にはそうした限界があるが，システマティックな研修制度の中に現地のワーカーを組み込み，自社の生産システムの基本を身に付けさせる上で一定の役割を果たしているし，日本の国内工場にとっても安価な労働力供給源としての機能を果たしているといえよう。

　特にローカル中間管理者にとって，本社工場での日本社員との日常的なかかわりは，会社の風土を自分の肌で感じ取り，帰国後に日本人幹部とのコミュニケーションに役立つ。「報・連・相」あるいは「3つの躾」・5Sといった日本的生産システム（改善・改良，あるいは品質向上やアイディアの交換等）の根幹を体得して，それを現地のワーカーに伝える，そのことが現地企業の生産末端まで行き渡ったときに技能実習制度の効果が発揮されたといえよう。

　とはいえ，技能実習生が集積している繊維産地では零細企業も多く，注31)で示したように理念とは遠く離れた実態が多く存在していることも否めない。

5-4 ベトナムにおけるビジネス教育の現状と課題

　日系繊維企業にとってローカル管理者の育成は不可欠な課題である。オフィスでは生産計画の立案やその進捗管理，あるいは財務管理などの能力，実務では通関業務や給与計算や人事評価などの実務能力を持った人材が現地企業経営には欠かせないし，工場では5Sや生産技術の指導，生産進捗管理や品質管理を的確に行える人材が必要である。そうしたニーズに応える人材育成は日系企業だけでなく，ベトナムの今後の産業発展にとっても重要である[32]。

　では，産業人材育成のためのビジネス教育の現状はどのようなものであろうか。森純一氏は，タイとベトナムの産業人材育成に関する両国の比較を行い，その中でベトナムにおける産業人材育成機関をいくつか紹介している[33]。それらのほとんどが機械，電気電機系など工学系あるいは情報系の技術者養成を主体とするもので，ビジネス教育へのウエイトは小さい。

109

第Ⅰ部／全体編

　それらの人材育成機関のうち，繊維産業にとってのビジネス教育カリキュラムを組み込んでいる「ロンタイン＝ヌンチャク職業訓練短大（Vocational Training College)」について見てみよう。同校は，ホーチミン市近郊のロンタイン地区に所在している。1993年にドンナイ省人民委員会傘下の職業訓練校として設立され，2012年に短大に昇格した。電気・電子科，機械科，自動車整備科，IT科，観光科，ビジネス科を持ち，在校生の約3分の1が短大コース，3分の2が中等職業訓練コースで学んでいる。大半の学生は近隣から通学している。最近ラオスからの留学生20名を受け入れた。

　メインの学科は電気・電子科や自動車整備科であるが，同校の場合IT科，観光科，ビジネス科といった文系の学科も持っていて学生の半数は女性が占めている。工学系の卒業生は就職をしやすく，その多くはベトナム系，台湾系の企業に就職している。日本企業への就職はまだ多くないが，例えば自動車整備科の訓練プログラムにはトヨタ・ビエンホア社から指導員の訓練，カリキュラムの改善，インターンの受け入れ等の支援がなされている。今後日系企業との関係深化が期待されている。同校では勤務態度，外国語能力を含めたコミュニケーション能力など学生のソフトスキルの改善も目指している。[34]

　同校のホームページによると，2016年1月に同校の名称は「ドンナイ・ハイテク・カレッジ」に変更された。[35]2020年にはLong Thanh国際空港開港が予定されていて，大学の発展方向を実現するための改称であった。

　同校には現在3,200名の学生と124名の教職員が所属している。専門学校の学習内容として列挙されている31項目のうち，繊維関連企業にかかわるものをピックアップすると以下の通りである。プライマリーでは「伝統的な衣装」「女性のドレス」「工業ミシン」「メイクアッププロ」「オフィスコンピュータ」「グラフィックデザイン」等があり，中級では「コンピュータネットワーク管理」「企業会計」「ホテル経営」「ファッション」「グラフィックデザイン（コンピュータ上級）」「インフォマティク事務所」「中小企業経営」がある。[36]これを見ると，繊維関連企業の生産現場あるいはオフィス事務におけるローカル管理者にとって，基本的な知識や技術・技能が「中等教育レベル」と「専門学校レベル」で修得できるカリキュラムとなっているといえよう。

　しかし，ビジネス関係のカリキュラムに従った教育を受けてきた学生が日系進出企業において幹部社員としての十分な役割を果たせるかというと，必ずし

110

もそうではない。教育によって与えられたものを，企業の中，特に日系繊維企業の中でどう実体化できるかということが大切であるし，そのことは同時に現地企業の人材育成の課題でもある。

ベトナムのローカル従業員は，社会主義体制のもとで自発的な職業意識や行動規範が形成されずにいたため，職業に対する意識も低く，自分のキャリア目標を考えた上で就業する者が少ないとか，就職したとしても地道に努力を重ねて技能を高めていこうとする意識に欠けるとか，仕事の上でもゴールに向けた計画性がなく，物事の段取りの付け方を知らないといった声を日系企業の日本人幹部から聞く。それは企業社会に適うように陶冶されてこなかったというだけで，それをベトナム社会で育ったローカル人材に直ちに求めることは酷かもしれない。そこには両国の社会・文化の相違があり，もっといえば両国間の市場経済化の歩みの相違があるからである。日系企業はそのことはしっかりと受けとめて人材育成に取り組まなければならない。

そのときに，親会社が現地企業に何を求めているか，つまり，単なる生産コストの安い生産基地として現地企業を位置付けているのか，あるいは長期的なスパンでこれからのASEAN市場を視野に入れた世界戦略の橋頭堡として位置付けているかによって，現地企業での人材育成のあり方は異なってこよう。

今回訪問した日系繊維企業の多くは前者に位置付けられる。これらの親会社は規模の如何にかかわらず，それぞれの分野で日本を代表する企業であり，親会社の製品は日本市場の消費者のニーズをしっかりと掴んでいる。そうした製品を生み出す企業だからこそ現在のポジションを掴むことができたといえよう。そうした親会社のもと，E社，F社を除いて現地企業の製品の大半の仕向地は日本市場であった。マーケットが日本国内である限り，日本での消費需要や消費者の意向を念頭においてモノづくりをせざるを得ない。近年の「ジャパンメイド」へのこだわりに象徴されるように，細部の品質へのこだわりは世界的に見て日本社会独特のものかもしれないが，日本市場を相手にする限りたとえベトナムで生産されたものであったとしても，限りなく「メイド・イン・ジャパン」に近いモノづくりが求められる。

日本人の脳裏には，良質の製品を安価に作り出すことによって世界市場を席巻し制覇した自国の歴史が焼き付いている。生糸しかり，綿紡績糸しかり，さらには鉄や自動車，電気製品，コンピュータ…。この成功譚の根底には日本の

第Ⅰ部／全体編

「モノづくり」精神があると深く信じられてきた。特に労働集約的要素の大きい繊維産業では，生産現場に立つワーカーには日本的モノづくりの精神である「３つの躾」や５Ｓの体得が何よりも大切と考えられるのも宜なるかなである。技能実習制度を通じての親工場での研修，あるいは本社に派遣されての幹部研修，またにOJTを通しての時間をかけた日常的な教育は，そうした日本企業における人材育成の基本的なマナーであるといえよう。それを何とかローカル人材に植え付けようとするのももっともなことである。

その際に重要なことは，日本人経営幹部がその理念をしっかり認識し，それを現地で遂行する意義を相手に伝え納得させることができるかどうかである。日本のやり方が一番だとの上から目線で経営，生産を行っていこうとするならばいずれ限界がくるだろう。[37]

ところで，大部分の製品を親会社ないしは他の日本企業に「輸出」している現地企業も，「経営の現地化」は将来に向けて重要な課題であるとの認識を持っている。

「経営の現地化」といった場合，いろいろな局面が考えられる。「研究開発の現地化」「資材調達の現地化」「販売市場の現地化」「経営組織の現地化」「生産技術の現地化」「人的資源の現地化」等々。まずどのレベルの現地化を実現しようとするかは，親会社の戦略と現地企業の実態とによって定まるだろう。[38]

「経営の現地化」が日本的経営や日本的生産システムの海外進出先への単なる移転でないことはいうまでもない。「経営の現地化」とは自立してそれぞれの条件に適った独自の経営を行うことであり，そのための担い手は日本人に限る必要はない。日本人であろうがローカル人材であろうが，「適材適所」に配置されることが望ましい。[39]そうした現地企業の経営を担当する人材に求められるものは，究極的にはマネジメント能力であり，ビジネスマインドであるといえよう。

では，現地経営を担う人材へのビジネス教育として何が必要であろうか，特に繊維企業には。この問いに対する解として，ビジネス教育の原点を示す１つのモデルを示そう。それは19世紀半ばに設立された「リヨン高等商業・織物学校」のカリキュラムである。[40]情報化が高度に進展し，マーケティング技法が精密化した現代社会であろうと，ビジネスの原点は変わらない。

リヨン商業会議所立のリヨン高等商業学校は1872年に設立された。その４

112

第 4 章　日系繊維企業の人材育成・ビジネス教育

年後の 1876 年には「織物学校」が付設されて，「リヨン高等商業・織物学校」“L'École Supérieure de Commerce et de Tissage de Lyon”となったのである。

　当時，リヨンは世界一の絹織物産地であった。商業会議所のメンバーの中核をなした絹関連業者は，ヨーロッパのみならずアメリカ，インド，中国，さらには開港したての日本にもやってきて絹の買付を行っていた。まさに世界を股にかけたグローバル商人であったのである。ちなみに 1872（明治 5）年設立の富岡製糸場技師ポール・ブリュナーはリヨンの生糸問屋の技師であった。

　リヨン商工会議所立の高等商業・織物学校は，技術にも精通したグローバルに活躍できるビジネスマンの養成を目指したものであったといって良い。同校の 1936 年の 2 年間の教科構成を見ると，まず世界に通用するビジネスマンとして必要な語学力（英語・ドイツ語・イタリア語・スペイン語）と「応用数学」を教養基礎科目として，「商業と簿記」「商業史」「商業論」「商業経済」といった商業基礎科目と，「商業実務」「商業通信」「商業文書」「仏語と商業心理学」「商品研究」の商業実務科目が専門教育の柱として配置されている。

　そして，それらを取りまく学際的科目として一方に「政治経済」「経済地理」「植民地の地理と経済」の経済科目を置き，他方で商業活動に欠かせない法律科目として「民法と公法」「商法」「保険法」「税法と税関」「工業法制と労働法」が設けられている。その上で「リヨンとリヨン地域」を置いて自らの地域への認識を専門科目学習の基礎とした。

　織物学校のカリキュラムについては，「織物の製織理論」「染色，仕上プリント」「織物装飾史」「機械論 Mecánique」「染料」「装飾図案及デッサン」「機械応用論」「織物及作業場での実習」「絹の準備」が配置されていた。準備工程から製織工程，仕上げ工程に至る生産技術，織物生地への染色・プリント等の加工技術，デザインといった加工技術に関する科目がバランス良く配置されて織物製造業にとって必要とされる理論と実技を習得できるカリキュラムとなっていた。

　リヨン高等商業・織物学校の教育には，基礎力をしっかり身に付け，単に商業実務能力に長けるだけでなく，生産技術にも目配りができ，国際市場に通暁して広い視野に立って活躍できる人材を養成しようとする，リヨン産業界の意図が込められていたといえよう。

第Ⅰ部／全体編

6 おわりに

　日本の繊維企業はASEAN地域へ早くから進出し，ASEAN地域の繊維産業形成に大きな役割を果たした。第1次進出期にあたる1970年前後には日系合繊メーカー・綿紡績企業によって，ASEAN域内先進国タイ，インドネシア，マレーシアに原糸―紡績―織布―染色―縫製までの垂直的企業体の一大集積地が作られた。

　1990年代後半，とりわけ2000年代に入って「チャイナ・プラス・ワン」の流れを受けてメコン地域への日系企業の進出が活発化した。その中で日系企業の関心を集めたのがベトナムであり，そこに先鞭をつけて進出したのがアパレル関連企業であった。その進出動機は安価で豊富なワーカーの存在で「生産コスト削減」を求めてのものであった。

　2010年前後から進出動機に大きな変化が現れ始めた。繊維に関していえば，縫製関連の副資材メーカーや流通関連企業の進出であり，また既出の繊維企業による現地市場獲得の動きである。前者については既出の日系繊維企業への資材提供にとどまらず，勃興しつつあるベトナムのアパレル産業，さらには新たな発展が期待できるメコン地域へのオペレーションの狙いがうかがえる。後者についてもそれまでの日本市場向け「持ち帰り輸出」型生産からの脱却と，現地市場向け生産・販売拡大の動きであった。そうした日系繊維企業にとって「経営の現地化」は重要な課題となりつつある。

　それを担える産業人材の育成は，親会社ともども現地企業にとっても避けられない課題であるが，同時にベトナム繊維産業への産業人材供給としての意味合いも持っている。

　ベトナムの繊維製品は注16）に示したように，2013年の輸出総額のうち1割強を占める第2位の輸出品目である。繊維産業は同国にとって外貨獲得産業であるばかりでなく，そこで働く雇用者数も製造業雇用数の4分の1近くを占める。同産業のベトナム社会に及ぼす影響は多大である。[41]

　繊維産業の中で突出した部門である縫製業ではその経営主体は主に国営企業や外資系企業であり，その内実は外資企業の受託製品製造である。民間のアパレル・縫製企業の成長はまだまだ幼弱である。しかし，縫製業は初期投資額も小さく，起業しやすい部門である。零細資本でも市場への参入が容易であり，

114

今後の旺盛な成長が見込まれる[42]。その担い手として、日系繊維企業からスピンアウトした人材，あるいは外国人技能実習生を経験した人材がその分野の基盤を創っていくとしたら，日系繊維企業での人材育成・ビジネス教育はベトナム産業への大きな貢献ともいえるのではないだろうか。

[注記]

1) トラン・ヴァン・トゥ「日本企業の東南アジアでの系列化—合繊工業のケース：1960〜1980—」『日本経済研究』14号，1985年，54頁。この時期の合繊企業のASEAN投資については同稿に多くを負っている。

2) 同上，55頁。

3) 同上，48頁，57頁。

4) 『繊維関係のアジア進出企業一覧』㈱センイ・ジャーナル社，2002年。

5) 各年版『海外進出企業総覧 国別編』東洋経済新報社より作成。

6) 内閣府『平成25年度年次経済財政報告』，141頁。

7) 池部亮「補論2 チャイナ・プラス・ワンの実像」関満博・池部亮編『増補新版 ベトナム／市場経済化と日本企業』新評論，2012年。

8) ベトナムについての記述は関満博・池部亮編同上書に多くを負っている。

9) 同上，21頁。

10) 各年版『海外進出企業総覧 国別編』東洋経済新報社より作成。

11) 関満博・池部亮編前掲書，1頁。

12) 同上，1頁，20-21頁。

13) 内閣府『平成25年度年次経済財政報告』，191-192頁。

14) 同上，191頁。

15) 『海外進出企業総覧』（週刊東洋経済臨時増刊）2017年より作成。

16) 2013年のベトナム主要輸出品を見ると，輸出総額1,381億ドルのうち，繊維関連製品が184億ドル（「衣類及び付属品」99億ドル＋「メリヤス編物・クロセ編物」85億ドル）を占めて，電気機器及び電子機器384億ドルに次いで第2位の輸出品目であった（大西勝明「ベトナムの工業化とASEAN経済統合」鹿住倫世編著『アジアにおける産業・企業経営』白桃書房，2016年）。

17) A社100年史（1998年3月刊）による。

18) ここでいう「ローカル管理者」とはオフィスまたは工場内で課長以上あるいはそれと同等の職にあるものを指している（前田啓一・池部亮編著『ベトナムの工業化と日本企業』同友館，2016年。特に大内寛子「第6章 日本系企業での産業人材育成」から多くの示唆を得た）。

19) C社パンフレット。

20) シダックスのホームページによると，同社は2013年にベトナム大手給食業者と資本提

第Ⅰ部／全体編

携して給食事業でベトナムに進出している。

21）日本企業が外国人留学生採用の際に求める日本語能力で最も必要とするものは、「相手の考えを理解する能力」と「自身の考えを表現する能力」であった（2013年『外国人留学生の採用と日本語能力に関する調査レポート』JBT、公益法人日本漢字能力検査協会）。直ちにこれを海外法人のローカル幹部に適用することは危険であるが、日系企業が彼らに求める日本語能力が何であるかを示していよう。

22）税所哲郎「ベトナムにおける日本語教育と日系ビジネスの人材育成に関する考察」『関東学院大学経済経営研究所年報』32集、2010年。

23）同上、19-20頁。

24）「N1～N5：認定の目安」によると、N2～N3レベルは日常的な場面で使われる日本語をある程度理解できるレベルである。（https://www.jlpt.jp/about/lebelsummary.html）

25）「江副式教授法」については新宿日本語学校のホームページ（https://www..sng.ac.jp）を参照のこと。

26）平成28年10月末『「外国人雇用状況」の届出状況まとめ』厚生労働省。

27）公益財団法人国際研修協力機構（JITCO）のHPによる（https://www.jitco.or.jp）。

28）「JITOC入国支援技能実習生（1号）性別・国籍別」「同（2号）」により作成した。

29）根岸秀行「グローバル化とアパレル産業の模索―岐阜―」黒瀬直宏編著『地域産業―危機からの創造』白桃書房、2004年、157頁。

30）ただし、日本への入国にあたっては、たとえ本社と現地事業所の間のワーカー移動であっても、労働者として就労する場合は技能実習生でなければ日本滞在が認められないのでこの実習制度の手続きを踏む必要がある。

31）「平成27年外国人技能実習生実施機関に対する監督指導・送検状況」（厚生労働省）によると、労働基準法違反と認められた事業所は5,173事業所中、じつに3,695か所（71.4%）にのぼる。この実習制度の抱える問題提起については出井康博『ルポ ニッポン絶望工場』（講談社＋α新書、2016年）、及び2017年11月20日、21日、12月5日、13日、15日、31日の朝日新聞朝刊記事を参照のこと。一部の派遣団体、受入機関、企業経営者のモラルに反する外国人技能実習生への不正行為は本来の制度の趣旨に悖るもので、許されるべきではない。

32）前田啓一・池部亮編著前掲書、特に大内寛子前掲稿参照のこと。

33）森純一「タイとベトナムにおける産業人材育成の状況―日系中小企業の振興の視点から」『日本型ものづくりのアジア的展開―中小企業の東南アジア進出の支援策』アジア太平洋研究所、2013年。

34）同上、147-148頁。

35）（https://www.baodongnai.com.vn/english/society/20160/）

36）同校ビジネス関係科目（https://longthanhtech.edu.vn）

37）本章で紹介しなかった某社で以下のことを現地企業責任者から聞いた。同氏が赴任して最初に手がけたことは5Sの徹底であった。ローカルワーカーに6か月間徹底的にそれをたたき込んだ。そのうちキチンとものごとをするようになり、やがて自分の身のまわりの整理・整頓をするようになった。そのうち、このことが自分の身について良かったと思

第4章　日系繊維企業の人材育成・ビジネス教育

うようになり，自分からこうしたほうが良いのではないかと改善を申し出るようになった。「身について良かった」との思いはおそらく工場だけでなく，私生活においても実感するところがあったからではなかろうか。A社の「3つの躾」にしても日系企業の5Sにしても，企業の利益追求だけのものではなく，人間の生き方の本質に通ずる普遍性があると認識されたとき，それはベトナム社会でも受け入れられていくのではなかろうか。ちょうど日本の近代化における富岡製糸場での和田（横田）英の経験のように（和田英『富岡日記』ちくま文庫）。

38）喬普建「日系企業の現地化」『熊本学園大学産業経営研究』26号，2007年3月，30-43頁。

39）「日本企業はそもそも経営の現地化が不得意」『マイベストプロ』（https://mbp-osaka. com/leapbridge-vj/column/29911/）。

40）川村晃正「19世紀末リヨン高等商業・織物学校「校友会名簿」にみる校友の職業」『専修商学論集』第103号，2016年7月。

41）明日山陽子「ASEAN繊維産業の現状と北陸企業のビジネスチャンス」北陸環日本海経済交流促進協議会・アジア経済研究所編『ASEAN経済の動向と北陸企業の適応戦略』JETROアジア経済研究所調査報告書，2014年。

42）ベトナムの繊維産業，とりわけアパレル・縫製産業に関しては後藤健太氏の一連の研究が注目される。さしあたり，「繊維・縫製産業―流通未発達の検証」（大野健・川端望『ベトナムの工業化戦略―グローバル化時代の途上国産業支援―』日本評論社，2002年），「グループ経済化とベトナム縫製企業の発展戦略―生産・流通ネットワークと企業パフォーマンスの多様化―」（坂田正三編『変容するベトナムの経済主体』IDE-JETROアジア経済研究所，2009年），「ホーチミン市の「独自ブランド型」アパレル産業の生産・流通組織―知識集約的機能の生産・流通の内部化―」（藤田麻衣編『移行期ベトナムの産業変容』IDE-JETROアジア経済研究所，2006年7月。

[参考文献]

明日山陽子（2014年）「ASEAN繊維産業の現状と北陸企業のビジネスチャンス」北陸環日本海経済交流促進協議会・アジア経済研究所編『ASEAN経済の動向と北陸企業の適応戦略』JETROアジア経済研究所調査報告書。

大西勝明（2016年）「ベトナムの工業化とASEAN経済統合」鹿住倫世編著『アジアにおける産業・企業経営―ベトナムを中心として―』白桃書房。

川村晃正（2016年）「19世紀末リヨン高等商業・織物学校「校友会名簿」にみる校友の職業」『専修商学論集』第103号。

喬普建（2007年）「日系企業の経営現地化」『熊本学園大学産業経営研究』26号。

後藤健太（2002年）「繊維・縫製産業―流通未発達の検証」大野健・川端望『ベトナムの工業化戦略―グローバル化時代の途上国産業支援―』日本評論社。

同（2006年）「ホーチミン市の「独自ブランド型」アパレル産業の生産・流通組織―知識集約的機能の生産・流通の内部化―」藤田麻衣編『移行期ベトナムの産業変容』IDE-JETROアジア経済研究所。

第Ⅰ部／全体編

同（2009年）「グループ経済化とベトナム縫製企業の発展戦略─生産・流通ネットワークと企業パフォーマンスの多様化─」坂田正三編『変容するベトナムの経済主体』IDE-JETROアジア経済研究所。

税所哲郎（2010年）「ベトナムにおける日本語教育と日系ビジネスの人材育成に関する考察」『関東学院大学経済経営研究所年報』32集。

関満博・池部亮編（2012年）『増補新版 ベトナム／市場経済化と日本企業』新評論。

トラン・ヴァン・トゥ（1985年）「日本企業の東南アジアでの系列化─合繊工業のケース：1960～1980─」『日本経済研究』14号。

根岸秀行（2004年）「グローバル化とアパレル産業の模索─岐阜─」黒瀬直宏編著『地域産業─危機からの創造』白桃書房。

前田啓一・池部亮編著（2016年）『ベトナムの工業化と日本企業』同友館。

森純一（2013年）「タイとベトナムにおける産業人材育成の状況─日系中小企業の振興の視点から」『日本型ものづくりのアジア的展開の支援策』アジア太平洋研究所。

『グンゼ100年史』（1998年）グンゼ株式会社。

『海外進出企業総覧 国別編』（週刊東洋経済臨時増刊）（1997年，2000年，2008年，2017年）東洋経済新報社。

『繊維関係のアジア進出企業一覧』（2002年）㈱センイ・ジャーナル社。

『「外国人雇用状況」の届出状況まとめ（平成28年10月末現在)』（厚生労働省），（http://www.mhlw.go.jp/stf/houdou/0000148933.html）。

『外国人留学生の採用と日本語能力に関する調査レポート』（2013年）公益法人日本漢字能力検査協会（http://www.kanken.or.jp）。

『平成25年度年次経済財政報告』（内閣府）（www5.cao.go.jp）。

「平成27年外国人技能実習生実施機関に対する監督指導・送検状況」（厚生労働省）（http://www.mhlw.go.jp/stf/houdou/0000133506.html）。

「日本企業はそもそも経営の現地化が不得意」『マイベストプロ』（https://mbp-osaka.com/leapbridge-vj/column/29911/）。

［付記］

　本研究は，私立大学戦略的研究基盤形式支援事業『メコン諸国における経済統合の中小企業への影響についての研究─「ASEANサプライチェーン」の観点から─』（平成26～30年度）の研究成果の一部でもある。

118

日系小売進出企業における人材・ビジネス教育の実態
―CVSの店舗運営レベルに着目して―

1 はじめに

　近年,ASEAN諸国の経済成長が著しい。そのため多くの日系企業は生産拠点としてだけでなく,消費市場として当該諸国を捉えていることは周知の事実である。この動きは流通企業やフードサービス企業においても例外ではない。日系の流通企業の中でも総合スーパー(以下,GMS)やコンビニエンス・ストア(以下,CVS)の出店は拡大傾向にある。また,この動きと同様に,近年の和食ブームにより,日系のフードサービス企業も出店は加速している。

　しかしながら,進出している企業においては,経営管理のための人材確保の難しさが指摘されており,人材・ビジネス教育の具体的な実態も未解明な点が多い。これは多店舗展開を行うことで成長していくチェーン小売企業にとっては,成長を阻害する要因となるため,何が人材・ビジネス教育の問題なのかを確認することは重要である。

　そこで本研究では,メコン地域に進出する日系の小売企業に関する人材教育の実態を明らかにすべく,CVSに着目し,日本で蓄積された人材・ビジネス教育の仕組みをメコン地域でどのように移転しているのか,あるいはうまく仕組みを移転できていないそもそもの問題は何か,その実態について明らかにしていく。

　まず,近年のメコン地域を含めたASEAN諸国が生産拠点としてだけでなく,消費市場としても有望視され,日系小売企業の進出が増加していることについて概観する。次に,小売国際化に関する研究について若干のレビューを行うことで,小売企業の人材教育に関する研究の重要性が指摘されながらも研究の蓄積が不足していることを指摘する。そして,日系CVSがメコン地域での多店舗

第Ⅰ部／全体編

展開を実現するための店舗運営（店舗オペレーション・システム）レベルでの人材・ビジネス教育に着目し，そもそもどのような人材・ビジネス教育を実践しているのか，多店舗展開を阻害する要因は何かについて現状把握とその問題点の抽出を中心に検討を行う[1]。

2 ASEAN 諸国への日系小売企業の進出活発化の背景[2]

2-1 消費市場としての ASEAN 諸国

ASEAN（Association of South-East Asian Nations：東南アジア諸国連合）は，1967年のバンコク宣言によって発足した地域協力機構である。同機構は東南アジア地域の平和，安全，安定を維持強化することを目標としている。当初の加盟国はインドネシア，シンガポール，タイ，フィリピン，マレーシアの5か国であったが，その後1984年にブルネイ，90年代中頃以降にはベトナム（1995年），ラオス（1997年），ミャンマー（1997年），カンボジア（1999年）が加盟し，現在10か国で構成されている[3]。

近年，このASEAN諸国の経済成長が著しい。2016年時点でASEAN諸国には約6.4億人の人口がおり，GDPは2.5兆円程度，1人当たりの名目GDPは4,000USドルとなっている。これはEU（欧州連合）や北米自由貿易協定（NAFTA：アメリカ，カナダ，メキシコ），南米共同市場（MERCOSUR：アルゼンチン，ボリビア，ブラジル，パラグアイ，ウルグアイ，ベネズエラ）など他の地域経済統合体と比べると，経済規模ではEUやNAFTAを大きく下回っているが，人口においては他の地域経済統合体を大きく上回っており，かつこの地域諸国の平均年齢も20～30歳台と若いため，生産拠点としても消費市場としても今後の成長が見込まれている[4]。このようなASEAN諸国に対して，日本の直接投資は増加傾向にありASEAN諸国を重要視している。

消費市場としてのASEAN諸国の位置付けを考える場合，大メコン圏（Greater Mekong Subregion: GMS）プログラムによる経済回廊の整備とAEC（ASEAN Economic Community, ASEAN経済共同体）の発足は重要な役割を果たしたといえる。大メコン圏プログラムは，メコン地域に投資・生産市場として有機的

なつながりを形成することで当該地域の成長を高めるために進められた。特に，東西回廊，第2東西回廊，南北回廊という3本柱から構成される国際幹線道路の整備は，域内物流や国際貿易を円滑化してきている。また，AECは，域内関税撤廃，非関税障壁の削減・撤廃を進め，域内の貿易自由化を目指すことで，域内を単一の市場と生産基地とし，域内全体の経済成長を促進する要因となっている。[5]

　ただし，ASEAN諸国を消費市場として捉える際には，注意が必要となる。なぜなら，各国のGDPには格差があり，人口動態的特性などにも違いがあるためである。例えば2016年時点の1人当たりのGDPで比較すると，ASEAN諸国の中で最も1人当たりのGDPの多いシンガポールは，5万2,961USドルであるのに対し，ミャンマーは1,275USドル，カンボジアは1,270USドルである。[6]また上記3国の2015年時点の65歳以上の人口の割合を見ると，シンガポールは11.7％，ミャンマーは5.4％，カンボジアは4.1％となっている。高齢化のスピードはシンガポールとカンボジアは20年程度と予測されているのに対し，ミャンマーは30年程度と予測されている。[7]このようにASEAN諸国における経済格差は大きく，また人口動態的特性などについても違いがあるため，ASEAN諸国を消費市場として捉える際には諸国の状況を考慮する必要がある。[8]

　とはいえ，持続的な経済成長により，ASEAN諸国ではボリュームゾーンとしての中間層は拡大傾向にある。中間層とは，年間可処分所得が5,000～3万5,000ドル未満の家計のことを指す。このうち5,000ドル以上1万5,000ドル未満は下位中間層，1万5,000ドル以上3万5,000ドル未満は上位中間層と区分され，この中間層の存在は今後のASEAN地域を魅力的な消費市場にする潜在力といえる。[9]そのため，日系流通企業の進出意欲は高まり，当該地域を戦略的出店地域と捉える企業も増えてきている。それは日本国内市場が飽和状態となり，多くの業態でオーバーストア現象が生じているためである。したがって，日本の小売企業においては，今後の成長を考える上でも重要な市場として捉えられている。

2-2　日系小売企業による ASEAN 諸国への積極的な進出

　ASEAN諸国を重要な進出先として位置付けている日系小売企業の中でも，

第Ⅰ部／全体編

イオンは他社に先駆けてASEAN諸国での事業強化を打ち出している。同社はコア・ターゲットである中間層が今後激増することを予測して2011年にベトナムにおける店舗の投資ライセンスを取得し，2012年よりイオンベトナムの事業を開始している[10]。また，同年には，業績の低迷していたカルフール社のマレーシア事業を買収，同年11月には，クアラルンプールにASEAN地域のグループ事業を統括するイオングループアセアン本社を設置し，ASEAN地域での経営基盤強化と成長戦略の推進を目指している[11]。そして2014年6月には，日系の競合他社に先駆けカンボジアの首都であるプノンペンへもイオンモールの出店を行っている。同社独自の市場調査により，プノンペン在住者の7～8割で世帯年収が5,000ドルを超えていたことがこの参入を後押ししている[12]。ただし，現状としてカンボジア国内での商品調達は容易ではなく，果物などの青果物は輸入に頼る部分が多い[13]。

また，ユニクロも東南アジア地域への事業展開に注力している。2016年8月末時点のASEAN諸国（シンガポール，マレーシア，タイ，フィリピン，インドネシア）の合計店舗数は過去4年で8倍近くの132店舗に増加している[14]。

CVSにおいては，ファミリーマートが競合他社に先駆けて1988年に海外出店を行っている。同社は1990年に韓国，1992年にタイ，2004年に中国，アメリカ，2009年にベトナム，2012年にインドネシア，2013年はフィリピン，2016年にはマレーシアへと進出地域を拡大している。しかし，海外での出店が全て順調というわけではない。韓国においては2014年3月に撤退を発表している[15]。また，同社は韓国だけでなくベトナムでもパートナー企業の再検討を行っている[16]。

このように，日系の小売企業にとってASEAN諸国は重要な進出先として位置付けられているものの，進出している日系小売企業においては，必ずしも順調に出店が拡大しているわけではなく，経営管理等の難しさも指摘されている。こうした小売企業の国際化の過程にはどのような問題が生じるのか。

3 小売国際化に関する研究から見た人材・ビジネス教育に関する実態の解明の意義

3-1 小売国際化のプロセスに関する研究の視点と課題

　小売国際化プロセスに関する研究の中でも矢作（2007）は，小売国際化のプロセスとは「小売業の諸活動が国境を超え，異なる経済的，政治的，文化的構造をそなえた国際市場に組み込まれていく過程を意味」し，国際移転の対象は商品，業態，知識の３つの次元に集約できると指摘する。これら３つの次元のうち，小売企業の国際化の際には商品と店舗の分離ができないことが前提となる場合が多いこと，また，この業態を移転させるためにはそれに随伴する店舗運営や物流システム，商品開発等の経営ノウハウの移転に含まれる知識の移転も重要になることを指摘し，業態の移転とそれに付随する知識の移転を「小売事業モデル」の移転として捉えている。[17]

　そして，「各国・地域の市場特性は大きく異なるのが通常であり，ごく一部の企業を除けば，現地市場に適応するため事業モデルの修正，あるいは改革を求められるのも不可避である」とし，Douglas and Craig（1995）に従い，初期参入，現地化，グローバル統合という３つ国際化プロセスの中でも現地化段階に焦点を絞り，検討を行っている。[18]

　こうした各国・各地域の現地市場の特性について，川端（2000）は「フィルター」の存在を指摘する。小売企業が海外の市場に参入する際には，「その市場（国）における歴史的経緯，気候条件，国土の広さ，市場の集中・分散度，公共交通基盤の整備度，政府の規制，都市計画とそれによる規制，不動産取引上の慣行，地価・店舗家賃とその変動，物流基盤，製造業の発達度，卸売業の発達度，住宅事情，人口の規模や構成，所得の絶対額や分布特性，消費者モビリティ，消費者選好，宗教などの多くの要素」がフィルターとなり，これらが重なり合って相互に関連し，時間の経過とともに変容していく動態的な装置（「動態的構造」）の影響を受ける。このため，小売企業の海外市場への参入は，このフィルターを通過できるかどうかが重要であり，「市場戦略面で成功するかどうかは，要するに，母市場と進出先市場とのフィルター構造同士の差異と共通性の問題に負う部分が多い」としている。[19]

第Ⅰ部／全体編

図表5-1　小売国際化に関する研究の課題

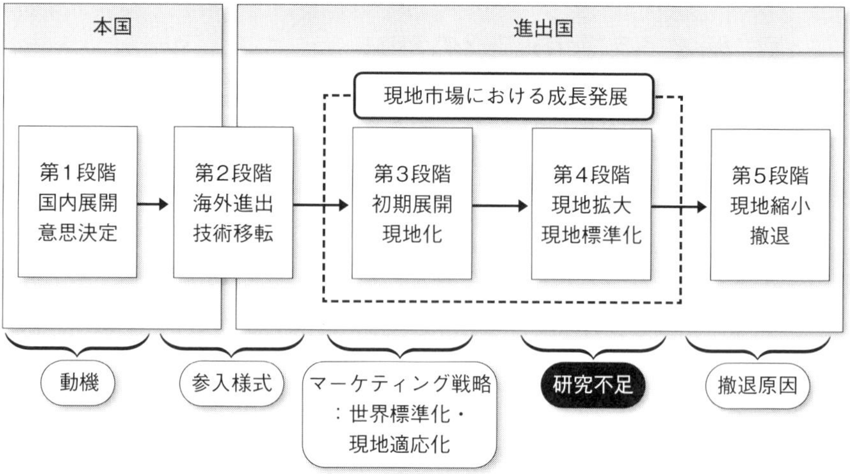

出所：鳥羽達郎（2017）「小売国際化の二面性：現象の進展と困難性の露呈」日本商業学会第67回全
　　　国研究大会報告資料を基に作成。

　このような現地適応化を最優先する小売企業における国際化プロセスに関す
る研究について，鳥羽（2017）は図表5-1のように研究の課題を提示している。
　小売国際化に関する展開を国内展開（意思決定），海外進出（技術移転），初
期展開（現地化），現地拡大（現地標準化），現地縮小（撤退）の５段階に分け
た鳥羽（2017）は，現地市場における成長発展の過程を考える上でも，第３段
階の現地化と第４段階の現地標準化が重要であるとしている。ただし，第４段
階は研究の蓄積が未だ不足しており，この点に関する研究が小売国際化に関す
る研究においては課題であることを指摘する。つまり，現状分析するだけでな
く，継続的に成長発展する過程について研究していくことが重要となる。また，
この国際化の過程を考察するための人材育成やマネジメントに関する研究につ
いても研究不足としている。[20] では，どのような点に着目し，小売企業の国際化
に関する発展過程を研究していけば良いのか。

3-2　店舗運営レベルにおける人材・ビジネス教育の重要性

　矢作（2007）は，業態と知識移転を前提とした小売事業モデルに限定して検

第5章　日系小売進出企業における人材・ビジネス教育の実態

討した結果，小売事業モデルの現地化プロセスは，小売業務システムとそれを支える商品調達，商品供給のシステムで構成されているが，この中でも「まず事業モデルの基礎づくりとして小売業務の現地化が先行し，深まるという現実」があること，また，「小売業務，商品調達，商品供給の各システム間の相互依存関係の生成には序列性が存在する」ことを指摘している[21]。この小売業務について矢作（2007）は「店舗規模，立地条件，商品構成，価格，販売促進等の，いわゆる小売ミックスで決まる小売業態とその運営システム」と捉え，さらに矢作（2011）において，小売業態・出店戦略から構成される市場戦略と店舗運営を狭義の小売業務としている[22]。

岸本（2013）は，矢作（2007；2011）の示す狭義の小売業務のうち，店舗運営を店舗オペレーション・システムと捉え直し，「商品の発注や補充，在庫管理，作業割当，本部の支援等の店舗を運営・管理するワンセットの活動」と定義している。この店舗オペレーションの構築には，作業の単純化，標準化やマニュアル化，設備機器の開発，作業体制や教育・訓練制度の構築などが求められるが，このシステムの構築こそ食品スーパーの成長基盤や持続的な競争優位を保持する底力であり，このシステム構築の有無が成長速度にも影響すると指摘する[23]。

こうしたオペレーションの構築は，食品スーパーだけでなく，その他の小売企業や流通企業，さらにはフードサービス企業の海外進出においても重要と考えられる。

川端（2014）は，外食チェーンの海外進出（市場参入）の成否はチェーン展開を支えるオペレーション・システムの構築の成否にかかっていると指摘している。オペレーション・システムは，安全で品質の高い食材（水も含む）を安定的かつリーズナブルな価格で調達するシステムである①食材の調達システム，適切な場所（立地）に適切なコストと家賃で店舗を開設していく②店舗開発システム，ジョブ・ホッピングを低減させ多店舗展開に不可欠な店長（店長候補）を持続的に育成していく③人材育成システムの3つのサブシステムから構成される。もっとも，オペレーション・システム構築には，「進出先市場での構築力に長けた有力なパートナーを見出し，そのパートナーとフランチャイズ契約することが必要」となることを指摘する[24]。

本田（2000）は，小売企業の事業システムを捉える場合，販売や仕入れなど

125

第Ⅰ部／全体編

は別領域の扱いになるが，職能の領域から捉えれば，その双方を同一人物によって管理する場合があることを指摘する。そして人材開発の適否が競争力の源泉になりうるため，人材開発の仕組みについても業態内競争や業態間競争を理解する上での視角になりうるとしている。[25]

　このように，店舗オペレーション・システムの構築は小売企業の成長において重要であり，小売企業が国際化していくその過程を考察する上で，現地の状況を考慮（適用・適応）した店舗オペレーションの構築過程（修正，改革）について考察していくことが必要になるものと考えられる。それは，既存店の充実・強化と現地の市場にふさわしい新店の出店といった多店舗展開につながるものと思われる。こうした店舗運営をより効果的にするための店舗オペレーション・システムを再構築（再編集）することで出店の拡大が促されるものと考えられる。また，川端（2014）が指摘するように，チェーン展開を促進するオペレーション・システムの構築を目指すには，多店舗展開に不可欠な人材・ビジネス教育が必須となる。ただし，どのようなフランチャイジング契約によるかで，人材・ビジネス教育のあり方は異なる。

　そこで以下に，国際的なフランチャイズのあり方を整理し，日系流通企業の中でも，店舗数の多いCVSに着目し，その人材・ビジネス教育に関する研究の蓄積について確認しておこう。

3-3　国際フランチャイジングの特徴と日系CVSの店舗運営レベルにおける人材・ビジネス教育の状況

　フランチャイジングとは，「事業者（フランチャイザー）が他の事業者（フランチャイジー）との間に契約を結び，自己の商標，サービスマーク，トレード・ネームその他の営業の象徴となる標識，および経営のノウハウを用いて，同一のイメージのもとに商品の販売その他の事業を行う権利を与え，一方，フランチャイジーはその見返りとして一定の対価を支払い，事業に必要な資金を投下してフランチャイザーの指導および援助のもとに事業を行う両者の継続的関係」と定義されている。[26]

　一般的に，フランチャイズにはメーカーが商標とともに商品を販売することを基本とする製品商標型フランチャイズと，看板（商標）や店舗デザイン，商

品・メニュー・サービス，ノウハウなどのパッケージの提供などを行うビジネス・フォーマット型フランチャイズの大きく2つがある[27]。このうち，CVSを含めた流通企業では後者のビジネス・フォーマット型が採用される。

このビジネス・フォーマット型について，小本（2010）は，「加盟店が経営を行うためのビジネス・フォーマット自体（FCパッケージ）が提供されるもので，提供される経営システム全体は店舗の立地選定，金融支援，マーケティング，店舗オペレーション，品質管理，会計・経理といった経営ノウハウ全般の提供はもちろん，加盟店に対する教育・指導など本部と加盟店との双方向的なコミュニケーションも含まれる」とし，「本部が考案したビジネスアイデアを，本部と加盟店がいかに共同して発展・成長させていくかという視点から，システムが構築されている点に特徴がある」と指摘している[28]。また，FCパッケージは，ブランド使用権，経営ノウハウの提供，本部の教育・指導の3項目から構成され，その中でも教育・研修の具体的内容として①チェーンの経営理念，②店舗運営技術，③クオリティ・コントロール，④企業ノウハウに分類されるが，店舗運営技術については，単に営業に必要な技術指導ではなく，パートやアルバイトに対する指導監督，クオリティ・コントロールは，クレンリネスや接客サービスのような，チェーン・オペレーションの基本的事項について達成すべき質の習得を目指すべきとしている。そして，本部の加盟店に対する日常的な教育・指導の具体的業務としては，①本部と加盟店間の情報の相互伝達，②店舗運営レベルの質の維持，③店舗経営上の問題点の発見，④経営者に対する助言・相談，⑤店舗経営上必要な指導，⑥商圏把握と競合店調査，⑦本部と加盟店の共同意識，⑧良好な関係の構築があり，これらに対応するためにスーパーバイザーが配置されると指摘する[29]。

こうしたフランチャイズ契約に基づく海外進出は，川端（2010a）によると「企業（本部）が海外の企業または事業者（加盟者）との間で，商標や商品・ノウハウを供与する代わりに対価を受け取る『契約』を結び，その契約によって国境をこえて事業を拡大させていくこと」と定義され，「国際フランチャイジング」と呼ばれている[30]。この国際的なフランチャイズ（マスター・フランチャイジング，エリア・フランチャイジングを含む）には，ストレート型，合弁型，独資型の3タイプがある[31]。

ストレート型は，現地のパートナー企業（ないし個人）と直接的にフランチ

第Ⅰ部／全体編

ャイズ契約を結ぶものである。本部側の運営・管理のコントロールが難しく，国際化の成否はパートナーの能力への依存度（不確定要素）が大きくなるため，本部側からすると事業に対するリスクは大きくなる。それだけにパートナー選定は非常に重要となる。

　合弁型と独資型は，現地で運営会社を合弁か独資で立ち上げ，その現地会社と日本本部がフランチャイズ契約を結ぶタイプであるが，合弁型は，パートナー任せのストレート型のリスクを抑えるために現地に合弁会社を設立し，マスター・フランチャイズ契約を結ぶ方法である。出資比率を前提として合弁会社に責任者を派遣することができるため，現地での運営・管理について本部の意向が反映されやすくなり，事業リスクは低減する。特にパートナー企業のフランチャイジングの経験が不足している時には，この形態をとることが多い。一方，独資（子会社）型は，合弁型での進出をさらに確実にするために100％出資で子会社を設立し，この子会社とマスター・フランチャイズ契約を結ぶ。投資は大きくなるものの，パートナーが存在しないため本部のコントロール力は高い。ただし，店舗物件の情報や消費特性など現地市場に関する詳細な情報は不足するという点があるため，事業リスクは高まる傾向がある[32]。

　このように，契約の内容が異なれば教育のあり方や本部の教育体制は異なってくる。

　しかしながら，店舗運営レベルの人材・ビジネス教育についてはこれまで詳細に整理されておらず，未だ未解明な点が多いといえる。例えば，日系CVSを丹念に研究している鍾（2014）は，矢作（2007）のフレームワークを援用し，ファミリーマート社の国際化について検討を行っている。その中でも日系CVSはS＆QC（サービス，クオリティ，クリンネス）を基本戦略として重視していることを指摘している[33]。また，鍾（2016）では，タイでのファミリーマートの現地移転状況を進出期，成長前期，成長後期に区分し，有力な現地パートナーの確保，企業の保有する経営資源をいかした支援体制の確立，現地主導の運営体制に基づくイノベーションを発生させる環境づくりの重要性について指摘している。特に店舗運営（オペレーション）レベルでの教育面については，基本戦略であるS＆QCをある程度の年月をかけて教育することで浸透してきたことを指摘する。例えば進出期においては，挨拶の徹底，そして作業プロセスを覚えてもらうために，1つ1つ指示し，その内容が終わったら次の指示を出すと

128

いうことの徹底，さらには身だしなみを含めた作業について「イラストや写真入りのタイ語のマニュアルを作成」し，「指導の立場にあたるタイ人のスーパーバイザーとその担当者も日本語で研修」させたことなどである。成長前期には，大量出店したものの，現地の教育体制が不徹底であったことから，店舗のS＆QCの質が低下し，不採算店が大量に発生したため，不採算店については閉鎖し，既存店に対してスーパーバイザーの巡回頻度を上げ，PDCAを実践させたことを指摘する。そして成長後期にはスーパーバイザー制度の充実（200名体制で１人５～６店舗対応担当）によって店舗運営が充実してきたと指摘している。

　このように，これまでのファミリーマートの店舗運営レベルの人材・ビジネス教育の過程について指摘しているが，そもそも日本の仕組みをうまく移転できない要因は何か，さらに成長後期のスーパーバイザーの量的な充実については整理されているものの，その質的な側面については詳細に明らかにされていない部分が存在する。[34]

　また，鳥羽・劉（2016）ではローソンの中国展開について考察し，店舗展開や商品調達などの取り組みを実際に遂行する現地の人材教育や組織体制の整備が今後の課題となると指摘しているが，詳細な点についての整理は行われていない。

　その他，川辺（2008）はセブン－イレブン・シンガポールにおける現地適応のための人材・ビジネス教育訓練の問題は指摘しているが，詳細な点には触れられていない。

　このように，CVSにおける店舗運営レベルの人材教育の重要性は指摘されているものの，その詳細について検討している研究は限られており，未解明な部分は多い。特にメコン地域に限定していくとその数はかなり少なくなる。

第Ⅰ部／全体編

4 メコン地域における日系CVSの店舗運営レベルを中心とした人材・ビジネス教育の実態

4-1 現地駐在員を対象とした店舗運営レベルの人材・ビジネス教育

　上述のように，これまでの小売国際化に関する研究の中で，現地拡大を目指した現地化の過程に着目した研究は不足していて，特にCVSの事業を分析する際には，小売業務の中でも店舗運営（店舗オペレーション）レベルに着目した人材教育については重要性が指摘されているものの，その詳細は明らかにされていない部分が多い。メコン地域に限っては，鍾（2016）がタイのファミリーマートを対象として店舗運営レベルの人材教育についても考察しているものの，まだ不明確な部分が多く存在する。

　そこで，メコン地域に進出している日系CVSの店舗運営レベルを中心とした人材教育の実態について，ヒアリング調査から得られた知見を整理していく。この方法を導入する理由は，人材・ビジネス教育の知見の多くは属人的なため，あくまで実態を知る上での探索的な段階として，ヒアリングを通してグローバルな人材・ビジネス教育に重要な要因などを抽出することを目的としている。

　ここでのヒアリング対象者は，小売企業の中でも海外に積極的に進出している日系CVSのうち，メコン地域の中でもタイやベトナムに進出している日系CVSの現地駐在員である。現地駐在員は，店舗運営等について現地オーナー企業（パートナー）にアドバイスをしていく立場であり，店舗従業員の教育を支援していく立場にある。そのため，現地の店舗運営レベルの人材育成の実態を明らかにするためには有効と考えられる。

　特にヒアリング調査では，これまでの人材・ビジネス教育を行ってきた過程で改めてわかったこと，人材・ビジネス教育の移転過程においてどのような問題や苦労，そして課題があるのかについて質問している。これらの質問を通してメコン地域における日系CVSの人材・ビジネス教育の実態を浮き彫りにすることを目的とする。[35]

130

4-2　ヒアリング調査等から得られた知見

　ヒアリング結果から得られた日系CVSの店舗運営レベルを中心とした人材教育の実態は以下の通りである。

①現地法人の教育に対する意識について

　合弁会社を設立して参入した場合，パートナー企業がどのような人材教育に対する姿勢や考え方を持っているのかによって，人材教育に対する取り組み度合いは変化する。

　そもそも現地従業員にとって，日系企業への就職自体がジョブ・ホップに使われやすい傾向にある。それは，日系企業に就職できたこと自体が現地でキャリアとして捉えられるからである。そのため，就職してもすぐに辞める従業員も多い傾向にあり，例えばボーナスをもらえば退職するのも当たり前という人たちも多く存在する。[36]

　このように人材流出が激しいため，「教育することは無駄」と割り切るパートナー企業も多く存在するのが実情である。

　一方で，パートナー企業が率先して従業員教育に力を入れる状況も出始めてきている。例えば，タイのセブン - イレブンのパートナー企業であるCPグループはパンヤピワット経営大学（PIM）を運営し，関連企業で実践を学ぶ「work based learning」を取り入れ，企業インターン研修と称してCVSにかかわる人材・ビジネス教育を行っている。[37]

　こうすることで，学生のうちから小売業の経営に興味を持ってもらい，人員を確保している。財閥系企業をパートナーにしている日系CVSは，財閥系企業が大学などを持っているため，そこで小売業に関する教育をインターンシップとして導入している。つまり，大学生のうちに店舗運営に関する基礎的なレベルから教育することができる。

② 店舗運営レベルの教育に関する経験の浅さ

　日本であれば，本部での研修後，加盟店オーナーが店舗運営スタッフの教育について責任を持ち対応している。しかし，メコン地域の場合，現地の店長などが教育を行わないことも多く，むしろ現地駐在員に教育をお願いするのが当

第Ⅰ部／全体編

たり前という状況が多く存在する。

　これは現地法人（パートナー企業）などの小売現場を統括する責任者クラスがマネジメント・レベル以外の仕事は自分の範疇外とすることが多いためである。この責任者クラスは，欧米等でのMBA取得者が多く，そもそも小売店舗経営に関する知識やキャリアに乏しいことも多い。そのため店舗に関する教育についてはできない場合が多い。そのため，店舗をフォローするはずのスーパーバイザーの育成強化についても日本と比較すると，その習熟度は低いのが実情である。

③ 店舗運営レベルにおける期待と現実のギャップ（SOPに対する過大評価）

　パートナー企業は日系CVSの成長状況から店舗運営におけるSOP（standard operating procedure：標準作業手順）が充実しており，日系CVSのパートナーとなればCVSチェーンの店舗運営やビジネス自体がうまくいくだろうと過剰な期待がされていることが多い。

　しかし，実際には日本の衛生管理や気配りやおもてなしの心などは，日本では教えるまでもなくできるということが多く存在するため，SOPには含まれていない暗黙的な要因は多い。したがって，日本では最低限教えなくてもできるという前提のもと，標準的な作業手順には該当していない部分がある。もちろんマニュアルはあるが，日本の充実した店舗運営は，日本の前提条件の上で成り立つものであり，従業員それぞれがSOPにはない暗黙的な部分を補完している。日系CVSのSOPに対する過大評価はここにある。[38]

④ 手探りの教育（現地でのマニュアルづくり）

　各国の実情に合わせたマニュアルを出店しながらある程度の段階で作っていく場合が多い。それぞれの国や地域の背景に基づいた従業員に合った教育を「手探り」の状態で行っているのが現状である。

　職能領域から考えると，部門横断的な職能（多能工）として仕事に対して取り組む傾向が高い日本と比べ，メコン地域等での職能領域は一般的に専門的な面が中心となり，自分に割り当られた仕事のみに従事する傾向が強い。そのため，それぞれの職能を縦割りにするため，多くの従業員が必要となっている。部門横断的な能力を求められキャリアを蓄積してきた現地駐在員にとっては，

専門的な部分のみに従事するローカルスタッフを教育することに対するギャップは大きいものと考えられる。

また，自分の職能領域以外の範囲を統合して管理するような全体を管理できる力が育ちにくいのも実情である。この点に関しては，大卒や大学院卒のほうがより専門的な能力をいかして仕事に従事する傾向が高いため，CVSのように店舗運営に従事すること自体を躊躇するスタッフも多いものと思われる。

⑤ キャリアパスの不明確さと人材流出

給料はキャリアを形成する上で重要な要素であり，そのためにジョブ・ホップが生じる。しかし，給料だけでなく，自分がその仕事に従事することで成長すると感じ，勤続している従業員も多く存在する。

当該企業で働くことで今後自分がどのようになりうるのか，明確なビジョンの伝達がうまく行っていない場合が多い。そのため，現地のスタッフのキャリアパスを明確に示すことが大切となる。

⑥ 現地指導役（現地駐在員）の人材に関する問題

現地の店舗運営に関する指導役はパートナー企業側からの選出者と日系CVS企業側の現地駐在員とが担い，双方で運営状況を確認していくこととなる。しかし，そもそもパートナー企業の選出する人材は，上述の通り小売経営の知識が乏しい場合が多い。そのため，日系CVS側の現地駐在員の役割の比重が重くなることが多々ある。

さらに，現地駐在員には販売（営業），管理（会計）の知識を備えた人材の配置が必須となる。そのため，ある程度のキャリアを積んだ人材でないとその役目は務まらない。しかし，この人材にも限りがあり，これも多店舗展開を阻む要因となっている。

上述のように，ヒアリングを通して現地の人材・ビジネス教育を行う際の注意点が見えてくる。

第Ⅰ部／全体編

5 おわりに

　日系CVSのヒアリング調査に基づく現地の人材・ビジネス教育の実態より，ビジネス教育をする前に注意・認識しておくべきいくつかの点が明らかになった。そもそも流通企業においては，人材流出が激しいといわれている。その中で，教育を行うこと自体が無駄と割り切る企業すら存在するということである。

　また，店舗運営レベルの教育を充実させていくためには，現地本部ないしパートナー企業の人材・ビジネス教育，店舗と本部を結ぶ人材・ビジネス教育（スーパーバイザー），店舗レベルの人材・ビジネス教育（店長，従業員）といったように階層ごとに教育をしていく必要性があるものと思われる。もっとも，日本のやり方をそのまま移転することができないため，そこへの工夫が必要となる。例えば店舗運営においては，店舗オペレーションに関するSOPの改良が必要となる。日本では暗黙的に従業員同士でカバーできる部分についてもマニュアルに加えることが日本的CVSの良さ（例えば，サービス，クオリティ，クレンリネスや5Sなど）の定着に繋がるものと思われる。

　そして，人材流出については，給与面だけでなくキャリアパスを明らかにし，そのキャリアパスの成功例となる現地スタッフを育成していくことが重要となる。

　さらに現地駐在員の問題として，小売経営に関する知識やパートナー企業への対応等が含まれるため，ある程度のキャリアを積んだ人材でないとその役目は果たせない。それだけに現地での人材・ビジネス教育の体制づくりが多店舗展開においても重要となる。

　こうした人材・ビジネス教育が充実できれば，現地従業員を店長として多店舗展開していくことも可能となるものと思われる。日本のCVSの場合，酒屋などを中心に業態転換していくことで多店舗展開を可能とした。これはもともと小売企業を営んでいるノウハウがあることを意味する。そこでは，だれでもオーナーになり起業すれば，儲かるビジネスとして成立できる。しかし，こうした考え方は日本のようにもともと小売業を営んでいるという土壌があるために成立する条件と考えられる。

　一方，メコン地域では，貧富の差が激しく，富裕層は小売企業を自身で行うことはほとんどない。そのため，欧米のMBA取得者などを責任者として雇い，

134

第5章　日系小売進出企業における人材・ビジネス教育の実態

運営することは多い。このように，メコン地域においてチェーン展開を志向する小売企業においては，有力なオーナーを探すことは必須だが，オーナーになりうる素質を持つ人材は日本と比べると不足している。それが多店舗展開を抑制する要因になっているものと思われる。したがって，本部や店舗での人材育成では多店舗展開をするための人材育成をしていくことが非常に重要となる。

［付記］
　本研究は，文部科学省私立大学戦略的研究基盤形成支援事業「メコン諸国における経済統合の中小企業への影響についての研究―「ASEAN サプライチェーン」の観点から―（平成26年度～平成30年度）」ならびに専修大学商学研究所研究助成「メコン地域におけるビジネス教育の実態研究」の成果の一部に基づくものである。

［注記］
1)　本稿は，大崎恒次・竹田賢・中邨良樹（2017）「グローバル展開を行うCVSのビジネス教育に関する研究」『経営情報学会2017年秋季全国研究発表大会（予定稿）』の研究を進めたものである。
2)　本章は大崎恒次・竹田賢・中邨良樹（2017），前掲論文の1章，2章を引用している。
3)　外務省HP内「わかる！国際情勢」平成27年10月参照。
4)　アジア大洋州局地域政策課「目で見るASEAN－ASEAN経済統計基礎資料－」平成29年8月，1-2頁参照。ただし，2016年12月にベネズエラは加盟国資格停止。
5)　安永英資・武谷由紀（2014）「研究員リポート　メコン地域の経済回廊について（前篇）」『日経研月報』2014年6月号参照。
6)　アジア大洋州局地域政策課「目で見るASEAN－ASEAN経済統計基礎資料－」平成29年8月，5頁参照。
7)　高橋陽子（2015）「アジアインサイト　ASEAN諸国における高齢化の進展」参照。
8)　もちろん，経済的側面のみで市場を捉えることは適切ではない。セグメンテーションの観点からいえば，人口動態的特性だけでなく，地理的特性，心理的特性，行動特性などを考慮しなければならない。とはいえ，一般的に1人当たりGDPが3,000USドルを超えるとCVSの進出（出店）の可能性が高まるといわれているように，経済的側面が便宜的に使われていることは多い。
9)　新中間層獲得戦略研究会（2012）『新中間層獲得戦略～アジアを中心とした新興国とともに成長する日本～』平成24年7月，経済産業省（2013）『平成25年版　通商白書』平成25年6月参照。
10)　イオン株式会社HP企業情報，日経ビジネス（2012）「ベトナム　地の利生かして近代工業化」『日経ビジネス』2012年10月8日号，104-105頁参照。
11)　イオン株式会社ニュースリリース2012年11月1日「当社によるカルフール社のマレー

135

第Ⅰ部／全体編

シア事業買収に関する株式売買契約締結及び株式買収手続きの完了についてのお知らせ」，イオン株式会社ニュースリリース2012年11月１日「『イオングループアセアン本社』の始動について」参照。

12）日経ビジネス（2013）「市場として見たメコンの魅力　経済指標では見えてこない実像」『日経ビジネス』40-41頁参照。

13）イオンカンボジア株式会社管理本部長上田委枝氏ヒアリング（2016年10月28日）。

14）日経流通新聞2017年７月12日記事参照。

15）2012年に６月に店名を「ファミリーマート」から「CUウィズ・ファミリーマート」に名称変更され，出店戦略についても現地パートナー主導で進んでいく中でファミリーマート社は契約していた晋光グループ（現・BGFリテール）との契約を解消し2014年３月に撤退した（日経流通新聞2014年３月31日記事参照）。しかし2017年４月以降韓国に再進出する計画も出てきている（Business Journal（2017）「ファミマ，韓国企業から『業界３位に学ぶことはない』と捨てられ撤退した韓国に再上陸か」2017年３月19日記事参照）。

16）日経ビジネス（2014）「編集長インタビュー　新型コンビニをアジアへ」『日経ビジネス』2014年５月12日記事，66頁参照。

17）矢作敏行（2007）『小売国際化プロセス』有斐閣，23-25頁参照。

18）同上，36-37頁参照。

19）川端基夫（2000）『小売業の海外進出と戦略　国際立地の理論と実態』新評論，55-59頁参照。

20）鳥羽達郎（2017）「小売国際化の二面性：現象の進展と困難性の露呈」日本商業学会第67回全国研究大会報告より。

21）矢作敏行（2007）前掲書，34，39頁参照。

22）同上，203頁，矢作敏行（2011）『日本の優秀小売企業の底力』日本経済新聞出版社，18-26頁，矢作敏行（2014）「小売事業モデルの革新論」『マーケティング・ジャーナル』Vol.33 No.4，19-21頁参照。

　　矢作（1994）では，小売業務について，スーパーとコンビニの業務システムを比較している。その項目には取扱商品，同品目数，在庫投資，店舗，経営手法，販売方式，販促手段，戦略商品，営業時間（日），休業日数（年）などを挙げている（矢作敏行（1994）『コンビニエンス・ストア・システムの革新性』日本経済新聞社，25-26頁参照）。

23）岸本徹也（2013）『食品スーパーの店舗オペレーション・システム』白桃書房，4-7，34頁参照。また，その一方で，「日本のCVSの革新性は，商品供給や商品調達に競争力の源泉があり，小売業務，特に店舗オペレーションに立ち入ることはない」とし，CVSの店舗オペレーションに関する研究はあまりなされていないことを指摘する（同上75頁参照）。

24）川端基夫（2014）「日系外食企業の海外進出に果たすサポーティング・インダストリーの役割」『商学論究』，41-42頁参照。

25）本田一成（2000）「イギリス・スーパーストアとフランス・ハイパーマーケットの人材開発」矢作敏行編『欧州の小売イノベーション』白桃書房，235頁参照。

26）一般社団法人日本フランチャイズチェーン協会HP参照。

27）川端基夫（2010a）『日本企業の国際フランチャイジング』新評論，13-15頁参照。

136

28) 小本恵照（2010）『小売店舗戦略の経済分析』NTT出版，219-220頁参照。

29) 同上，226-227頁参照。

30) 川端基夫（2010a）前掲書，16頁参照。

31) 川端基夫（2010b）によれば，「マスター・フランチャイジングとは，海外進出にあたり，相手先の1企業にその国でのフランチャイズ権を付与する手法（マスターフランチャイジーに指名する手法）であり，そのパートナー企業に現地本部の運営を任せ（代替させ），その対価としてパートナー企業から本国側が加盟金やロイヤリティを受け取る手法である」（川端基夫（2010b）「国際フランチャイジング研究の特性と課題—文献サーベイ—」『経営学論集』Vol.49 No.4，9頁参照）。

32) 川端基夫（2010a）前掲書，16-21頁参照，川端基夫（2014）前掲書，41-42頁参照。

33) 鍾淑玲（2014）「第8章　小売企業」マーケティング史研究会編『日本企業のアジア・マーケティング戦略』同文舘出版，133-153頁参照。

34) 竹迫（2006）はスーパーバイザーのヒアリング調査を通し，店舗に対してスーパーバイザーがアドバイスをできるようになるのは，スーパーバイザーになってからの経験だけでなく，過去の直営店の店長としての経験や直営店を担当しているスーパーバイザーからの学びが大きいと指摘している（竹迫まり恵（2006）「コンビニエンス・ストア本部企業における直営店体制と人材育成」『組織科学』Vol.39 No.3，54頁参照）。

35) 調査方法としては，現地駐在員に対して現地でのヒアリング，日本でのヒアリング，現地店舗視察，現地駐在員へのメールでの質問，新聞雑誌記事等で行っている。現地調査はベトナム2017年2月，タイは2017年3月，9月に行っている。

36) 専修大学商学研究所シンポジウム「メコン地域におけるビジネス教育の実態」のパネルディスカッション（2016年12月17日）における三進インターナショナルインバウンドマーケティング部シニアマネージャー三上美弥氏の発言。

37) 日系CVS現地駐在員からのヒアリング（2017年9月），中央大学グローバル人材育成推進事業学生啓発講演会（2013年11月14日）「タイにおける流通業の現状と課題」，URL：https://globalization.chuo-u.ac.jp/report/action/2013/11/1479/。

38) この点については鍾（2016）でも指摘されているが，人材・ビジネス教育の体制を構築していく中で，さらに多くの見過ごされてきた暗黙的な要素が見つかっているものと考えられる。

［参考文献］

Douglas, S. P., and Craig, C. S.（1995）*Global Marketing Strategy*, McGraw-Hill.

青木均（1996）「小売技術の国際移転に関する研究の方向性」『産業経営』第22号，早稲田大学産業経営研究所，197-214頁。

青木均（2007）「小売業態の国際移転に伴う変容の社会的過程」『商学研究』第47巻第3号，愛知学院大学，37-51頁。

今井利絵（2014）「小売システム国際移転における意思決定フレームワークの研究」早稲田大学博士論文。

第 I 部／全体編

小川孔輔／青木恭子（2008）「東アジア地区に進出した多国籍企業のマーケティング：（1）コンビニエンス・ストア in East Asia」『経営志林』第45巻第2号，69-92頁。

川辺信雄（1997）「アジア諸国におけるコンビニエンス・ストアの生成と発展―セブン-イレブンの事例を中心として―」『早稲田商学』第373号，早稲田商学同攻会，1-37頁。

川辺信雄（2004）「コンビニエンス・ストアの経営史―日本におけるコンビニエンス・ストアの30年―」『早稲田商学』第400号，早稲田商学同攻会，1-59頁。

川辺信雄（2006）「日系コンビニエンス・ストアの国際展開」『早稲田商学』第409・410合併号，早稲田商学同攻会，67-113頁。

川辺信雄（2008）「コンビニエンス・ストアにおける小売ノウハウの移転と革新―7-Eleven Singapore の事例研究―」『早稲田商学』第417号，早稲田商学同攻会，131-166頁。

川邉信雄（2012）「日系コンビニエンス・ストアのグローバル戦略―2005年以降のアジア展開を中心に―」『経営論集』第22巻第1号，文教大学経営学部，1-23頁。

川端基夫（1999）『アジア市場幻想論―市場のフィルター構造とは何か』新評論。

川端基夫（2000）『小売業の海外進出と戦略　国際立地の理論と実態』新評論。

川端基夫（2005）『アジア市場のコンテキスト【東南アジア編】受容のしくみと地域暗黙知』新評論。

川端基夫（2010a）『日本企業の国際フランチャイジング　新興市場戦略としての可能性と課題』新評論。

川端基夫（2010b）「国際フランチャイジング研究の特性と課題―文献サーベイ―」『龍谷大学経営学論集』Vol.49 No.4，龍谷大学，1-21頁。

川端基夫（2011）『アジア市場を拓く　小売国際化の100年と市場グローバル化』新評論。

川端基夫（2014）「日系外食企業の海外進出に果たすサポーティング・インダストリーの役割」『商学論究』第62巻第1号，関西学院大学，41-59頁。

川端庸子（2006）「小売業における国際知識移転プロセス」『阪南論集　社会科学編』第41巻第2号，29-39頁。

岸本徹也（2013）『食品スーパーの店舗オペレーション・システム　競争力構築のメカニズム』白桃書房。

グエン・ティ・ヴィン・トゥ（2017）「日系コンビニエンスストアの国際フランチャイズ展開に関する研究―アセアン（タイ及びインドネシア）におけるセブン-イレブンの展開を中心に」『研究年報　社会科学研究（山梨学院大学大学院）』第37号，145-235頁。

小本恵照（2000）『小売業店舗戦略の経済分析』NTT出版。

佐原太一郎・渡辺達朗（2015）「『東南アジアリージョナル小売企業』の業態転換戦略に関する一考察―ベトナム市場における展開を中心にして―」『流通研究』第18巻第2号，77-99頁。

鍾淑玲（2014）「第8章　小売企業」マーケティング史研究会編『日本企業のアジア・マーケティング戦略』同文舘出版，133-153頁。

鍾淑玲（2015）「日本型コンビニの現地化プロセス―ファミリーマートの台湾進出を例に―」『イノベーション・マネジメント』No.12，法政大学イノベーション・マネジメント研究センター，133-155頁。

鍾淑玲（2016）「ファミリーマートのダイナミック・ケイパビリティの形成とタイにおける現地化プロセス」『アジア経営研究』No.22, 59-77頁。

竹迫まり恵（2006）「コンビニエンス・ストア本部企業における直営店体制と人材育成」『組織科学』Vol.39 No.3, 51-60頁。

鳥羽達郎（2017）「小売国際化の二面性：現象の進展と困難性の露呈」日本商業学会第67回全国研究大会報告資料。

鳥羽達郎・劉偉（2016）「日系コンビニエンス・ストアの国際戦略—株式会社ローソンの中国展開に関する事例研究—」『富大経済論集』第62巻第2号, 225-251頁。

ブレンダ・スターンクィスト（2009）若林靖永・崔容熏他訳『変わる世界の小売業』新評論。

本田一成（2000）「イギリス・スーパーストアとフランス・ハイパーマーケットの人材開発」矢作敏行編『欧州の小売イノベーション』白桃書房, 235-268頁。

本田一成（2002）『チェーンストアの人材開発—日本と西欧—』千倉書房。

向山雅夫・J. Dawson編著（2015）『グローバル・ポートフォリオ戦略』千倉書房。

向山雅夫・崔相鐵編（2009）『小売企業の国際展開』中央経済社。

矢作敏行（1994）『コンビニエンス・ストア・システムの革新性』日本経済新聞社。

矢作敏行（2007）『小売国際化プロセス—理論とケースで考える』有斐閣。

矢作敏行（2011）『日本の優秀小売企業の底力』日本経済新聞出版社。

矢作敏行（2014）「小売事業モデルの革新論」『マーケティング・ジャーナル』Vol.33 No.4, 19-21頁。

第6章

メコン地域における物流の実態

1 本章の目的と方法

　本章では，まず，ベトナム，タイ，ラオス，カンボジア，ミャンマーのメコン地域5か国に対する，日系企業の進出と撤退の経年変化を明らかにする。次に，これらの地域に進出している日系の物流事業者の進出実態を明らかにする。最後に，ベトナムとタイに進出している物流事業者に対するヒアリング調査結果から，ベトナムとタイの物流の実態と課題を明らかにしていく。

2 メコン地域における日系企業の進出・撤退

　ここでは，『海外進出企業総覧［国別編］』2017年版のデータ[1]を用い，2008年から2016年のメコン地域のベトナム，タイ，ラオス，カンボジア，ミャンマーの5か国への日系企業の進出と撤退の実態を明らかにする。

　なお，ここでいう進出とは，当該国に新規に進出した企業数である。一方，撤退とは，当該国から撤退した企業数と当該国で被合併された企業数の合計である。また，ここで示している企業数は，日本企業の出資比率の合計が10%以上の現地法人，海外支店・事務所である。

2-1 メコン地域における日系企業の進出の実態

　2008年から2016年のメコン地域への日系企業の進出実態を見ると，ベトナム，タイ，カンボジアの3か国へは，毎年，日系企業が進出している。一方，

140

図表6-1　メコン5か国への日系企業の進出数[1]

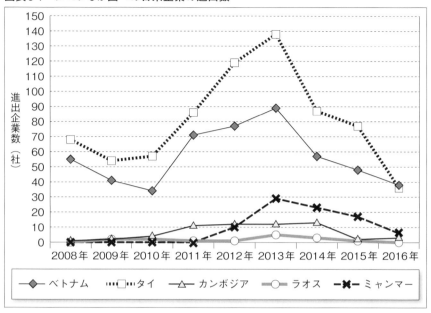

ラオスは，2008年と2016年，ミャンマーは，2008年から2011年まで日系企業の進出は無かった。

　次に，進出企業数の推移を見ると，ベトナムは，2010年まで減少し，その後2013年まで増加し，2014年からは減少に転じている。同様に，タイは，2009年まで減少し，その後2013年まで増加し，2014年からは減少に転じている。カンボジアは，2014年までは増加し，その後，減少に転じている。ラオスは，進出企業数が他の4か国と比較して相対的に少ない。ミャンマーは，2013年まで増加し，それ以降は，減少に転じている。

　これらの結果から，2013年頃までは，多くの日系企業が進出していた。しかし，それ以降は，進出企業数が少なくなっており，近年では，進出企業数が少ない。（図表6-1）

　なお，メコン5か国で最も進出企業数が多いのは，全ての年でタイであった。

2-2 メコン地域における日系企業の撤退の実態

　2008年から2016年のメコン地域からの日系企業の撤退実態を見ると，タイは，毎年，日系企業が撤退している。一方，ベトナムは，2008年，2011年は撤退が無かった。カンボジアは，2009年と2016年に1社の撤退があった。ミャンマーは，2008年，2010年，2014年に1社の撤退があった。ラオスは，この9年間で撤退した日系企業は無かった。

　次に，撤退企業数の推移を見ると，タイは，2009年に減少し，2010年は増加し，それ以降は減少したが，2016年は増加に転じた。ベトナムは，2012年以降，減少が続いていたが，2016年は増加に転じた。

　これらの結果から，タイ以外の国は，撤退する日系企業数が少ないことが明らかになった。一方，タイは，撤退企業数はある一定数あり，2010年以降は減少が続いていたが，2016年は増えていることが明らかになった。（図表6-2）

　なお，メコン5か国で最も撤退企業数が多いのは，全ての年でタイであった。

図表6-2　メコン5か国からの日系企業の撤退数[1)]

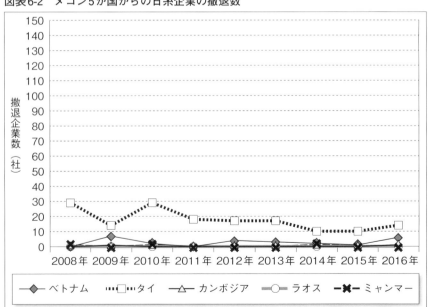

3 メコン地域における日系物流事業者の進出実態

ここでは,『海外進出企業総覧［企業編］』2017年版のデータを用い[2],2016年時点にメコン地域のベトナム,タイ,ラオス,カンボジア,ミャンマーの5か国へ進出している,日系の物流事業者の進出企業数と進出時期から進出実態を明らかにする。

なお,ここで述べている物流事業者は,貨物運送事業,海運事業,倉庫・物流関連事業を行っている事業者とする。

3-1 ベトナムの日系物流事業者の進出実態

3-1-1 ベトナムの日系物流事業者の事業分類の特徴

2016年時点でベトナムに進出している日系物流事業者を,①貨物運送事業者,②海運事業者,③倉庫・物流関連事業者の3つの事業分類に細分類し,集計した。

その結果,2016年時点では,貨物運送事業者の進出が最も多く,全体の約49.2%であり,次に多いのは,倉庫・物流関連事業者で全体の約40.7%を占めている。(図表6-3)

図表6-3 事業分類別のベトナムに進出している日系物流事業者数[2]

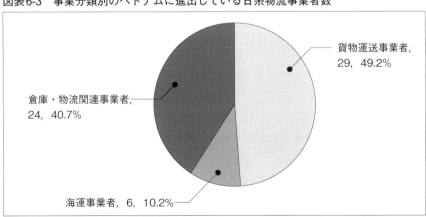

3-1-2　ベトナムの日系物流事業者の進出時期の特徴

　2016年時点でベトナムに進出している日系物流事業者57社がベトナムに進出した時期を1960年代，1970年代，1980年代，1990年代，2000年代，2010年代の6つに分類し，集計した。なお，本集計では，進出年が不明であった2社のデータは除いている。

　その結果，最も古く進出している企業は，1980年代の1社であった。進出企業数が多いのは，2000年代の25社で，全体の約43.9%を占めている。次に多いのは，2010年代の24社で，全体の約42.1%を占め，2000年以降で全体の約86.0%を占めている。（図表6-4）

図表6-4　進出年代別のベトナムに進出している日系物流事業者数[2]

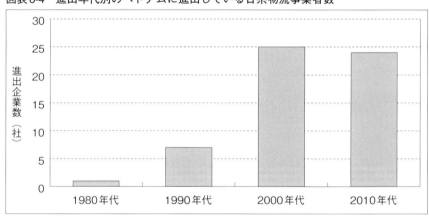

3-1-3　ベトナムの日系物流事業者の事業分類別の進出時期の特徴

　2016年時点でベトナムに進出している日系物流事業者の事業分類別に進出時期を示した。

　その結果，2016年時点で進出している日系の物流事業者のうち，倉庫・物流関連事業者は，1980年代から，貨物運送事業者は，1990年代から，海運事業者は，2000年代からベトナムに進出している。その後，貨物運送事業者と倉庫・物流関連事業者は，現在に至るまで，進出企業数は伸びている。一方，海運事業者は，2000年代をピークに進出企業数が減少している。（図表6-5）

図表6-5　事業分類別・年代別のベトナムに進出している日系物流事業者数[2]

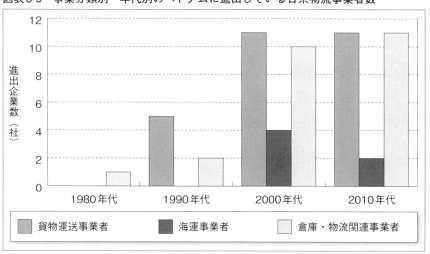

3-2　タイの日系物流事業者の進出実態

3-2-1　タイの日系物流事業者の事業分類の特徴

　2016年時点でタイに進出している日系物流事業者を，先に示した3つの事業分類に細分類し，集計した。

　その結果，2016年時点では，貨物運送事業者の進出が最も多く，全体の約47.5%であり，次に多いのは，倉庫・物流関連事業者で全体の約31.7%を占めている。（図表6-6）

図表6-6　事業分類別のタイに進出している日系物流事業者数[2]

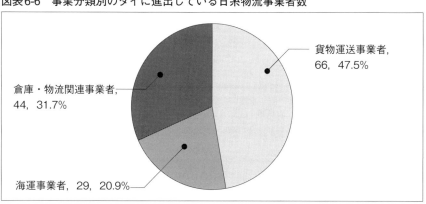

3-2-2 タイの日系物流事業者の進出時期の特徴

　2016年時点でタイに進出している日系物流事業者132社がタイに進出した時期を1960年代，1970年代，1980年代，1990年代，2000年代，2010年代の6つに分類し，集計した。なお，本集計では，進出年が不明であった7社のデータは除いている。

　その結果，最も古く進出している企業は，1960年代の4社であった。進出企業数が多いのは，1990年代の37社で，全体の約28.8%を占めている。次に多いのは，2000年代の37社で，全体の約28.0%を占めている。なお，2000年代，2010年代と減少傾向が見られる。（図表6-7）

図表6-7　進出年代別のタイに進出している日系物流事業者数[2]

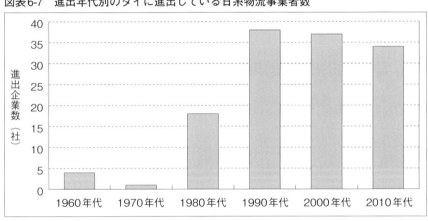

3-2-3 タイの日系物流事業者の事業分類別の進出時期の特徴

　2016年時点でタイに進出している日系物流事業者の事業分類別に進出時期を示した。

　その結果，海運事業者と倉庫・物流関連事業者は，1960年代から進出しており，貨物運送事業者は，1970年代から進出している。その後，貨物運送事業者は，現在に至るまで，進出企業数は伸びている。一方，海運事業者は，1990年代をピークに進出企業数が減少している。同様に，倉庫・物流関連事業者も，2000年代をピークに減少している。（図表6-8）

図表6-8　事業分類別・年代別のタイに進出している日系物流事業者数[2]

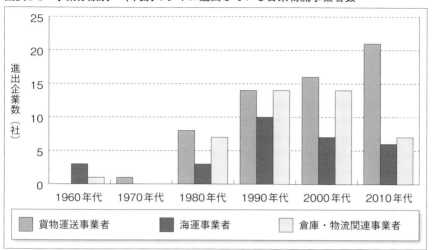

3-3 ミャンマーの日系物流事業者の進出実態

3-3-1 ミャンマーの日系物流事業者の事業分類の特徴

　2016年時点でミャンマーに進出している日系物流事業者を，先に示した3つの事業分類に細分類し，集計した。

　その結果，2016年時点では，倉庫・物流関連事業者の進出が最も多く，全体の約47.1%であり，次に多いのは，貨物運送事業者で全体の約41.2%を占めている。（図表6-9）

図表6-9　事業分類別のミャンマーに進出している日系物流事業者数[2]

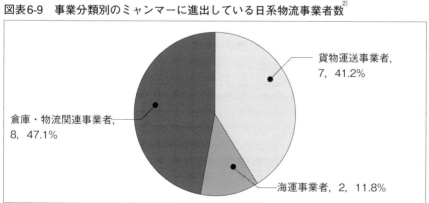

第 I 部／全体編

3-3-2　ミャンマーの日系物流事業者の進出時期の特徴

　2016年時点でミャンマーに進出している日系物流事業者17社の進出年を示した。

　その結果、最も古く進出している企業は、2012年の3社であった。進出社数が多いのは、2013年の7社で、全体の約41.2%を占めている。それ以降の2014年、2015年は進出企業数が減少したが、2016年は増加に転じている。（図表6-10）

図表6-10　進出年代別のミャンマーに進出している日系物流事業者数[2]

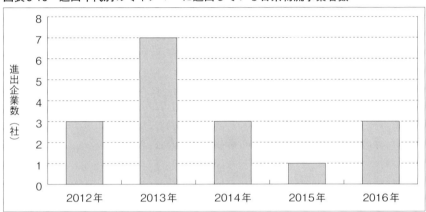

3-3-3　ミャンマーの日系物流事業者の事業分類別の進出時期の特徴

　2016年時点でミャンマーに進出している日系物流事業者の事業分類別に進出時期を示した。

　その結果、2016年時点で進出している日系の物流事業者のうち、貨物運送事業者、海運事業者、倉庫・物流関連事業者のそれぞれ1社が2012年に進出している。2013年には、貨物運送事業者は2社、海運事業者は1社、倉庫・物流関連事業者は4社進出している。その後、海運事業者の進出は無い。貨物運送事業者は、それ以降も進出が見られる。倉庫・物流関連事業者は、2015年を除き進出している。（図表6-11）

図表6-11　事業分類別・年代別のミャンマーに進出している日系物流事業者数[2]

3-4　カンボジアの日系物流事業者の進出実態

3-4-1　カンボジアの日系物流事業者の事業分類の特徴

　2016年時点でカンボジアに進出している日系物流事業者を，先に示した3つの事業分類に細分類し，集計した。

　その結果，2016年時点では，7社が進出しており，そのうち，貨物運送事業者と倉庫・物流関連事業者進出が最も多く，それぞれ全体の約42.9%を占めている。（図表6-12）

図表6-12　事業分類別のカンボジアに進出している日系物流事業者数[2]

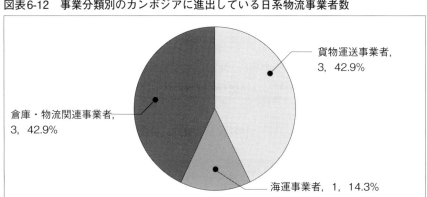

第Ⅰ部／全体編

3-4-2　カンボジアの日系物流事業者の進出時期の特徴

2016年時点でカンボジアに進出している日系物流事業者7社の進出年を示した。

その結果，最も古く進出している企業は，2011年の1社であった。進出社数が多いのは，2013年の4社で，全体の約57.1%を占めている。しかしそれ以降の2014年，2015年には進出が無く，2016年に1社進出している。（図表6-13）

図表6-13　進出年代別のカンボジアに進出している日系物流事業者数[2)]

3-4-3　カンボジアの日系物流事業者の事業分類別の進出時期の特徴

2016年時点でカンボジアに進出している日系物流事業者の事業分類別に進出時期を示した。

その結果，2016年時点で進出している日系の物流事業者7社のうち，貨物運送事業者は，2013年に2社，2016年に1社進出している。海運事業者は，2013年に1社のみ進出している。倉庫・物流関連事業者は，2011年から2013年の間にそれぞれ1社進出している。（図表6-14）

図表6-14　事業分類別・年代別のカンボジアに進出している日系物流事業者数[2]

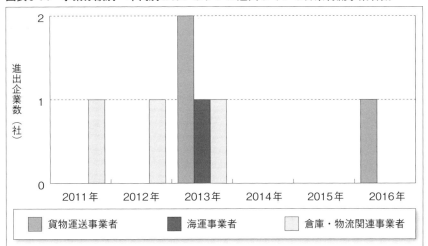

3-5　ラオスの日系物流事業者の進出実態

　2016年時点でラオスに進出している日系物流事業者は，2007年に進出した貨物運送事業者1社と2012年に進出した倉庫・物流関連事業者1社の合計2社であった。

3-6　ベトナムとタイの物流事業者の進出実態の比較

　ここでは，物流事業者の進出企業数が多い，ベトナムとタイについて，進出企業の事業分類の特徴と，進出時期の特徴を明らかにする。

3-6-1　ベトナムとタイの日系物流事業者の事業分類の特徴
　集計の結果，両国とも貨物運送事業者が最も多く，次に倉庫・物流関連事業者が多いことは変わらない。しかし，タイは，海運事業者の割合がベトナムよりも高い特徴がある。（図表6-15）

図表6-15 ベトナムとタイの進出している日系物流事業者の事業分類別の比較[2]

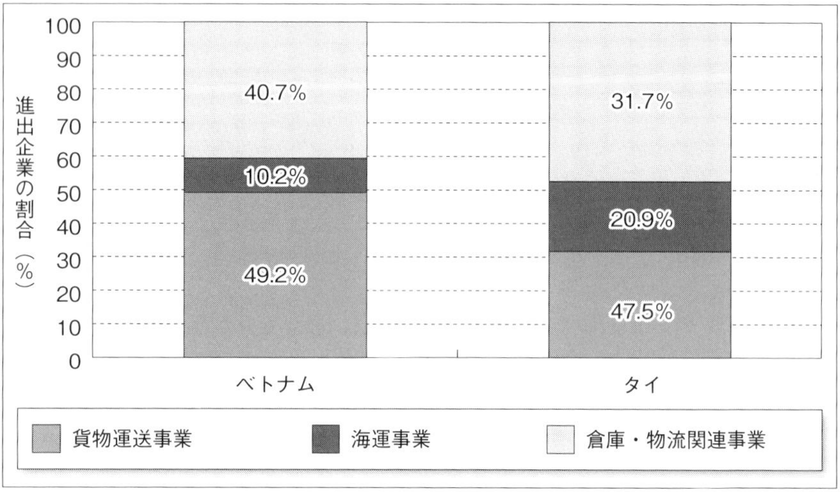

ベトナム: 貨物運送事業 49.2%、海運事業 10.2%、倉庫・物流関連事業 40.7%
タイ: 貨物運送事業 47.5%、海運事業 20.9%、倉庫・物流関連事業 31.7%

3-6-2 ベトナムとタイの日系物流事業者の進出年の特徴

次に，2016年現在ベトナムとタイに進出している物流事業者の進出年を比較する。その結果，タイは，1988年から進出している企業が多いのに対して，ベトナ

図表6-16 ベトナムとタイの進出している日系物流事業者の進出年の比較[2]

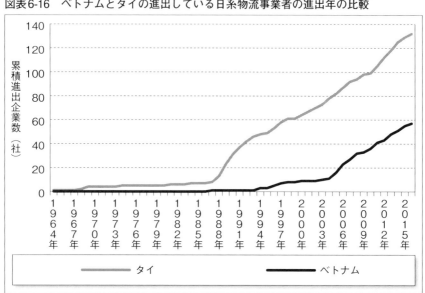

ムは，2003年頃から進出している企業が多い。（図表6-16）

4 ヒアリング調査に基づく倉庫・物流関連企業の実態と物流の課題

　ここでは，ベトナムとタイにおいて，現地に進出している日系の倉庫・物流関連事業者と外資系の倉庫・物流関連事業者に対するヒアリング調査の結果から，それぞれの国の物流の特徴と課題を示すとともに，今後の課題について述べる。

4-1　ベトナムの倉庫・物流関連企業の実態と課題

4-1-1　南北間の輸送の実態と課題
　北部地域は，装置産業が多く，南部地域は，水産加工，食品などが多い。また南北で需給バランスが悪い。具体的な例で示すと，南部地域で生産したハムやソーセージなどをトラックで北部地域に輸送する。そしてその帰り便で，バイク，ライチ，携帯電話，にんじん，お茶などを輸送するが，数量はあまり多くなく，行きと帰りで輸送量に差が生じている。

4-1-2　都市内における交通規制の実態と課題
　都市内のインフラの状態は悪くないが，都市内の渋滞がひどい状況である。
　また，ホーチミン市内の交通規制が厳しく，大型貨物車（2.5t以上及び総重量5t以上）は，0時から6時の間のみホーチミン市内を走行可能である。小型貨物車（2.5t以下及び総重量5t以下）は，16時から20時の間を除き，ホーチミン市内を走行可能である。
　これらのことから，店舗への配送には，小型貨物車しか使用できないのが実態である。なお，道路ごとに入れない時間規制もある。

4-1-3　越境輸送の実態と課題
　ベトナムとカンボジア間の輸送では，ダブルライセンスを持つことで，越境輸送が可能となった。しかし，これらの間の輸送では，片荷輸送の問題がある。

153

第Ⅰ部／全体編

4-2　タイの倉庫・物流関連企業の実態と特徴

4-2-1　配送の実態と課題

　商品の配送は，物流センター経由が基本であるが，遠隔地には，荷主の直送もあれば，ハブセンターを経由した配送もある。物流センターからは，ドライ品は，バンコク市内は，9時までに受注を受けて，16:00〜4:00の間で配送をしている。チルド品は，受注日の翌日にピッキング作業をし，18:00〜4:00の間で配送している。なお，配送は，1日1便である。

　配送車両は，1t車と3t車を使用している。1t車は，1台当たり2〜4店舗，3t車は，1台当たり6〜8店舗に配送している。バンコク市内では，車両は2回転している。ただし，3t車は，交通規制の関係から，20時以降の出発となり，6時までに戻ってくる必要があるため，2回転はできない。

4-2-2　物流センター内の作業の実態

　物流センター内でのピッキングには，デジタルピッキングシステムを導入している。また，手作業のピッキングも行っている。検品時にはハンディーターミナルを用いている。なお，ケース出荷の商品は，ラベルピッキングを行っている。

4-3　ベトナムとタイの物流センター内作業の実態と課題

　今回ヒアリングした2か国の2か所の物流センターは，通常の入出荷業務は，問題無く行われていた。しかし，物流センター内の作業者数が多いように感じられた。これらのことから，今後，より効率性の良い倉庫内作業を求めるのであれば，効率的な倉庫内作業ができるようなシステム化を進めていく必要があると感じられる。ただし，その場合は，作業者への，ピッキング方法や商品の入庫方法などの倉庫内作業についての教育が必要となる。

［注記］
1)　『2017海外進出企業総覧［国別編］』東洋経済新聞社，2017年4月。
2)　『2017海外進出企業総覧［会社別編］』東洋経済新聞社，2017年5月。

154

第7章

統計で見るメコン地域

　本章では，統計データを使って，メコン地域の諸国及びメコン地域のポジションを分析する。使用する統計データは，経済関係の指標，教育に関する指標，雇用に関する指標，男女格差に関する指標を扱う。最後に，主成分分析を用いて，これらの指標を縮約して，4次元のグラフで各国地域のポジショニングを行う。

1 メコン地域の基礎的データ

　メコン地域各国の基礎的な統計数値がどのようになっているのかをASEAN諸国を含む東アジア地域の国・地域及びオーストラリアと比較する（図表7-1）。

　経済規模としてGDP（名目，米ドル換算）を見ると中国（約11兆ドル）が圧倒的に大きく，日本はその1/2程度（約5兆ドル），オーストラリアは1/10程度（1.3兆ドル）である。メコン地域（ベトナム，タイ，ミャンマー，カンボジア，ラオス）合計では，0.71兆ドルと中国の6％程度，台湾を上回るが，韓国，オーストラリアより小さい。ASEAN諸国と比較してもメコン地域はインドネシアより小さい。近隣は経済規模の大きな国に囲まれている。

　メコン地域の国土面積の合計は190万km²と日本の5倍，インドネシアとほぼ同程度で，中国の20％程度である。メコン地域の人口の合計は2.36億人と日本の2倍，インドネシアの1.9倍で中国の17％程度である。

　これら3つの指標から見るとメコン地域は，GDPの増大の余裕があることがわかる。

　メコン地域の人口密度は，125.6人/km²と他の諸国地域と比べて全体として中

第Ⅰ部／全体編

図表7-1　東アジア・オセアニア主要国（地域）の基礎的統計データ

単位	GDP（米ドル）10億ドル	国土面積 Km²	人口 百万人	人口密度 1km²当たり
ベトナム	201.31	310,070	92.69	298.94
タイ	407.11	510,890	68.98	135.02
ミャンマー	64.37	653,520	52.25	79.96
カンボジア	20.16	176,520	15.78	89.37
ラオス	15.77	230,800	6.59	28.53
（メコン地域）	708.71	1,881,800	236.29	125.56
シンガポール	296.97	697	5.61	8,044.48
フィリピン	304.91	298,170	104.18	349.41
マレーシア	296.54	328,550	31.63	96.28
インドネシア	932.45	1,811,570	258.71	142.81
台湾	529.58	36,000	23.54	653.89
韓国	1,411.04	96,920	51.25	528.75
中国	11,232.11	9,327,489	1,382.71	148.24
オーストラリア	1,261.65	7,682,300	24.39	3.17
日本	4,936.54	364,500	126.96	348.31

出所：GDP及び人口：IMF[1]，国土面積：国連，外務省台湾基礎データ[2]，人口密度：人口，国土面積より計算[3]。

位程度の値を示している。ただし，メコン地域内では，ベトナムが高く，ラオスは低く，人口密度という点で多様である。このことをいかせば，メコン地域の相互作用により，経済発展の余力が大きいことを示している。

2 メコン地域の経済状況

　経済面でのメコン地域を考察してみる。図表7-2は，1人当たりのGDP，図表7-3は労働生産性の比較である

　図表7-2は2016年の各国地域の米ドル換算（USD）の1人当たりのGDP（グラフで各国の棒の上段）と購買力平価換算（PPP）の1人当たりのGDP（グラフで各国の棒の下段）である。メコン地域の値は人口による加重平均値である。

　メコン地域では3千ドルで中国（8.12千ドル）の1/2以下で，日本（39千ド

156

第7章 統計で見るメコン地域

図表7-2　1人あたりのGDP　　　　　　　　　　　　　　（単位：千ドル）

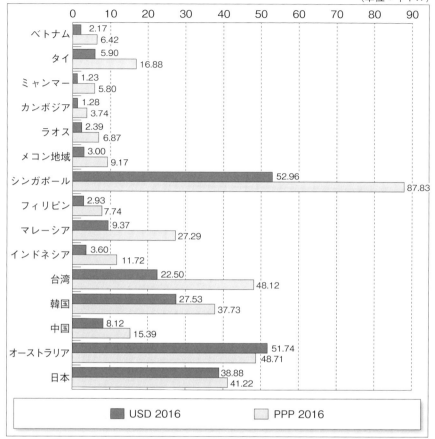

出所：IMF[1]

ル）の1/10以下である。しかし，購買力平価換算では，9千ドルと中国（15千ドル）の60%，日本（41千ドル）の1/4程度と差は小さくなる。メコン地域諸国の1人当たりのGDPは，購買力平価換算が米ドル換算の3倍程度あり，物価水準が低いことがわかる。この傾向は，シンガポールを除くASEAN諸国でも同様である。また，台湾，中国，韓国の購買力平価換算のGDPは，米ドル換算の1.5〜2倍程度であり，日本やオーストラリアは1倍程度である。

　メコン地域内でみると，タイの米ドル換算が突出して大きく，5.90千ドルあり，ラオス，ベトナムが続いていく。ラオスは電力などの資源に恵まれ，成長

第Ⅰ部／全体編

図表7-3 労働生産性
(単位：千ドル)

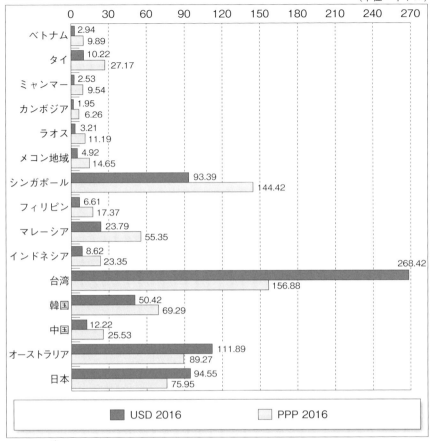

出所：ILO[5]

率が高く，それによりベトナムを上回っているのであろう。

　図表7-3は，米ドル換算（上段）と購買力平価換算（下段）の労働生産性である。メコン地域の値は人口による加重平均値である。

　労働生産性は，1人当たりのGDPほどASEAN以外の諸国と差の開きはない。タイの労働生産性は高く，購買力平価換算で27.17千ドルと中国の25.53千ドルを上回っている。ASEAN諸国まで含めるとマレーシアがタイより高い。

　図表7-4は，各国の1年当たりのGDP平均上昇率（幾何平均を利用）である。

第7章 統計で見るメコン地域

図表7-4　GDP上昇率　　　　　　　　　　　　　　　　　　　　　　（単位：％）

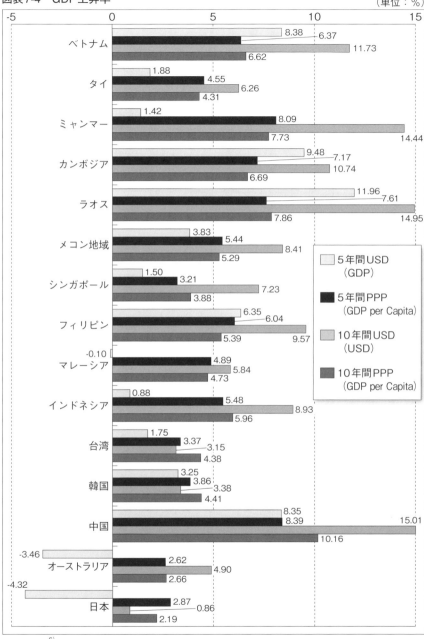

出所：IMF[6)]

第Ⅰ部／全体編

米ドル換算（USD）のGDP上昇率は，国・地域の経済規模の増大の指標，購買力平価換算（PPP）の1人当たりGDPの上昇率は，日常生活の生活水準の上昇の指標として取り上げた。上段から米ドル換算の5年間（2011年～2016年），購買力平価換算の5年間，米ドル換算の10年間（2006年～2016年），購買力平価換算の10年のGDPの上昇率である。

メコン地域は，米ドル換算で10年間約8.41%，5年間約3.83%と他のASEAN諸国と同程度で，中国には及ばないが東アジア（日本・韓国・台湾）やオーストラリアと比べるとかなり高い。また，ここ10年間と5年間を比較すると米ドル換算では大きく下げているが，購買力平価換算では同程度である。これは，為替レートの変化の影響が大きいだろう。

購買力平価換算では，メコン地域各国はともに安定して経済成長している。経済発展の余地が大きいミャンマー，カンボジア，ラオスで7～8％と大きな経済成長を続けている。タイは，4～5％程度と他のメコン地域より低い成長率であるが，台湾や韓国と同程度であり，安定して経済成長している。

3 人口の年齢構成

次に年齢構成別の人口を比較する。図表7-5に0～14歳の年少人口，15～64歳の生産年齢人口，65～歳の老齢人口の構成割合を示す。

生産年齢人口の比率は，先進国（オーストラリア，日本）を除いて70%前後とほぼ同じである。これは，働き盛りの人口が多く経済には有利に働いている（人口ボーナス）。メコン地域やマレーシア，インドネシアでは，年少人口が老齢人口の約3倍おり，台湾，韓国，中国の1～1.8倍と比べると年少人口が多い。今後，年少者の成長に伴って人口ボーナスの恩恵が期待できる。ベトナムは，メコン地域全体の値に等しく，人口構成ではメコン地域の縮図である。

メコン地域内では，ミャンマー，カンボジア，ラオスの年少人口の比率が高く，タイは中国程度まで老齢化が進んでいる。

160

第 7 章 統計で見るメコン地域

図表7-5 人口の年齢階層別割合 (単位：%)

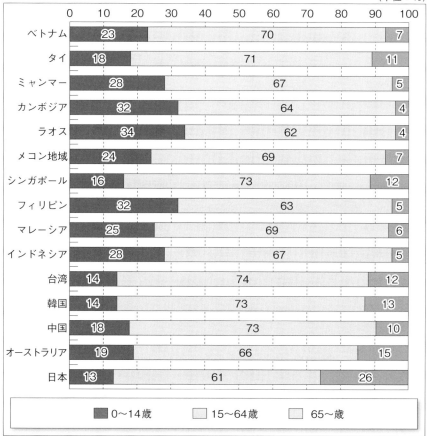

出所：United Nations[7)]

4 教育・スキルに関する指標

　教育に対して政府がどれくらい力を入れているのか，及び現在のその成果の状況を見てみる。

　図表7-6は，GDPに占める政府教育支出である。中国，シンガポール，ミャンマーはUNESCOにデータが存在しなかったので表示していない。また，メコン地域は，ミャンマーを除く諸国のGDP（USD）による加重平均値である。

第Ⅰ部／全体編

図表7-6　GDPに占める政府教育支出　　　　　　　　　　　　　　（単位：％）

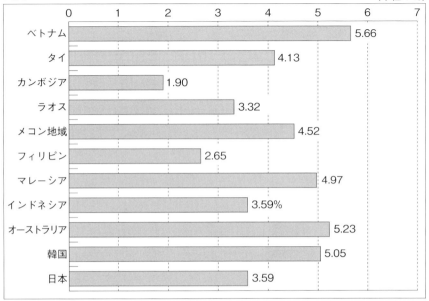

出所：UNESCO[8]

　メコン地域の政府教育支出割合4.52％は，GDPの大きなタイ，ベトナムで高いことにより高い。これは，オーストラリア，韓国に近い。ただし，ラオスは日本並みに低い。

　基礎的な教育の成果として，識字率を取り上げる。図表7-7は，成年（15歳以上）の男女別識字率である。メコン地域は各国の人口による加重平均値である。日本を含む先進国・中進国のデータは出典に存在しなかったので省略した。

　他のASEAN諸国に比べてメコン地域は低い。特にミャンマー，カンボジア，ラオスで低い。農村部発展の阻害要因になることが懸念される。また，フィリピンを除いて男女間の格差がある。

　図表7-8は雇用者の学歴の割合で，図表7-9は雇用者のスキルレベルである。両データとも中国，台湾のデータは存在しない。両データは，雇用者（自営業者を含む）の割合であり，全人口の割合ではない。メコン地域について，学歴は15歳以上の人口の60〜80％，スキルレベルは15歳以上の人口の80〜90％がカウントされている。

図表7-7 成人識字率（上段：男性，下段；女性）　　　　　　　　　（単位：%）

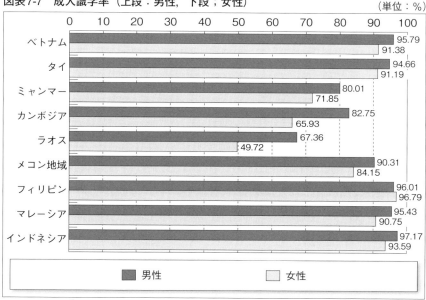

出所：UNESCO[9]

　学歴のレベルで日本との対応では，Basic は，小学校または中学校卒業程度，Intermediate が高校卒業程度，Advanced が短大以上卒に相当する[8]。日本は，Basic と Intermediate がまとめられ，Intermediate に表示されている。

　メコン地域では，雇用者の7割程度が高卒未満である。日本，韓国，オーストラリアと比べると低く ASEAN のマレーシアと比べても低い。

　メコン地域ではベトナムの学歴が比較的高い。

　図表7-9は，雇用者のスキルレベル[9]を表したもので，業務内容によりレベルが分類されている。これは雇用者の能力を直接表すものではなく，就業の状況を表している。あるレベルの比率が高いことは，そのレベルの人が多いこととそのレベルの仕事が多いことを示している。仕事の多さと人数の多さは相互に影響し合っているのであろう。能力に関しては図表7-8の学歴のほうが近いだろう。

　Low は，肉体単純作業，マニュアルに従った作業，スキルレベル Medium は，機械の操作・保守，自動車の運転，データの複製や入力，サービス業や販売業，スキルレベル High は広範な知識を要する仕事（問題解決，意思決定，クリエイ

第Ⅰ部／全体編

図表7-8 雇用者の学歴　　　　　　　　　　　　　　　　　　　　　（単位：%）

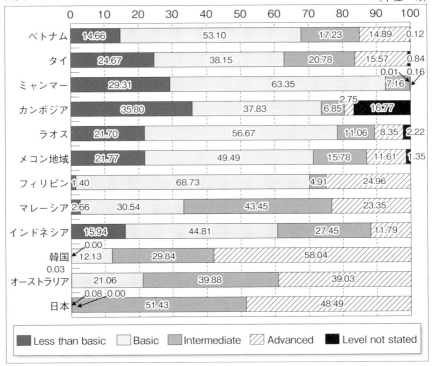

出所：ILO[10]

ティブなもの）である。

　メコン地域は約60%がスキルレベルMediumであるが，これは日本や韓国と同じレベルである。発展の方向として，スキルレベルMediumの割合を維持したまま，Highが増加し，日本，韓国などの東アジア型に移行するか，Low,Mediumを減少させて，Highを40〜50%に増大させるオーストラリア型に移行する方向があるだろう。

　ラオス，カンボジア，ミャンマーでスキルレベルMediumが多いのは，第1次産業雇用者の多くがスキルレベルMediumに分類されているためであろう。

　各国で，学歴がAdvancedの比率とスキルレベルHighの比率が近い値を示しているが，日本と韓国は学歴がAdvancedの比率の約1/2がスキルレベルHighである。

図表7-9 雇用者のスキルレベル (単位：%)

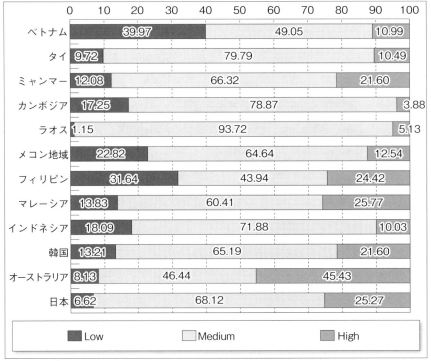

出所：ILO[11]

5 産業構造

　図表7-10は，各国の産業別（第1～3次産業別）の雇用者の割合である。中国，台湾，シンガポールのデータは存在しない。メコン地域の値は，人口による加重平均値である。

　メコン地域は，他のASEAN諸国（フィリピン，マレーシア，インドネシア）に比べて，第1次産業（Agriculture）の割合が高い。しかし，第2次産業（Industry）の割合は，20～30%と他国と大きくは変わらない。今後，第1次産業から第3次産業（Services）に移行していくと考えられる。

　メコン地域内では，タイは第1次産業が比較的小さく，第3次産業が大きい。しかし，グラフ中のメコン地域以外と比べると，第1次産業の割合は高い。ベ

第Ⅰ部／全体編

図表7-10 産業別雇用者数の割合 （単位：％）

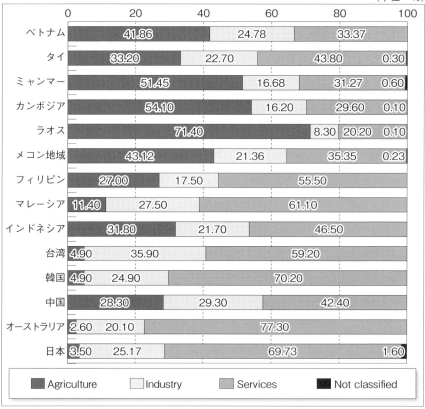

出所：ILO[12]

トナムは第2次産業の割合が高い。ミャンマー，ラオス，カンボジアは第1次産業が中心である。

6 男女格差

次に，学歴，雇用に関しての男女格差について比較する。識字者数の女性比率（女性識字者数／男性識字者数），学歴がAdvanceの人数比率（女性Advanced雇用者数／男性Advanced雇用者数），スキルレベルがHighの人数比率（女性

第7章　統計で見るメコン地域

図表7-11　男女格差（値が小さいほうが格差大）　　　　　　　　（単位：％）

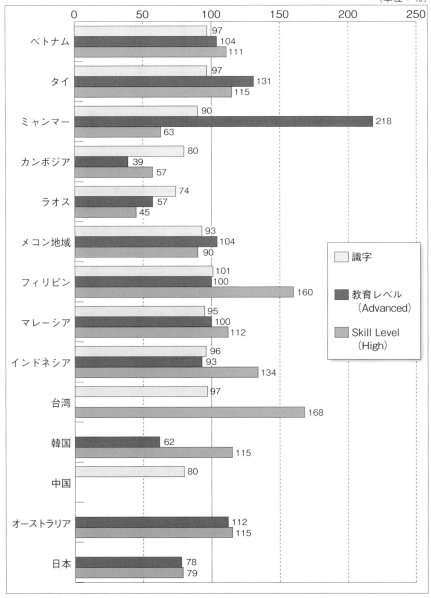

出所：ILO[13]

第Ⅰ部／全体編

High雇用者数／男性High雇用者数）を比較する。雇用者の比率は，そのような学歴やスキルを持っていても，雇用者でなければカウントされない。女性の社会進出が阻害されていると，格差は大きく出る。図表7-11に各国の値を示す。棒がない値はデータが存在しない。

　メコン地域は比較的男女格差が小さい。日本と比べると1に近い値である。ベトナム，タイでは学歴がAdvancedの人数比，スキルレベルがHighの人数比がオーストラリアに近い。また，グラフにないが，ニュージーランドはそれぞれ115%と121%で，インドは20%と79%である。

　メコン地域内で，タイ，ベトナム以外の諸国では男女格差が大きい，これは，全体的に教育を受けさせることができる人数の差異も大きな要因である。

　ミャンマーの学歴Advancedの比率218%は，学歴がAdvanceの比率が0.16%（図表7-8）であるので少ない母数での比率であり扱いに注意を要する。

7 主成分分析による各国のポジショニング

　これまでの分析で各国地域の成長率，教育の程度などを見てきた。しかし，多くの指標が先進国はよく，経済発展の度合いに比例して改善していることが多い。しかし，経済発展の程度に比べて，学歴が高い人が多い国や男女格差が少ない国などがある。

　また，各指標間には強い相関関係が存在する。例えば米ドル換算の1人当たりGDPと雇用者の学歴がAdvancedの比率との相関係数は0.80である。1人当たりGDPが高ければ，豊かな人が多く，高学歴な人が多いのは当たり前ともいえる。このGDPに代表される豊かさを除いて高学歴の人が多いのかが新たな指標になる。主成分分析[10]では，互いに相関がない2つの次元— 豊かさと高学歴志向—に変換し，各国の位置をグラフ上に示すことができる。

　本稿の分析は，17の指標（次元），20か国のデータについて相関関係を利用して，主に4つの次元 —先進国か否か，男女格差小で高成長中，就労ギャップあって第2次産業中心，教育支出大小—に縮約して表示する。各国の位置（ポジション）を見ることにより，問題点，今後の状況などが見えてくるだろう。

168

第 7 章　統計で見るメコン地域

7-1　主成分分析とは

図表7-13に，米ドル換算の 1 人当たり GDP と雇用者の学歴が Advanced の割合（男女計）を示す。分析するにあたり，両データの平均を 0 に，分散を 1 にする標準化を行い，図表7-12上の散布図で示す。図表7-12上を見ると強い相関関係があり (0.80)，1 人当たり GDP が高い国は学歴が Advanced 以上の比率が高い。

図表7-12　主成分分析の図解

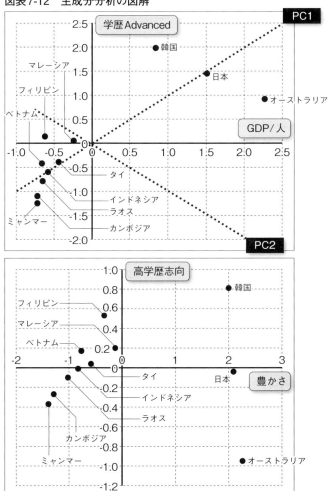

第Ⅰ部／全体編

　この高い相関関係を利用して，図表7-12上の第１主成分（PC1）のように回
転させれば，新たな指標を作ることができる。分散は，データのばらつきを表
し，分散の大きな指標は，その国の差異を大きく表現している。回転の方法
は，回転後の各サンプルの分散の合計が最大になるようにする。回転後の軸は
図7-12上の点線（PC1とPC2）になる。なおPC1軸とPC2軸は直交している。
この回転した軸で新たに散布図を作ると図表7-12下になる。各国の変換式は，

　　第１主成分得点（PC1）　＝　0.71 GDP ＋ 0.71 Advanced

となる。式中のGDP, Advancedの値は，図表7-13の標準化した値である。こ
の式の係数（0.71と0.71）は，主成分負荷量と呼ばれている。
　この主成分の軸の値は図表7-13の主成分得点になり，その分散は1.80になり
２つの軸の90％を説明している。この第１主成分だけで，２つの指標の90％を
説明する指標となり，２次元のデータを１次元に縮約したことになる。また，
第１主成分の主成分得点と第２主成分の主成分得点の相関係数は０となる。
　主成分分析ではこの主成分に何らかの意味付けをすることが多い。意味付け
には，主成分負荷量の値を参考にする。この場合，１人当たりのGDPが大きく

図表7-13　主成分分析の計算表

国名	原データ		標準化		主成分得点	
	GDP／人	学歴	GDP／人	学歴	PC1	PC2
ミャンマー	1.23	0.00	-0.72	-1.25	-1.39	-0.37
カンボジア	1.28	0.03	-0.72	-1.10	-1.29	-0.27
ベトナム	2.17	0.15	-0.66	-0.42	-0.77	0.17
ラオス	2.39	0.08	-0.65	-0.79	-1.02	-0.10
フィリピン	2.93	0.25	-0.62	0.14	-0.34	0.53
インドネシア	3.60	0.12	-0.58	-0.60	-0.83	-0.01
タイ	5.90	0.16	-0.44	-0.39	-0.59	0.04
マレーシア	9.37	0.23	-0.24	0.05	-0.13	0.20
韓国	27.53	0.58	0.84	1.98	2.00	0.81
日本	38.88	0.48	1.51	1.45	2.09	-0.04
オーストラリア	51.74	0.39	2.27	0.92	2.26	-0.95
平均	13.37	0.22	0.00	0.00	0.00	0.00
分散	285.38	0.03	1.00	1.00	1.80	0.20

正（0.741）で，Advanced 以上の比率も正（0.71）であるので，「豊かさ」としてみる。

図表7-12上の同じ程度の1人当たりGDPの国でもAdvanced以上の比率が比較的高い国もあれば低い国もある。それは，図表7-12上の第1主成分に直交する第2主成分の軸で表現できる。回転の変換式は，次のようになる。

第2主成分得点（PC2）＝ − 0.71 GDP + 0.71 Advanced

この主成分の分散は0.20であり，第1主成分の残りの20％である。また，GDPの主成分負荷量が負で，Advancedが正であるので，GDPの割にはAdvancedの比率が高いので「高学歴志向」としてみる。

7-2節以降の分析では17個の指標があるが，これらから分散が最大になる主成分を求め，第1主成分とし，残りの分散で最大になる軸を第2主成分，それらの残りのうち分散で最大になる軸を第3主成分…としていき，分散がある程度高い主成分を取り上げて分析を行う。

7-2　分析に使用したデータ

分析の対象にした国は，図表7-14に示す20か国である。中国，台湾，シンガポールについては，分析に使用する主要なデータが得られなかったので対象からは外した。ミャンマーについては一部古いデータしか得られなかったが，メコン地域の国であるので，そのデータを利用して分析を行った。

図表7-14　主成分分析での分析対象の国地域

メコン地域	カンボジア，ラオス，ミャンマー，タイ，ベトナム
ASEAN諸国	インドネシア，マレーシア，フィリピン，ブルネイ
南アジア	バングラデシュ，インド，スリランカ，パキスタン，ブータン，ネパール
東アジア	日本，韓国，香港
オセアニア	オーストラリア，ニュージーランド

対象とした指標は，図表7-15の通りで，これまでに分析対象の国で共通に得られた指標を利用した。例えば識字率はいわゆる発展途上国のみでしか測られておらず，先進国では測られていない。また，大学進学率は，18歳前後の人々

第Ⅰ部／全体編

図表7-15　主成分分析で利用した指標

指標	年	出所
1人当たりGDP（米ドル換算）	2016	IMF[4]
GDP成長率（購買力平価換算）	2006～2016	同上
雇用者の学歴（Basic未満）の比率	最新値	ILO[10]
雇用者の学歴（Intermediate）の比率	最新値	同上
雇用者の学歴（Advanced）の比率	最新値	同上
労働生産性（PPP）	2017	ILO[5]
インターネット利用率	2015	ITU[14]
PC所有家庭の割合	2015	ITU[15]
生産年齢人口割合	2015	国連[7]
政府教育支出（対GDP）	2013～2016	UNESCO[8]
Skill level High	2016	ILO[11]
Skill level Medium	2016	同上
第1次産業（Agriculture）の雇用者比率	最新値	ILO[12]
第2次産業（Industry）の雇用者比率	最新値	同上
第3次産業（Services）雇用者比率	最新値	同上
男女格差（Advanced）	最新値	ILO[10]
男女格差（Skill Level）	2016	ILO[11]

を対象にするのか，それより上の人々を対象にするのかを含めて統一した指標
が得られなかった。そこで，雇用者の学歴を使用した。男女格差（Advanced）は，

$$\frac{女性学歴Advanced人数 - 男性学歴Advanced人数}{全雇用者数}$$

で計算した。これは，学歴Advancedの人数が少ない国では，比率をとると，少
ない母数での比率になり，不安定な値になるためである。
　また，これまでの節では分析をしなかったが，通信関係として，インターネ
ト利用率とPC所有家庭の割合を取り上げる。

172

第7章　統計で見るメコン地域

7-3　分析結果

主成分分析は，R言語のprcompを用いて行った。

図表7-16は，第7主成分までの分散，寄与率，累積寄与率と後述の主成分負荷量により与えた意味付けを示す。第4主成分までで，全分散の80%以上説明でき，分散も1以上（1指標分以上）あるので，第4主成分まで取り上げ，説明しきれない国の特徴を示すため，第6，7主成分も分析する。

図表7-16　各主成分の寄与率と意味付け

主成分	分散	寄与率	累積寄与率	意味付け
1	10.12	59.55%	59.55%	正：先進国，負：非先進国
2	1.82	10.71%	70.26%	正：男女格差小で高成長中
3	1.43	8.39%	78.66%	負：就労ギャップあり，第2次産業中心
4	1.07	6.30%	84.96%	正：教育支出大
5	0.73	4.29%	89.25%	---
6	0.62	3.64%	92.88%	負：第2次産業によらない成長
7	0.51	3.02%	95.90%	正：中位の，負：高いスキルレベル

図表7-17は，第1，2主成分の主成分負荷量のグラフである。第1主成分（横軸）は，寄与率約60%と半分以上の散らばりを説明している。負の方向に1人当たりのGDPなど豊かさの指標，学歴がAdvancedやSkill Level High など高い雇用者の指標があり「先進国」と意味付け，正の方向には第1次産業への雇用者割合，学歴Basic未満などがあり「非先進国」と意味付けた。GDP成長率は，成長の余地が大きい非先進国の方向（正の方向）に出ている。

第2主成分（縦軸）は，約10%の寄与率で，正の方向に「男女格差小」の指標があり，男女格差が小さいことがあるとともに，第2次産業の雇用者比率やGDP成長率もある。GDP成長率は，非先進国で高いことを除いてなお成長している部分である。そこで「男女格差小で高成長中」と意味付けた。男女格差と成長性の因果関係は不明だが，おそらく相互に影響し合っているのであろう。この2つの主成分で約70%のばらつきを説明している。

図表7-18は，第1，2主成分得点をプロットしたもので，各国地域のポジシ

173

図表7-17　第1,2主成分の主成分負荷量

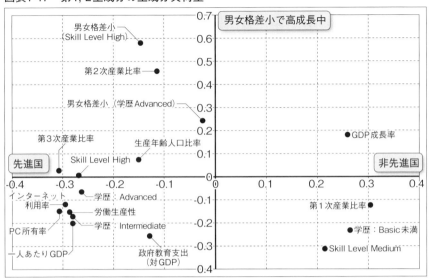

ョニングである。メコン地域は，メコン5か国の人口による主成分得点の加重平均値である。

　メコン地域の国々とメコン地域は，ラオスとカンボジアを除いて，右上の象限にある。ラオス，カンボジアのGDP成長率が高いのに，第2主成分得点が低いのは，第1次産業に雇用者やスキルレベルがMediumの雇用者が多く，Basic未満の学歴者が多いことが原因であろう。

　第1主成分と第2主成分の相関係数は0であるが，プロットされた諸国・地域は円周上に分布しており，右下から上昇し，右上，左上，左付近に移動していくことがわかる。相関係数は図表7-12上のPC1の線付近の点のように，直線状の関係があるときに相関係数の絶対値が大きくなり，円周状の関係では0になる。

　図表7-19，7-20は，第3，4主成分の主成分負荷量と主成分得点のグラフである。それぞれ寄与率は8.4％，6.3％である。第3主成分は，図表7-20を見ると，負の方向に韓国と日本の値が大きく，英国の影響が大きかった香港を除いて東アジアの文化圏の国々である。負の方向への特徴として，第2次産業の雇用者の比率が高く，製造業などの工業が中心である。また，男女格差小（学歴Advanced）が正の方向にあるので，その逆で，これらの国の学歴の男女格差が

第 7 章　統計で見るメコン地域

図表7-18　各国・地域のポジショニング（第1, 2主成分得点）

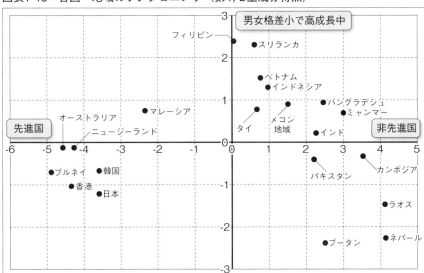

図表7-19　第3, 4主成分の主成分負荷量

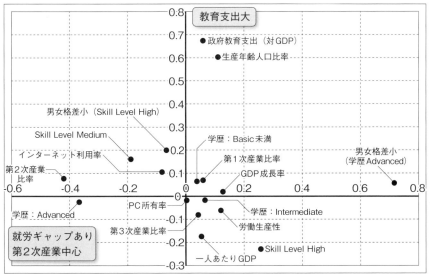

175

第Ⅰ部／全体編

図表7-20　各国・地域のポジショニング（第3, 4主成分得点）

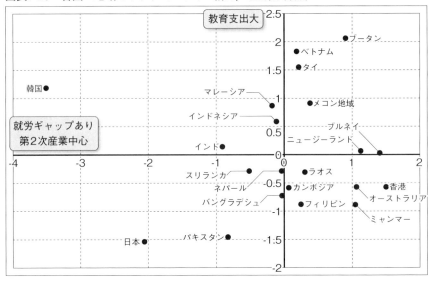

図表7-21　第6, 7主成分の主成分負荷量

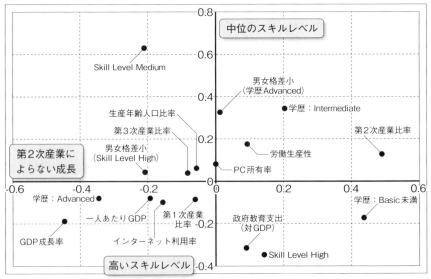

大きい。また，図表7-8と7-9からもわかるように，学歴がAdvancedの比率が多いが，Skill Level Highに就労している人が少ないという就労ギャップが生じている。そこで，「負：就労ギャップあり，第2次産業中心」と意味付けた。

第4主成分は，政府教育支出と生産年齢人口比率の主成分である。生産年齢人口は，子どもを育てる年齢層でもあり，それに伴い政府教育支出なども大きいのであろう。「教育支出大」と意味付けした。

メコン地域は，ほぼ同じ文化圏に所属しており，第3主成分では，ほぼ中央に位置している。第4主成分では，ベトナム，タイが正の方向にあり，ラオス，ミャンマー，カンボジアが負の方向にある。

第5主成分に関しては，主成分得点は，ニュージーランドランドと香港を対極とするもので，メコン地域の国々は，ほぼ中央に位置するので省略する。

第4主成分までで，累積寄与率で85％とほぼ説明できているが，メコン地域の国々が第6主成分と第7主成分で，主成分得点の差異が大きく特徴を示している。寄与率はそれぞれ3.64％と3.02％と低いが，第6がラオスを，第7がタイとベトナムの差異を説明している。

図表7-22を見ると，第6主成分がラオスの特徴を示し，第7主成分がタイと

図表7-22　第6,7主成分の主成分得点

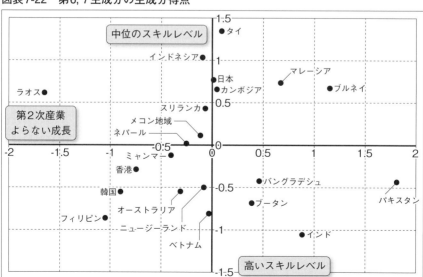

第Ⅰ部／全体編

ベトナムの差異を示している。

　第1から第5でバラツキの90%を説明しているが，残りは説明できない部分である。図表7-21で，第6主成分は，GDP成長率が負に大きく出て，正の方向に第2次産業比率が出ている。そこで，負の方向に「第2次産業によらない成長」と意味付けをした。教育面では負に学歴Advancedが，正の方向に学歴Basic未満が出ている。この面で，学歴として教育が行き渡っていることを示している。

　図表7-22において，第6主成分ではラオスに際立って負の値が出てきており，第1〜5主成分の説明以外に，ラオスは，第2次産業によらない成長をし，比較的高い学歴が行き渡っていると説明できる。対極はパキスタンであり，他のメコン地域の国々は，ほぼ中位に位置している。この意味で，ラオスは他のメコン地域の国々，特にベトナム，タイとは異なるパターンで成長していることがうかがえる。

　第7主成分は，図表7-22のように，タイとベトナムの差異である。正の方向にスキルレベルMediumがあり負にHighがあるので，「中位のスキルレベル」（正）と「高いスキルレベル」と意味付けをした。タイは中位のスキルレベルが多く，ベトナムは高いスキルレベルが多い。

8 おわりに

　以上の分析のように，メコン地域，メコン地域の個別の国々の指標を比較分析し，主成分分析により，様々な指標を縮約し，各軸に意味付けをすることにより，それぞれの位置を示した。

　メコン地域の国々は図表7-18で多くを説明でき，右下の象限から右上，さらに左の象限に向かって反時計回りに位置する。これは，われわれの直観に一致するものであろう。

　また，図表7-22で，説明できなかった部分，特にラオスが別のパターンを示していること示した。

　メコン地域の国々は，やや非先進国に属し，経済発展では，全体として高い成長をしている。それぞれの国を個別に見ると，タイ，ベトナムが先頭を走り，

178

第7章　統計で見るメコン地域

ミャンマー，カンボジア，ラオスが続いている。個別に見ると，ラオスは他の諸国とは異なった成長を示している。

［注記］

1）IMF World Economic Outlook Database October 2017 ［1］の Gross domestic product per capita, current prices（U.S. dollars）及び Population の値を使用。

2）UN data ［2］の Land area 2007年の値（台湾を除く）。

3）台湾は外務省台湾基礎データ ［3］を利用。

4）IMF World Economic Outlook Database October 2017 ［1］の Gross domestic product per capita, current prices（U.S. dollars）及び Gross domestic product, current prices（Purchasing power parity; international dollars）の値を使用。

5）ILO Static ［4］, Output per worker（GDP constant 2005 US $）— ILO modelled estimates, May 2017 及び ILO Static, Output per worker（GDP constant 2011 international $ in PPP）— ILO modelled estimates, May 2017の値を使用。

6）IMF World Economic Outlook Database October 2017 ［1］の Gross domestic product per capita, current prices（U.S. dollars）及び Gross domestic product, current prices（Purchasing power parity; international dollars）から著者が計算。

7）United Nations, World Population Prospects: The 2017 Revision ［5］の2015年の推定値を使用。メコン地域の値は各国の人口による加重平均値。

8）UNESCO, UIS.Stat ［6］, Government expenditure on education as a percentage of GDP（%），2009〜2014年のうち最新の値を使用。

9）UNESCO, UIS.Stat ［6］の Adult literacy rate, population 15 + years, male（%）及び Adult literacy rate, population 15 + years, female（%）の最新値を使用。メコン地域は人口による加重平均値。

10）ILO Static ［4］, Employment by education の 2016年の値。

11）ILO Static ［4］, Employment by occupation—ILO modelled estimates, May 2017の2016年の値。

12）ILO Static ［4］, Employment distribution by economic activity, 各国の最新の値を利用。

13）ILO Static ［4］の Employment by education[10]と Employment by occupation[11]から著者が本文中の計算式で計算。

14）ITU World Telecommunication/ICT Indicators（WTI）database 2016 ［7］より Internet users（%）。

15）ITU World Telecommunication/ICT Indicators（WTI）database 2016 ［7］より Estimated proportion of households with a computer。

第Ⅰ部／全体編

[参考文献]

[1] IMF World Economic Outlook Database October 2017, https://www.imf.org/external/pubs/ft/weo/2017/02/weodata/index.aspx

[2] UN data, http://data.un.org/

[3] 外務省台湾基礎データ, http://www.mofa.go.jp/mofaj/area/taiwan/data.html

[4] ILO Static, http://www.ilo.org/ilostat

[5] United Nations, World Population Prospects: The 2017 Revision, http://www.un.org/en/development/desa/population/

[6] UNESCO, UIS.Stat, http://data.uis.unesco.org/

[7] ITU World Telecommunication/ICT Indicators (WTI) database 2016, CD-ROM

[8] ILO: Employment by education, http://www.ilo.org/ilostat-files/Documents/description_EDU_EN.pdf

[9] ILO: International Standard Classification of Occupations, http://www.ilo.org/wcmsp5/groups/public/---dgreports/---dcomm/---publ/documents/publication/wcms_172572.pdf

[10] 田中豊, 脇本和昌: 多変量統計解析法, 現代数学社, 1983。

第Ⅱ部

各国編

第8章 ベトナムにおけるビジネス教育

1 はじめに

　近年，ベトナムではビジネス教育[1]に対する関心が高まっている。2017年7月31日時点では，ベトナム全国で1,767,879名の（短期大学も含む）大学生が在学している。そのうち経営管理や法律専攻の学生が全国では18.7％で3位になっており，私立大学部門のみでみれば，この割合が31.5％にも上る。また，2016-2017学年に学部レベルで新設された専攻コースを見ると，経営管理・法律専攻のコース数が38コースで3番目に多い。[2] このように，経営管理教育のニーズが非常に高まっていることが窺えるが，このビジネス教育はどこでどのように行われ，そこで育成された人材が企業のニーズにどのように応えているかどうかについての本格的な検討がなされていない。

　その検討に向けての第一歩として，本稿ではベトナムの国家戦略としての『2011-2020年におけるベトナム人材開発戦略』及び『2016年学校系統改正』を概観し，ベトナムのビジネス教育についての全体的なシステムを明らかにしてみる。その上で，筆者たちの本務校であるダナン経済大学のビジネス教育の取り組みについて紹介していこう。

2 企業における人材教育のタイプの違い

　ビジネス教育にかんするシステムを見るに当たって，各国の企業内教育の違いについて少し触れておこう。『Made in America』に記述されたMIT産業生産性調査委員会の調査によれば，世界には主に2つのタイプの企業内教育があ

る。タイプAは，アメリカ，スウェーデン，イギリスによくみられるが，この[3)]システムでは，企業で使われる知識やスキルが基本的に教育機関により提供され，企業内教育（OJT）は業務の即時指示などを通して従業員に必要な技能を習得させる役割がある。このようなシステムでは，教育機関のビジネス人材の育成の役割が大きいといえる。それに対して，タイプBはドイツや日本によくみられるシステムであり，従業員の一般的な技能も専門的な技能もほとんど企業内教育によって形成されている。

　なお，同じタイプAでも，アメリカでは，中学校や高等学校しか出ていない人が企業に入っても企業で必要とされる技能を習得するための制度的な社会の仕組みがないので，スウェーデンなど同じタイプAのヨーロッパ諸国と比べると，現場での作業者の技能が脆弱であるとされている。ただ，アメリカではMBAに代表されるような経営者，管理者の育成が非常に進んでいる。一方，スウェーデンでは，16歳で義務教育を修了した学生の約90％が高校に進学しており，また，中卒の学生が企業に入っても学校側はその技能形成過程を監督してくれるのである。

　一方，タイプBのドイツや日本では，一般的な技能も専門的な技能も企業内教育により形成されている。ドイツでは，若者が学校を卒業し企業に入った後は，企業内教育を受けるとともに商工会議所などが運営している職業訓練コースも受講している。また，16歳の中学卒業生は，400もの職種の見習い制度のもとで平均3年間，企業内で訓練された指導者のもとで働くのである。見習い生を卒業するには，国家試験を受験し資格を取得しなければならない。一方，日本では，従業員の教育訓練は個別の企業内で計画・実施されており，そのために各企業の企業内教育の内容が異なるが，多くの企業は充実したOJTで従業員を教育している。

　こうした企業のための人材育成システムの違いから，アメリカ企業では，技能工が管理職や経営者になることが少ないのに対して，ヨーロッパ諸国や日本では，現場出身者が管理職を経てトップ経営者になるケースは少なくない。また，この違いは，その国のビジネス教育の持つ役割にも影響していると考えられる。ベトナムのビジネス教育がどちらのタイプに類似していて，どのような役割を持つべきかを検討することは，国だけでなく大学と企業にとっても重要である。以下第3節では，ベトナムの最新の人材開発の国家戦略と，学校系統

第Ⅱ部／各国編

の改正を検討してみよう。

3 『2011-2020年ベトナム人材開発戦略』における 「ビジネス教育」の目標設定

2011年4月19日に当時の首相がベトナムの『2011-2020年ベトナム人材開発戦略』（以下，『戦略』という）を採択する決定をした。この戦略は，グローバル化時代に適したベトナムの人材育成を方向付ける指針であると位置付けられ，戦略では職業教育を含むビジネス教育の重要性が強く認識され，その実施を強化するための取り組みも規定されている。

『2011-2020年ベトナム人材開発戦略』は，国家レベルの基本戦略の1つであり，この戦略を推進するためには，教育法（を実施するための説明），大学教育法（の制定），教員法（の制定），職業教育法（を実施するための説明），労働法（を実施するための説明），社会保険法（を実施するための説明），公務実施法（の制定），公務員法（の制定）など多くの関連する法律を整備しなければならない。

『戦略』では，ベトナムの人材を「国の安定的かつ持続可能な発展，国際社会への統合及び社会安定化を図るための基礎的かつ最重要な要因」にする目標を定めたうえ，次のような8つの具体的な目標を挙げている。すなわち，①体力の改善・向上，②プロフェショナルな行政管理人材の育成，③科学技術人材の育成，④起業家，企業の経営管理人材の育成，⑤高い職業意識や職業対処能力など工業化社会に適した素養の強化，⑥業種間や地域間の人材育成の均衡化，⑦学習社会の構築，⑧学習社会や生涯学習に向けての教育施設の充実，である。

この『2011-2020年ベトナム人材開発戦略』の10年前に発表された『2001-2010年ベトナム教育開発戦略』[4]では，WTOやASEANへの加盟が果たされ，外国投資が多く行われたため，製造業の技能工育成が急務である状況下で，職業訓練の必要性の認識が高まった。それに対して，10年後の『2011-2020年の人材開発戦略』では，初めてビジネスのための人材育成に関する目標（目標④）が国家レベルの戦略に取り入れられている。『戦略』ではこの目標が「世界経済におけるベトナム企業及びベトナム経済の競争力を高めるためにプロフェシ

184

第8章　ベトナムにおけるビジネス教育

図表8-1　2011-2020年における人材開発の主要な指標

指標	2010年	2015年	2020年
Ⅰ　知力及び労働技能の向上			
1　教育訓練された人材の割合（％）	40	55	70
2　職業の教育訓練された人材の割合（％）	25	40	55
3　人口1万人当たりの大学生（短大を含む）数（人）	200	300	400
4　国際レベル相当の職業教育訓練の学校（校）	-	5	10校以上
5　国際レベル相当の優秀な大学（校）	-	-	4校以上
6　最先端分野の高技能の人材（人）			
●行政管理人材（政策策定や国際法に精通した人材など）	15,000	18,000	20,000
●大学（短大を含む）の教員	77,500	100,000	160,000
●科学技術の人材	40,000	60,000	100,000
●医療分野の人材	60,000	70,000	80,000
●金融・銀行分野の人材	70,000	100,000	120,000
●情報技術分野の人材	180,000	350,000	550,000
Ⅱ　体力及び人力の向上			
1　平均寿命（歳）	73	74	75
2　青年層の平均身長（m）	1.61m以上	1.63m以上	1.65m以上
3　5歳未満の子供の栄養失調率（％）	17.5	10％未満	5％未満

出所：『2011-2020年におけるベトナム人材開発戦略』，p.3より筆者作成。

ョナルでかつ意欲のある国内外のビジネスに精通した起業家やビジネス人材を育成しなければならない」[5]と具体的に定められている。

　さらに，『戦略』では，このビジネス人材育成の目標を達成するために，「大学や職業訓練の専門的教育施設の新設・強化」[6]をするとし，「高度経済成長及び国際統合に適した起業家及び企業経営管理人材の養成プログラム」をベトナム商工会議所が中心になって各業界団体や企業側，大学側と連携し作成・展開することになっている。

　このように，国家戦略のレベルでは，企業向けの経営管理人材育成の重要性が認識されるようになったことと，その目標を達成するための取り組みの制度化が図られていることは評価できるが，『戦略』での人材開発指標の部分では，この目標に関する具体的な指標が示されていない（図表8-1）。

第Ⅱ部／各国編

4 2016年学校系統の改正に見られたビジネス教育の強化の狙い

　2016年10月18日の政府会議で新しいベトナムの学校系統の改正案が可決された（図表8-2）。これによれば，ベトナム教育制度は，①就学前教育（保育園及び幼稚園などにおける5歳までの教育），②一般教育（小学校，中学校及び高等学校における6歳から18歳までの教育），③職業教育（職業高等学校及び短期大学などにおける15歳から21歳までの教育），④大学教育（大学や大学院などにおける18歳からの教育）の4つの段階に分けられている。この新しい学校系統は，ベトナムの市場経済への転換及び国際社会への統合を強化していく中で経済の工業化・近代化を推進するための人材育成に向けて1993年に制定された学校系統を改正したものである。2016年改正では，大きくは2つの改正点が施されている。1つ目は，一般教育と職業教育の分割を強化することであり，もう1つは，大学教育年数の短縮・適用柔軟化である。

　職業教育の分割については，小学校から大学までの教育過程では2度行われることになっており，1度目は中学校を修了した段階で，2度目は大学教育段階である。

　中学校を修了した時点では学生が一般（general）高等学校か，職業（vocational）高等学校に進学することができる。この改正にあたっては，中学校卒業生の約5割が一般高等学校に進学し，約3割が職業高等学校への進学を選択すると想定されている[7]。

　もう1つの分割点は，高等学校を卒業した後の大学進学時である。ここで学生は「研究志向」（academic）プログラムか，あるいは「職業（応用）志向」（professional）プログラムを選択できるようになっている。さらに，修士課程でも，この研究志向か職業（応用）志向かの分割教育も続いていく。

　なお，高等学校での「一般」と「職業」との相互編入や，大学教育での学部課程及び修士課程での「研究志向」と「職業（応用）志向」との相互編入は，規定の科目を履修し試験に合格すれば可能となっている。こうした制度設計では，教育での「行き詰まり」がなく，「工業化，近代化及び国際統合に求められている多様な人材」が育成できることが期待されている。

　新系統での2つ目の改正点は，大学教育における教育年数の短縮または適用

186

第8章　ベトナムにおけるビジネス教育

図表8-2　ベトナムの学校系統図

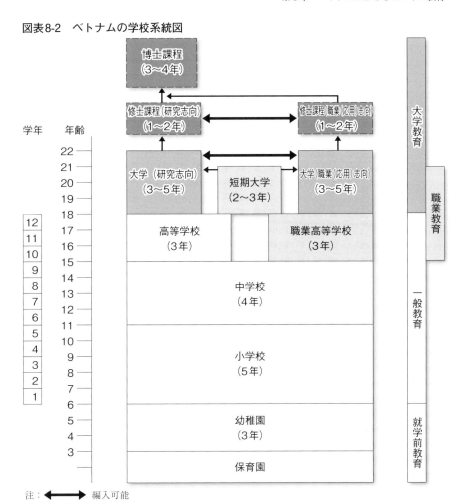

注：⇔　編入可能
　　→　進級ルート
出所：2016年10月18日付け1981/QĐ-TTg号首相決定に基づき、筆者作成・修正。

の柔軟化である。具体的には，旧系統では短期大学を3年制としていたが新系統では2～3年制と柔軟化され，学部課程も4～6年制だったのが3～5年制に変更された。さらに，修士課程も，旧系統での2年制が新系統では1～2年制に短縮することが可能とされている。しかし，博士課程の年数は修士課程を経た場合が最低3年，修士課程を経ていない，すなわち，学部卒業で直接博士

第Ⅱ部／各国編

図表8-3　ベトナムにおける学生の失業率　　　　　　　　　　　　　　　単位%

時期／区分		全国	無教育・資格無し	初等の職業教育	職業専門学校	短期大学	大学・大学院
2012年	10-12月	-	1.53	1.84	2.45/3.41	5.88/5.35	2.57
2013年	1-3月	2.27	1.89	2.85	3.82/3.85	8.09/5.29	3.50
	4-6月	-	1.76	2.40	4.73/3.25	6.44/6.73	3.65
	7-9月	-	1.80	2.07	3.19/4.82	7.45/7.69	4.36
	10-12月	1.90	1.39	2.26	2.60/3.48	7.68/6.74	4.25
2014年	1-3月	2.21	1.66	2.61	4.42/4.53	8.56/6.84	4.14
2016年	4-6月	2.29	1.86	1.76	3.21	6.25	4.00
	7-9月	2.34	1.84	1.76	3.20	7.50	4.22
	10-12月	2.31	1.78	2.01	2.74	7.38	4.43
2017年	1-3月	2.30	2.01	2.12	3.08	6.00	2.79
	4-6月	2.26	1.88	1.90	3.50	4.96	3.63
	7-9月	2.21	1.70	1.75	3.77	4.88	4.51

注：2012年10-12月から2014年1-3月までの「職業専門学校」と「短期大学」の数値では前者が一般教育で後者が職業教育の数値である。
出所：労働省，「ベトナム労働市場速報」から作成。

課程に進学した場合は4年と旧系統とは変わらない。

　こうした，大学教育を「研究志向」と「職業（応用）志向」に分割する改正と，大学教育年数の柔軟的な短縮制度の改正には，まさに企業への人材育成を最適化する狙いがあると考えられよう。詳しい検討が必要であろうが，近年の学生の失業率ひとつ取ってみても，特に職業専門学校以上の高等教育の非効率が顕著で改善が求められていたことがわかる。

　2012年からの学生失業率の推移（図表8-3）を見ると，2012年1月から2016年12月までは，初等の職業教育や職業教育の専門学校などの学生失業率が2〜3％台で推移しているのに対して，短期大学が8％台，大学・大学院が4％台の高い水準で推移していた。さらに2016-2017学年に（短大を含まない）大学を卒業した学生数が約30万5,601人[8]であるのに対して，2017年9月30日現在で大学か大学院を修了した失業者累計は約23万7,000人もおり2017年初頭から増加傾向にあった。このような状況ゆえに高等教育の改革が必要であったし，今後もさらなる修正が必要であると思われる。

188

第8章　ベトナムにおけるビジネス教育

5 ベトナム観光業人材の概観

　この節では，ベトナムの観光業を事例に，ビジネス人材としての観光業従事者の育成状況を見てみよう。

5-1　ベトナム観光業人材の現状

　グローバル化が進んでいる現在では，観光活動は各国の言語，文化，宗教等を交流させ結び付け合う有意義な手段である。ベトナムでも近年，観光業が高い成長率を謳歌し，雇用創出，関連産業への波及効果の増大でベトナム経済に大きく寄与している。現在，観光業は製造業と農業に並んで重要な産業と位置付けられている。

　ところが，ベトナム観光業の人材不足が深刻で，特に高技能人材の不足は非常に深刻化している。文化・スポーツ・観光省によれば，2016年3月時点でベトナム観光業の従事者は約190万人，そのうち直接従事者が60万人強，間接従事者が約130万人で全産業従事者の3.6％を占めている。2020年には，直接従事者80万人，間接従事者150万人，あわせて230万人[9]が必要になるとされている。

　観光業人材の教育レベル別に見ると，直接従事者のうち，専門的に教育訓練された従事者は42.2％に留まり，半数以上の従事者が専門的な教育訓練を受けずに従事しているのが実状である。また，専門的に教育訓練された人材においても，半数近く（45.3％）が3か月講習や短期的な研修などによる初等教育しか受けていない。また，初等職業教育・職業専門学校あるいは短期大学を卒業した人も47.3％を占めており，大学あるいは大学院レベルでは7.4％しかなく，業界全体でみれば大学以上の人材はわずか3.2％のみである（図表8-4）。

図表8-4　観光業直接従事者

教育レベル	専門的に教育・訓練された人材（％）	観光業全体（％）
初等職業教育以下（3か月講習による）	45.3	19.4
初等職業教育，職業高等学校あるいは短大	47.3	19.8
大学あるいは大学院	7.4	3.2
合計	100	42

出所：2016年3月11日付け844/QĐ-BVHTTDL号文化・スポーツ・観光省決議書により刊行された『観光業における2025年までの社会ニーズに適した人材育成計画』。

189

第Ⅱ部／各国編

図表8-5　観光業間接従事者

教育レベル	間接従事者全体における割合（％）
初等職業教育以下（3か月講習による）	54.6
初等職業教育	17.8
職業高等学校	15.2
短大あるいは大学	12.2
大学院	0.2
合計	100

出所：2016年3月11日付け844/QĐ-BVHTTDL号文化・スポーツ・観光省決議書により刊行された
『観光業における2025年までの社会ニーズに適した人材育成計画』。

　同様に，間接従事者を見ても，初級職業教育以下（ほぼ無教育か講習のみ受講）が間接従事者全体の半数以上（54.6％）も占め，初等職業教育レベルが17.8％，職業高等学校レベルが15.2％，大学（短大も含む）レベルが12.2％，大学院レベルが0.2％となっている（図表8-5）。

　語学レベルを見ても高度なスキルを持っている人材の不足も窺える。英語人材が業界全体の60％を占めているとされているが，その大半（85％）が初級レベルで日常会話程度しか使えない。流暢な英語が使える大学以上のレベルの人材は，15％しか占めていないのである。[10]　また，マネジメントやスーパーヴァイザーの人材が業界全体の25％を占めているが，彼らのほとんどは専門的な教育をきちんと受けていない。

5-2　ベトナムにおける観光業人材育成の課題

　ベトナムでは，2000年までは観光専攻を教えている教育機関は3つの大学しかなかったが，2000年にベトナム政府は，観光業人材育成政策を打ち出した。この政策では3つの重点的な対策を挙げている。1つ目は，職業教育訓練校，職業高等学校，短期大学・大学，大学院の4つのレベルで観光専攻の教育システムを構築することである。2つ目は，観光教育のマネジメントを強化し，観光の教育プログラムや専攻カリキュラム，教育方法を改革しベトナムの観光人材基準を確立させなければならないこと。3つ目は，教育においては，理論と実践との整合性，教育と研究の結びつきを図り，教育の質と教員のレベルの向上を図らなければならないことである。[11]

現在，ベトナム観光業の人材育成は，観光専攻を設置している教育機関が大幅に増え，教育プログラムも豊かになってきたが，Lien（2017）[12]及びTuan（2017）[13]によれば，いまだ深刻な問題が多数存在している。

第1の問題は，人材の構造的なアンバランスである。まずは，地域別のアンバランスであるが，高技能を持つ人材は主に観光の中心地である大都市に集中し，地方では観光人材が大きく不足し，観光人材がほとんど不在の地方もある。現在の全国の育成能力では，業界全体の約55％，観光業の直接従事者の約70％のニーズしか対応できていないとされている。次に，質のアンバランスである。現在，国立大学で観光業人材の教育プログラムを導入している大学は多くない。

第2の問題は，観光業技能国家基準の構築が進んでいないことである。現在，旧来のアプローチで構築された基準が適用され，理論と実践の乖離が生じているのが実状である。

第3の問題は，教育機関の国家管理の効率性が低いことである。大学などの高等教育機関は教育省の管轄下にあるが，職業専門学校は労働省の管轄下となっていることから，教育プログラムや履修科目の基準などが大きく異なったり重複したりしているのである。

第4の問題は，大学での観光業人材の育成は，研修施設や研修協力先が不足しているため，どうしても理論の教育に依存せざるを得ないことである。カリキュラムが4年間の理論の学習を前提に構成されているため，学生は大学を卒業しない限り資格を持つことはできないが，卒業し資格を取得しても学生は実践の経験がないため就職が難しいという，教育の効果の低さが指摘されている。

第5の問題は，第4の問題とも関係するが，官学連携の体制が脆弱であること。観光業人材の育成において学生に実践的な教育が求められ，プログラム構築や教員と専門家の交流，学生の研修やインターンシップの企画などの活動は企業に協力を仰ぐ必要があるが，その官学連携が有効に行われていない。

第6の問題は，観光業従事者に対する社会的な認識である。ホテルの職員や観光ガイドなど観光業に従事する一部の職業に対して，歴史的な背景から健全な職業ではないという社会的な偏見があることから，観光職業専門学校や大学の観光学部への入学希望者が限定されてしまうのである。一方，企業側においても，観光業の人材が季節的な人材としか位置付けられていない側面もあることから，人材育成の重要性を十分に認識していないということもある。

第Ⅱ部／各国編

　第7の問題は，職業に関する資格制度に統一性がないことである。近年，観光業の急速な発展に伴い，各地方で観光にかんする教育施設が多く開設されているが，発給されている資格に業界での統一的な基準がなく，企業側の人材採用の際に応募者の書類選考が困難となっている。

　このように，ベトナムにおける観光業の人材育成は数多くの課題に直面している。これらの課題解決の取り組みとして，ダナン経済大学の事例を紹介してみたい。

6 ダナン経済大学における観光業の人材育成

6-1　観光学部の開設

　ダナン経済大学の観光学部の前身は，ダナン工科大学の工商学部の観光学科である。1994年にダナン工科大学の経済経営関連の学部がダナン経済大学として分割された。観光学の専攻は，ダナン経済大学の商学観光学部の一学科として教育されることになる。さらに，2012年4月13日に，観光業人材育成の拡大のニーズに対応するため，観光学部が独立した学部として発足した。ダナン経済大学で一学科になったこの23年間で，観光学部はベトナム中部地方における観光業のために高度な人材を育成するトップの教育機関の地位を固めてきた。

　現在，観光学部では，「観光・旅行のサービス・マネジメント」と「ホテル・マネジメント」という2つの専攻のもとに，前者には「観光経営」及び「イベント・マネジメント」の2コース，後者には「ホテル・マネジメント」のコースが設置されている。教員は総人数20名のうち博士が5名，修士が11名，大卒が1名である。なお，修了生のキャリアの想定については，「観光経営」コースの修了生がホテルや旅行会社，観光促進機関などでマーケティングや財務，人事，企画実施などの業務を担う人材，「イベント・マネジメント」コースの修了生が一般企業の広報部や旅行企業や制作企業のマーケティング部やプロデュース部などの業務を担う人材，「ホテル・マネジメント」コースの修了生はホテルでのフロント部門，客室部門，イベント部門などでの業務を担う人材になることが前提とされている。

192

図表8-6　観光学部のコース別学部生推移

年度 コース	2012-2013 人数（名）	2013-2014 人数（名）	前年度比	2014-2015 人数（名）	前年度比
観光経営	64	67	5%	118	76%
ホテル・マネジメント	38	73	92%	94	29%
イベント・マネジメント	-	59	-	29	-51%
合計	102	199	95%	241	21%

年度 コース	2015-2016 人数（名）	前年度比	2016-2017 人数（名）	前年度比
観光経営	135	14%	173	28%
ホテル・マネジメント	120	28%	114	-5%
イベント・マネジメント	18	-38%	27	50%
合計	273	13%	314	15%

出所：ダナン経済大学教務課のデータより筆者作成。

　独立した学部となった2012年以降の学生数の推移（図表8-6）を見てみると，設置1年後の2013-2014年度には学生数が102名から199名に倍増（95%）し，その後は毎年10%以上学生が増えている。コース別に見ると，「観光経営」と「ホテル・マネジメント」には学生数が多く，「観光経営」コースには2014-2015年度から学生数が100名を超え，その後は150人前後で推移している。なお，「ホテル・マネジメント」もそれに次いで学生数が100人前後で増加傾向にある。

6-2　観光学部のカリキュラム

　観光学部の学部生は，最短3年，最長6年の間に最低120単位を取得し大学が定めた英語の基準に達成すれば卒業できることになっている。観光学部のカリキュラムは図表8-7のようになっている。

　他大学も同様であるが，観光学部のカリキュラムは，「基礎科目」（大学教育で必修の全国の大学に共通する科目），「基本科目」（経済経営大学に共通する科目），「専攻別の科目」及び「コース別の科目」からなっており，卒業基準である最低120単位（総単位数）における構成としては，それぞれ50単位（42%）・30単位（25%）・約19単位（16%）・約24単位（20%）となっている。基礎科目や基本科目は，数学やマクロ経済学，ミクロ経済学，経営学など，経済学や

第Ⅱ部／各国編

図表8-7　観光学部のカリキュラム

コース／科目	【観光経営】	【イベント・マネジメント】	【ホテル・マネジメント】
基礎科目（全学部共通）	マルクス・レーニン主義の原理，ベトナム共産党革命，ホーチミン思想論，法律の一般原則，ビジネス・コミュニケーション，英語（中級まで），基礎IT技術，経済応用数学，ミクロ経済学，マクロ経済学，経営学 合計50単位		
基本科目	会計学，ベーシック・マーケティング，管理情報論，統計学，財務総論，経営入門，国際経営，商法，ビジネス英語など 合計30単位		
専攻別の必修科目	【観光サービス・マネジメント】 観光学総論，サービス提供マネジメント，観光業におけるリーダーシップ論，観光経営戦略，観光における財務管理 合計14単位		【ホテル・マネジメント】 サービス・マーケティング論，宿泊施設経営管理入門，観光経営総論，サービス提供マネジメント，観光業におけるリーダーシップ論，観光経営戦略，観光における財務管理論 合計19単位
専攻別の選択科目（最低5単位の取得が必要）	ベトナム文化総論，旅行地理学，異文化マネジメント，顧客リレーション・マネジメント，観光ビジネス英語	ベトナム文化総論，レストラン経営管理，宿泊施設経営管理，旅行企業経営管理，異文化マネジメント	ベトナム文化総論，旅行経営管理論，ベンチャー・ビジネス論，顧客リレーション・マネジメント，観光ビジネス英語
コース別の必修科目	サービス・マーケティング，レストラン経営，イベント・マネジメント，宿泊施設経営管理，旅行業経営管理，観光地経営，旅行プラン企画運営 合計19単位	イベント・マーケティング，イベント・マネジメント入門，イベント・ロジスティクス・マネジメント，イベント予算管理，イベント・プロジェクト・マネジメント，イベント設計運営，イベントにおけるリスク・マネジメント 合計18単位	ホテル・ロジスティクス管理，客室管理，フロント・マネジメント，レストラン経営管理，ホテル業務 合計14単位
コース別の選択科目（最低5単位の取得が必要）	観光ガイド業務，ホテル業務，管理会計，マーケティング研究，科学研究方法論，観光ビジネス英語	ホテル業務，旅行プラン企画運営，管理会計，マーケティング研究，顧客リレーション・マネジメント，科学研究方法論	イベント・マネジメント，観光地マネジメント，旅行プラン企画運営，管理会計，国際決算，科学研究方法論

出所：ダナン経済大学教務課資料より作成。

図表8-8　学部課程における科目履修プロセス

	第1セメスター	第2セメスター	第3セメスター	第4セメスター	第5セメスター	第6セメスター
【実習および卒業論文】						
【コースの専門科目】			マーケティング研究 電子商取引論 マーケティング・マネジメント サービス・マーケティング 　　　　　　など	コミュニケーション論 イベント・マネジメント論 管理会計 　　　　　　など	小論文 貿易決算論 旅行ガイド業務入門 　　　　　　など	
【専攻の専門科目】			人的資源管理 財務管理	戦略マネジメント レストラン経営 旅行企業経営　など	観光ビジネス英語 　　　　　　など	
【基本科目】		マーケティング 産業経済学 会計原則論　　など	計量経済学 組織行動論 　　　　　　など	ビジネス英語 　　　　　　など		
【基礎科目】	ミクロ経済学 数学 英語 マルクス・レーニン主義原則論 I 法律総論 社会学　　　　など	マクロ経済学 統計学 英語 マルクス・レーニン主義原則論 II ホーチミン思想論 経済法 経営学　　　　など	統計学における定量法 英語 ベトナム共産党革命論	中級英語	中級英語	

注：最短3年（6期）でこの学部課程の科目履修プロセスとなっている。

出所：ダナン経済大学教務課資料より作成。

第Ⅱ部／各国編

経営学の基礎知識を習得するための科目であるが，総単位数の67％も占め，経済・経営分野の基礎知識の教育に重点が置かれているといえる。[14]

　一方，専攻別に教育されている専門科目は，「観光・ホテルのサービス・マネジメント専攻」では，観光経営総論，サービス提供マネジメント，観光経営戦略，観光における財務管理，「ホテル・マネジメント専攻」では，宿泊施設経営管理入門，サービス・マーケティング論，観光経営総論など，観光業やホテル業界の基礎知識を習得させる狙いがあり，総単位数の16％を占めている。さらに，コース別では観光ガイド業務やホテル業務，旅行プラン企画運営など実践的な業務を身に付けるための科目も設置され，総単位数の約20％を占めている。

　このように，観光学部の教育は学生に知識の基礎と基本をしっかり固めさせた上で共通の専門科目を習得させ，さらにコース別の専門科目を履修させるような積立構造になっている。ところが，学部課程では，基礎科目と基本科目の履修は2年次まで可能で，また専攻やコースの専門科目は1年次後半から履修可能である（図表8-8）ように，基礎と基本を作り上げながら専門的な知識を早期から習得させるという埋め込む構造になっているともいえよう。

　これはベトナムの大学教育の特徴で，基礎科目（全国の大学共通科目）に「マルクス・レーニン主義原則論」，「ホーチミン思想論」，「ベトナム共産党革命論」など，ベトナムが目指している社会主義を理解させる科目があるからである。

6-3　観光学部のカリキュラムの問題点

　観光学部のカリキュラムの構造を検討してきたが，低学年で基礎科目と基本科目をしっかり教え込み，その上で2年次以降徐々に専門的な知識を習得させるという構造は，他大学と変わらないし，世界各国の大学とも類似していると考えられる。このような観光学部のカリキュラム設計は，ある専門分野の一般的な知識と，ある専攻に特化した知識を習得させる大学教育の構造としては，ふさわしいのであろう。

　ところが，学部では3つのコースを設置しているが，学生が専門分野の基礎・基本的な知識を習得したのちに興味のあるコースを選ぶ制度ではなく，入学時

からコースを確定させなければならない制度になっているため，学生が専門分野の基礎・基本知識を知らないまま専門的なコースを選択せざるを得ない。学生の将来にとって柔軟性の利く，コース間の移動が可能な制度にすべきと思われる。

また，カリキュラムの構成においては，基礎科目にベトナム共産党革命，ホーチミン思想論など政治的な思想を叩き込むような科目が複数あるが，そのような科目は大学教育として果たして有益であるかどうかを再考する必要があるように思われる。物事を論理的かつ分析的に把握するスキルを養育する「経済学」「経営学」「統計学」などの科目により時間を投入すべきであろう。

さらに，ビジネス教育の観点から指摘しておきたい問題点は，観光系の専門学校で教育される「現場での従事者の養成」と，観光企業の「経営管理者の育成」のどちらに重点を置いているのか，ビジョンがやや明確でない点である。専攻コースごとの専門科目を見る限り，観光学総論，観光経営戦略，観光財務論，サービス・マネジメント論など，観光業を理論的に分析的に把握する科目が総単位数の約50%であり，観光ガイド業務，ホテル業務，旅行プラン企画運営など現場での業務を習得させる科目が約50%となっているのである。ビジネス人材育成における大学の役割として専門学校との差別化を図るべきと思われる。

7 おわりに

本稿ではベトナムにおけるビジネス教育について，国家の仕組みの側面とダナン経済大学における観光業人材育成を事例として検討してきた。冒頭でも触れたように，本稿で取り扱うビジネス教育は，貿易，会計・財務，小売，マーケティング，観光などの商業ビジネスの人材と，企業の経営管理者になる人材という広い意味で企業の求めているビジネス人材という意味で用いられている。

国が策定した『2011-2020年人材開発戦略』では，こういった意味でのビジネス人材の教育を1つの目標として掲げている。その10年前の人材育成にかんする国家の戦略『2001-2010年人的資源開発戦略』では，このビジネス人材の重要性がまだ十分に認識されず，どちらかというと製造現場での作業者の育成・訓練の方に重点が置かれていたのに対して，この10年間で企業の成長とともに

第Ⅱ部／各国編

ビジネス人材の重要性が高まってきたといえる。

2001-2010年の段階では，外国直接投資が急速に流れ込み，国内でモノをいかに速く安く製造するかというのが課題で，それが達成できる人材が求められていた。ところが，2011-2020年の段階では，グローバル化が進んでいるもとで外資系企業も含めたベトナムの企業は国内製造業のみならず，様々な業界においてグローバルの舞台に出て活動する企業が多くなっているため，商業ビジネス人材と経営管理人材のニーズが急速に高まった。

このビジネス人材の重要性やその育成の緊急性が高まったとの認識のもとで，2016年に学校系統が改正され，職業教育機能を一般教育から明確に区別すると同時に，学生が一般教育と職業教育の間を移行でき，学生の選択次第で高等教育（短期大学や4年制大学，大学院）の学習期間の短縮化が可能となる制度に改正されてきた。このような取り組みは，企業にとって必要な人材をいかにして早く送り出せるかという企業向け人材育成の最適化を図ろうとするものといっても過言ではないであろう。

ただ，そのビジネス人材の育成を行っている現場に目を向けてみると，観光業の人材不足が深刻化しているにもかかわらず大学の教育現場はそれに対応しきれていないという現状が見えてくる。コース設計や，カリキュラム開発，育成する人材像の明確化など，事例で取り上げたダナン経済大学の観光学部に求められる課題は多い。

以上のベトナムにおけるビジネス教育の現状を踏まえて，制度，教育機関の能力，企業との協力体制など，より豊富な視点からさらなる検討が必要である。

[注記]

1) 「ビジネス教育」の捉え方について，マーケティングや観光，ファッション，小売など具体的な商売系産業の知識やスキルを習得させる「商業教育」（commerce education）と，どのような企業でも必要とされる経営者や管理者のための知識やスキルを習得させる「経営（管理）教育」（management education）の2つの捉え方がある。ベトナムでは，前者が，どちらかというと，経営経済系の大学の商学部などで教育されているのに対して，後者は，学部レベルでは経営学部などで教育され，大学院レベルではビジネス・スクールで教育されることが多い。いずれにしろ，「商業教育」も「経営（管理）教育」も経営経済系の大学で行われるのである。本稿では，特に区別せず両方の意味を包括的に取り扱うことにするが，「商業教育」と「経営（管理）教育」の違いについては稿を改めて議論してみたい。

第8章　ベトナムにおけるビジネス教育

2）　Vietnamnet紙電子版2017年8月11日付けの記事，2018年1月5日にアクセス。（http://vietnamnet.vn/vn/giao-duc/tuyen-sinh/nhung-con-so-biet-noi-ve-giao-duc-dai-hoc-viet-nam-389870.html）.

3）　この度はいくつか制約により原典にアクセスすることが難しかったので，著者の1人が共同執筆したYoshiaki TAKAHASHI, Trinh Thuy Huong（2006）"*Changes of Human Resource Development System in Japan and Their Trends in East Asian Countries: A comparison of Japan, China and Vietnam,*"『商学論纂』第47巻第3号，中央大学商学研究会，pp.273-289に依拠した。

4）　2001年12月28日付け201/QĐ-TTg号の首相決定書により刊行された『ベトナムの2001-2010年における教育開発戦略』（ベトナム語）。

5）　『2011-2020年におけるベトナム人材開発戦略』，p.2。

6）　同上，p.6。

7）　ベトナム教育訓練省大学教育局元副局長Le Viet Khuyen（レー・ビット・クエン）氏が『ベトナム教育』紙電子版2016年8月16日のインタービューで，先進国では研究志向と職業志向の分割は高等学校卒業後にある国が多いが，発展途上国では中学校卒業後から分割するのが一般的であると述べた。

http://giaoduc.net.vn/Giao-duc-24h/Nhung-diem-moi-trong-cau-truc-He-thong-giao-duc-Viet-Nam-post170128.gd

8）　教育省が2017年10月28日に発表した「ベトナム大学統計 — 2016-2017学年」。

9）　2016年3月11日付け844/QĐ-BVHTTDL号文化・スポーツ・観光省決議書により刊行された『観光業における2025年までの社会ニーズに適した人材育成計画』。

10）同上。

11）2002年7月22日付け97/2002/QĐ-TTg号首相決定により刊行された『2001-2010年におけるベトナム観光業成長戦略』。

12）TRAN Duy Lien（2017）「ASEAN（AEC）加盟が求める大学における観光人的資源育成モデルの再検討」，2017年1月16日に行われた「観光のビジネス人材育成」セミナーでの報告，pp.59-70（ベトナム語）。

13）　LE Anh Tuan（2017）「今日の観光人材育成の諸課題」，2017年1月16日に行われた「観光のビジネス人材育成」セミナーでの報告，pp.71-82（ベトナム語）。

14）ベトナムの大学の特徴といえることであるが，社会主義国であることから，マルクス経済学や，ホーチミンの思想，ベトナム共産党の歴史や方針などの科目が多く，本学だけではなく，分野にかかわらずベトナム全国の大学で教育することが義務付けられている。

［参考文献］

2011年4月19日付け579/QĐ-TTg号の首相決定書により刊行された『ベトナムの2011 –2020年における人材開発戦略』（ベトナム語）

2012年6月13日付け711/QĐ-TTg号の首相決定書により刊行された『ベトナムの2011 –2020年における教育開発戦略』（ベトナム語）

第Ⅱ部／各国編

2001年12月28日付け201/QĐ-TTg号の首相決定書により刊行された『ベトナムの2001－
　　2010年における教育開発戦略』（ベトナム語）

2016年10月18日付け1981/QĐ-TTg号の首相決定書により刊行された『ベトナム学校系統改
　　正』（ベトナム語）

Vietnamnet紙電子版2017年8月11日付け（http://vietnamnet.vn/vn/giao-duc/tuyen-sinh/
　　nhung-con-so-biet-noi-ve-giao-duc-dai-hoc-viet-nam-389870.html）（2018年1月5日閲覧）

Yoshiaki TAKAHASHI, Trinh Thuy Huong（2006）, "Changes of Human Resource
　　Development System in Japan and Their Trends in East Asian Countries: A
　　comparison of Japan, China and Vietnam",『商学論纂』47巻3号, 中央大学商学研
　　究会, pp.273-289

2016年3月11日付け844/QĐ-BVHTTDL号文化・スポーツ・観光省決議書により刊行された
　　『観光業における2025年までの社会ニーズに適した人材育成計画』（ベトナム語）

2002年7月22日付け97/2002/QĐ-TTg号首相決定により刊行された『2001-2010年における
　　ベトナム観光業成長戦略』（ベトナム語）

『ベトナム教育』紙電子版2016年8月16日 http://giaoduc.net.vn/Giao-duc-24h/Nhung-diem-
　　moi-trong-cau-truc-He-thong-giao-duc-Viet-Nam-post170128.gd（2017年12月15日閲覧）

2002年7月22日付け97/2002/QĐ-TTg号首相決定により刊行された『2001-2010年における
　　ベトナム観光業成長戦略』（ベトナム語）

TRAN Duy Lien（2017）「ASEAN（AEC）加盟が求める大学での観光業人材育成モデル再
　　検討」,（ベトナム語）,「2017年1月16日付け08-NQ/TW号政治局の指針を受けての
　　観光業人材育成セミナー」全国大会での報告, pp.59-70。

LE Anh Tuan（2017）「今日の観光人材育成の諸課題」（ベトナム語）「2017年1月16日付け
　　08-NQ/TW号政治局の指針を受けての観光業人材育成セミナー」全国大会での報告,
　　pp.71-82。

ベトナム教育訓練省サイト https://moet.gov.vn/Pages/home.aspx（2017年12月15日閲覧）

ベトナム労働省サイト http://www.molisa.gov.vn/vi/Pages/Trangchu.aspx （2017年12月15
　　日閲覧）

安熙錫（2005）「カナダと韓国におけるビジネス教育―カリキュラム分析を中心として―」『流
　　通科学大学教育高度化推進センター紀要第2号』pp.15-28

明治大学商学部編（2013）『世界の大学の先端的ビジネス教育―海外への多様な扉』同文舘
　　出版

ベトナムダナン経済大学の諸資料

ジェトロ・ハノイ事務所（2015年3月）「ベトナム教育産業への進出可能性調査」

第9章 ミャンマーにおけるビジネス教育について

1 はじめに

　近年，ミャンマーは政治・経済開放政策により，欧米諸国からの経済制裁が段階的に解除され，世界中から注目を浴びている。多くの日系企業がミャンマーに進出し，大都市であるヤンゴン市では公共交通，電話やネットワーク通信が急激に普及し，大型ショッピングセンターや外資系ホテルが次々と新設されている。これまでは軍事政権で情報を得るのに困難であったミャンマーは海外メディアに頻繁に取り上げられるようになり，世界中から多くの観光客が訪れ，アジア最後のフロンティアとして注目を集めている。2010年以降多くの日本人ビジネスマンは主要都市であるヤンゴン市，マンダレー市，ネーピードー市を訪問し，現地の大企業及び中小企業とのビジネス連携を推進している。

　グローバル経済の中で今，ミャンマーが注目されるには3つの要因がある。

　第1に，ミャンマーの経済市場は未開拓であることである。1962年から続いたネーウィン政権による鎖国政策によってミャンマーの経済が完全にシャットアウトされ，貿易や投資は極めて制限され，特定の国・地域とのみ取引する閉鎖経済が30年間続いた。2000年以降は市場指向型経済体制に移行したものの，民主化の遅れや政治的不透明性を理由に欧米諸国から経済制裁が課せられた。その結果，外資系企業の進出や海外直接投資の受け入れが他の東南アジア諸国に比べて相当低かった。2010年に20年ぶりとなる複数政党による総選挙が行われ，テインセイン大統領による大胆な民主化の推進及び経済開放政策により投資やビジネスチャンスが大幅に拡大した。ミャンマーの国内市場が未開拓で，グローバル企業などの独占的な支配がないことは海外企業から見ると，事業機会が在り，挑戦する意義があると思われる。

第Ⅱ部／各国編

図表9-1　ミャンマーの主要経済・社会指標

国土面積	653,080平方キロメートル
人口（2015）	53,897,154人
首都	ネーピードー
宗教	仏教（9割），キリスト教，イスラム教，ヒンドゥー教
言語	ミャンマー語
民族	ビルマ族（7割），その他7つの民族と少数民族
名目GDP（2015）	626億米ドル
名目GDP（PPP）（2015）	2,840億米ドル
実質GDP（2015）	56兆チャット
1人当たりGDP（PPP）（2015）	5,479米ドル
実質GDP成長率（2014）	8.7%
GDPに占める農業の割合（2014）	27.8%
GDPに占める工業の割合（2014）	34.5%
GDPに占めるサービス業の割合（2014）	37.7%
出生時平均余命（2014）	65歳
成人識字率（15歳以上，2013）	92.6%
高等教育総就学率（2014）	13%
政治体制	大統領制，共和制

注：チャットはミャンマーの通貨である。Central Bank of Myanmar（2017）によると，2017年5月4日現在の為替レートは1米ドル＝1,355チャットである。
出所：World Bank, IMFによる。

　第2に，巨大マーケットであるインドや中国と隣接するという地理的優位性があることである。インドと中国は生産・消費・輸出市場として世界中から認められており，ミャンマーが中国の港の役割，インドの経済回廊の役割を果たすことができれば，東南アジア有数の巨大市場になる可能性もある。

　第3に，天然資源と人的資源が豊富であることが挙げられる。MNPED（2015）によると，15歳以下の若者人口は30％，15歳から64歳の人口は約3,200万人（全人口の65％）で，働く年齢の人材が豊富であることは外資系企業にとっては魅力的である。同じくMNPED（2015）によると，貿易取引にかかわる事業者数は1996年の8,639社から2014年に58,789社に7倍近く増えた。また，海外直接投資の受け入れは，1996年の約66億ドルから2014年に約540億ドルに拡大した（MNPED, 2015）。結果的に，年平均GDP成長率は1996年の5.8％から2014年

第9章　ミャンマーにおけるビジネス教育について

に8.7％に上昇し，経済発展の兆しが見えてきた（MNPED, 1997；MNPED, 2015）。

　しかしながら，その一方では，地元の企業及び外資系企業にとって，技術や職業経験の豊富な人材（労働者）を確保することが大きな課題として浮上してきた。ARC（2015）によると，OECD，国連アジア太平洋経済社会委員会及びミャンマー商工会議所連盟が2015年5月6日に国内企業3,016社を調査したサーベイにおいてビジネスの阻害要因を調べた結果，1位の汚職に次いで2位が熟練労働者の不足，3位が技術の不足であることがわかった。今後，ミャンマーの経済発展にはグローバル人材の育成や人的資本への投資が極めて重要である。

　本章では，ミャンマーの人的資源開発への取り組みの一環として行われるビジネス教育の実態について基礎教育の現状と課題，高等教育の現状と課題，東南アジア諸国との比較分析を通じて考察する。

2 ミャンマーの教育制度について

　Ministry of Education（2013）によると，ミャンマーの教育システムはアドミニストレーション・システムとアカデミック・システムに分けられる。まず，アドミニストレーション・システムについて見ると，教育政策と行政指導は教育大臣が議長を務める国家教育委員会によって定められている。国家教育委員会の目的は，国家の伝統的，文化的，社会的価値に適合し，国家の経済的・政治的志向に準じた教育システムの開発を促進することである。この委員会のもとに基礎教育サブセクター，基礎教育評議会，基礎教育カリキュラム・シラバス・教科書委員会，教員教育監督委員会，基礎教育学校，高等教育サブセクター，大学中央審議会，大学学術機関評議会，高等教育機関が置かれている。ミャンマーの全ての教育機関は教育省，労働省，科学技術省の他に保健省や防衛省など計13の省のもとに置かれている。また，教育省は基礎教育部，高等教育部，教育計画部，教員育成部，教育研究部，語学・言語部，試験審査部に分けられている。

　次に，アカデミック・システムに関しては，基礎教育サブセクター，高等教育サブセクターに分けられ，基礎教育サブセクターの入学年齢は5歳，小学校

5年，中学校4年，高等学校2年の計11年である。高等教育サブセクターは，大学（学士）3年，大学院（修士）2年であったが2011-2012年度以降大学（学士）は4年に変更され，他の東南アジア諸国における大学のカリキュラム及びシラバスに沿った新教育改正がそれぞれの研究委員会によって行われている。2017年現在，教育省のもとで「実現可能な教育改革」が進められており，実行委員会（27人），特別委員会（専門調査団，43人），顧問委員会（34人）が設けられている。この教育改革は2013年10月にネーピードーで開催された国家レベルでの教育改革会議から始まったもので，目的は持続可能な教育開発，教育の質的向上，人間開発の推進，グローバル人材の育成などである。この会議では，就学前教育，基礎教育，高等教育，職業訓練と専門学校，学校外教育，私学教育について議論された。

　次に，高等教育について見ると，複雑な歴史があり，1988年の学生による民主化運動以降，全ての大学はほぼ10年間閉鎖された。その後一部の大学は再開されたが，高等教育機関が完全に再開されたのは2000年以降であった（増田，2010）。2000年代に入ってから政治的混乱を避けるために多くの大学は郊外に移転することになった。ヤンゴン大学には修士課程以上の学生のみが残され，学部課程は全て郊外に新たに建設されたキャンパスに移動することになり，周辺には寮がないため，学生は長時間かけて通学せざるを得なくなった（増田，2010）。

　ミャンマーの高等教育機関は1988年に20機関程度であったが，2017年現在約8倍に増加し，キャンパスの設置は都市部から地方部へ広がっている。ところが，こうした高等教育機関の急速な分散化に見合った質の高い教育環境の確保ができていない。換言すれば，政治的運動の抑制を主な目的とした，高等教育機関及び学生の分散化は量的メリットをもたらす一方で，質の低下という問題を引き起こしたのである。

　では，基礎教育機関について見てみよう。MNPED（2015）によると，小学校の数は全国で36,410校，中学校は4,860校，高等学校は3,134校，小学生数は516万6,317人，中学生数は254万2,830人，高校生数は73万866人である（2014年のデータ）。教員数を見ると，小学校の教員数は18万7,327人，中学校の教員数は6万9,212人，高等学校の教員数は2万8,817人である。つまり，教員1人当たりの学生数は小学校では27人，中学校では36人，高校では25人である。日

本の文部科学省（2014）によると，日本の教員1人当たりの学生数（2014）は小学校では15人，中学校では13人，高校では14人であることからミャンマーの教員の負担は日本に比べて2倍程度大きいことがわかる。

　続いて，ミャンマーの高等教育機関の数（2016）は176校で，教育省が管轄しているのは133校，大学生数は通信大学生を含めて83万5,433人，教員数は2万1,245人である（The Mirror, 2017）。大学教員1人当たりの学生数は39人で，日本の文部科学省（2016）によると，日本の大学教員1人当たりの学生数（2016）は15人であることから，いずれもミャンマーの教員の負担が大きいことがわかる。また，ミャンマーでは寺院教育（僧院付属学校）が普及しており，MNPED（2015）によると，僧侶が寄付金で経営する学校は公立学校と同様に僧院付属小学校，中学校，高等学校があり，その数は2014-2015年に小学校972校，中学校557校，高等学校2校にも及ぶ。学生数は小学生20万1,425人，中学生5万3,333人，高校生5,480人である。国際団体やNGOはこうした僧院付属学校に対する寄付や援助，村単位での学校建設に取り組んでおり，ミャンマーの教育を支える担い手となっている。

　次に，国民の教育水準を見てみよう。ミャンマーでは義務教育制度は正式的にないものの，事実上初等教育までが義務教育である。世界銀行によると，成人識字率（15歳以上の割合）は2013年に92.6%であり，初等教育の総就学率は114.0%，中等教育の総就学率は50.0%，高等教育の総就学率は13.0%である。また，純就学率（2014）を見ると，初等教育は95.0%，中等教育は48.0%である。字の読み書き能力に関しては，5歳から24歳の青年識字率は2013年時点で男性が96.2%，女性が95.8%を占めている（UNDP, 2015）。要するに，男女間の教育の格差はほぼないと考えられるが，義務教育がまだ不完全であり，学年が上がるにつれ，中退問題が深刻化している。

　ミャンマーの教育制度の問題には，上述した義務教育の不徹底や高等教育機関の分散化やそれに伴う質の低下以外にも，就職ネットワークの不足が存在している。ミャンマーの大学には就職課が設けられておらず，職探しも卒業後個人的に行われるのが一般的であるため，卒業後も職に就かない若者が多く存在している。また，後ほど述べる労政事務所もそれほど機能していないため，インフォーマルセクターへの就業が増加し，これがワーキングプアという事態を引き起こしている。UNDP（2014）によると，15歳以上の総就業人口に占める

第Ⅱ部／各国編

1日2米ドル（PPP）未満で生活している割合（2010年）は60.8%であり，6割程度がワーキングプア状態にある。こうした問題を緩和するために，政府は2015年9月に最低賃金を1日3,600チャット（約2.7米ドル）に設定し，賃金全体の底上げに取り組んでいる。

では，最後に，政府の教育支出を見てみよう。UNDP（2015）によると，政府の教育支出（対GDP比）は0.8%であり，発展途上国平均の4.7%に比べるとかなり低いことがわかる。学校における教育環境の不備，教育設備の不足，教員育成・訓練設備の不足などがこうした支出の低下によって深刻化している。政府の支出には様々な分野があり，急に支出を増加することは難しいが，教育に対する支出を増やさない限りこうした問題を解決することができないのが現状である。

3 ミャンマーと日本の関係

日本は昔から東南アジア諸国と深いパートナーシップを築いてきた。歴史上，日本と東南アジア諸国との間の交流の記録が現れるのは8世紀からであるが，有史以前から交流があったと考えられえている（日本アセアンセンター，2016）。神話や民話の共通性など社会的なつながりの他にも地域協力や貿易取引など経済的なつながりも活発に行われている。ミャンマーと日本との貿易関係を見ると，2011年の日本の対ミャンマー輸出額は約5億700万ドル，日本の対ミャンマー輸入額は約5億9,300万ドルから2015年には前者が約10億6,600万ドルに，後者が約8億6,400万ドルに拡大している（JETRO，2016）。日本の主要輸出品目は乗用車や建設機械で，主要輸入品目は縫製品や魚介類などである。

日本企業の投資件数は2016年4月時点で86件，投資額は累計6億3,153万ドルである（JETRO，2016）。また，日系企業の進出状況を見ると，301社がミャンマーに進出しており，JETRO（2016）によると，投資あるいは進出に関連した特徴は，ミャンマー人の勤勉性や豊富な労働力，天然資源，中国やベトナムに次ぐ候補地の1つとして魅力的であったことなどが挙げられ，問題点としては，電力や物流などのインフラの未発達，熟練労働者の不足が指摘されている。

第9章　ミャンマーにおけるビジネス教育について

前述したようにミャンマーは2000年以降欧米諸国から経済制裁が課せられたが，現在ほぼ解除・停止されており，特に日本や韓国との経済関係が著しく深まっている。日本の大手企業が次々とミャンマーに進出しており，2016年8月に，ミャンマー決済機関（Myanmar Payment Union）のメンバー銀行であるエヤワディ銀行（Ayeyarwady Bank）はJCBカードの発行について2015年12月に合意し，カード発行を順次開始すると発表した。同時期にイオンはクリエーション・ミャンマー・グループ・オブ・カンパニーズ（Creation Myanmar Group of Companies）と合弁会社イオンオレンジを設立し，現地スーパーのオレンジと組んでミャンマーへの進出を進めている。NTTコミュニケーションズは，ミャンマー運輸通信省から通信サービスライセンスを取得してインターネット接続サービスの提供を開始しており，キリンホールディングスはミャンマー・ブルワリー社を買収し，ミャンマーでの市場獲得と拡大を進めている。

このように，外資系企業が急速に進入していく中，ミャンマーが直面する大きな課題は政治的安定，インフラの整備，人的資源の開発である。持続可能な経済発展を目指している中，国家経済の恩恵が国民全体に行きわたるためには機会（opportunities）と罠（trap）の選別を理解し，工業化に伴う人的資源の開発やビジネス教育の推進が重要な鍵となっている。

4 ミャンマーのビジネス教育について

河内（2007）によると，ビジネス教育とは，第1次産業，第2次産業，第3次産業や営利・非営利を問わず全ての産業分野に適応するビジネス理論を理解し，ビジネスを管理，運営する知識，技術，倫理観の学習を通して経営管理的能力の育成を図り，経済社会を支え，その発展に寄与する人材を育成する教育である。つまり，ビジネス教育は人間開発や経済発展のため重要な役割を持っている。しかし，21世紀におけるビジネス教育の概念には社会に貢献する事業主（social business entrepreneur）の育成や企業の利益のみならず，社会貢献にも取り組む経営者及び管理部の人材育成も重要視されるべきである。

歴史を振り返ると，社会の公正をビジネスの概念の中で取り入れて実践したのは1990年代以降である。その活動は企業の社会的責任（corporate social responsibility: CSR）として主に先進国で広まった。日本の厚生労働省によると，CSRとは，企業活動において，社会的公正や環境などへの配慮を組み込み，従業員・投資家・地域社会などの利害関係者に対して責任ある行動をとるとともに，説明責任を果たしていくことを求める考え方である。CSR以外にも，2000年代後半以降バングラデシュのマイクロファイナンス機関の広まりとともに誕生したソーシャルビジネス企業（social business: SB）は先進国や発展途上国で広まりつつある。日本の経済産業省によると，SBとは，地域社会の様々な課題解決に向けて住民・NPO・企業など，様々な主体が協力しながらビジネスの手法を活用して取り組む企業のことである。

　要するに，企業は利益の最大化のみを追求してきたからこそ，これまで様々なグローバル経済危機が起こってきたが，今後こうした経済危機を防ぐためには，企業の利益追求に加えて，社会的貢献を目指す事業主や管理部の人材育成は極めて重要である。したがって，ビジネス教育の取り組みには，人的資本の確保，高等教育の質的改善，管理者及び幹部の人材育成，グローバル人材育成，社会的貢献を目指す事業主の育成などが含まれるべきである。

　ここでは，ミャンマーで実践されているビジネス教育について紹介する。

4-1　人的資本の確保

　ミャンマーでは数年前から特に日系企業のニーズに対応する各コンサルティング社は主要都市であるヤンゴン市やマンダレー市でIT企業の合同就職フェアを開催し，人材確保に取り組んでいる。海外に出稼ぎに行っていた労働者は母国に帰り，これまでの海外での経験や業績を活用して外資系企業で再就職するケースも増えている。待遇や給与などが前職に比べて低い場合でも母国に帰って再就職する中年層も増えている。その理由は，家族と一緒に暮らすこと，就職先があれば母国で働きたいという希望を持っていること，母国に貢献したいという愛国心を持っていることなど様々である。これらの労働者に各企業が自らの企業方針に沿って技術や業務ノウハウを教育しており，加えて，ヤンゴン市内では経営専門学校が創設され，広告デザインマネジメントやマーケティングプログラムなどが実施されている。

　他方，労働入国管理省・労働局のもとで労政事務所も就職探しに関する業務

第9章　ミャンマーにおけるビジネス教育について

図表9-2　労政事務所の登録者数

年	登録者数（人）	登録して職に就いた人数（人）
2000	362,675	54,913 （15%）
2005	354,926	64,730 （18%）
2010	701,834	265,794 （37%）
2011	816,421	318,017 （38%）
2012	1,037,340	397,539 （38%）
2013	1,115,405	417,678 （37%）
2014	990,091	327,509 （33%）

出所：MNPED（2015）より作成。

を行っている。図表9-2は労政事務所の登録者数と職に就いた労働者数を示している。登録者数は2000年の36万2,675人から2013年にはピークの111万5,405人に増加し，職に就いた労働者は，2000年の5万4,313人（15%）から2014年には32万7,509人（33%）に増加している。しかしながら，MNPED（2015）によると，全国平均失業率は2000年の3.6%から2014年に4.0%に上昇し，雇用失業問題が依然として残されている。

4-2　高等教育の質的改善

　高等教育の質的改善に関しては，ここ数年ミャンマーの大学は外国の大学との協定，教員による短期間の研究プログラムやスタディツアーの実施，教員の留学プログラム（修士課程及び博士課程）を積極的に行っている。ミャンマーでは私立大学がないため，全ての教員は国家公務員であり，日本及び欧米諸国の奨学金制度を活用した留学が近年増えつつある。日本国政府（文部科学省）の奨学金による国費留学には，研究留学生，教員研修，学部留学生，高等専門学校，専門学校，日本語・日本研究，ヤング・リーダーズ・プログラムなどがあり，特に，研究留学生，教員研修プログラムを活用してミャンマーの大学教員及び国家公務員が日本に留学している。MNPED（2015）によると，2014年に研修生として3,087人，留学生として409人，合わせて3,496人（うち教育省から250人）の公務員が海外で研修あるいは研究活動を行っている。

　ヤンゴン市内にあるヤンゴン経済大学（Yangon University of Economics:

第Ⅱ部／各国編

YUE）は1924年に設立され，2017年現在，経済学部，経営学部，統計学部，商学部，応用経済学部，ミャンマー語学部，英語学部，地理学部，数学部の9つの学部が設置されている。特に，経済学部では，大学院のカリキュラムに開発学修士課程（Master of Development Studies: MDevS）やエグゼクティブ開発修士課程（Executive Master of Development Studies: EMDevS）が設けられている。商学部では，銀行業・金融学修士課程（Master of Banking & Finance: MBF）プログラムやマーケティング・ディプロマが設置され，経営学部では，経営学修士（Master of Business Administration: MBA）やエグゼクティブ経営学修士（Executive Master of Business Administration: EMBA）プログラムが設置されている。また，応用経済学部では，行政学修士（Master of Public Administration: MPA）やエグゼクティブ行政学修士（Executive Master of Public Administration: EMPA）が設置されている。上述した各プログラムは高等教育機関として，社会人及び管理職レベル以上の人材に対してアカデミックな教育や知識を与えることを目的に設置され，入学条件としては学士を有し，かつ2年以上のフルタイム職歴を持つこと，エグゼクティブは学士を有し，かつ8年以上の公務員あるいは企業や団体の管理職の職歴を持つことが定められている。

4-3　管理者及び幹部の人材育成，社会起業家の育成

　ビジネス人材育成と日本との人脈形成の拠点として2000年にミャンマー日本人材開発センター（Myanmar-Japan Center for Human Resources Development: MJC）が開設された。MJCの各活動に国際協力機構（Japan International Cooperation Agency: JICA）とミャンマー商業省，ミャンマー商工会議所連盟（The Republic of the Myanmar Federation of Chambers of Commerce and Industry: UMFCCI）が協力している。2013年から2016年までの間JICAはMJCにおける技術協力プロジェクトとして4億5,000万円の協力資金を支援している。MJCは加盟企業3万社以上を有し，ミャンマー経済界を代表する組織であるUMFCCIのビルに置かれている。MJCの各プロジェクトの目的はコースの実施を通じたミャンマーのビジネス発展に資する中核人材の育成や実務的なノウハウの育成であり，MJCスタッフ及び講師の能力強化により，MJCがミャン

写真9-1　UMFCCIビル内のMJCの入り口

出所：筆者撮影

マーの人材育成ニーズに効果的かつ効率的に対応し，その企業を持続的な運営管理を行える組織に強化していくことである。JICAから専門家派遣，本邦研修受け入れ，ローカルコスト負担，機材供与等が支援されている。

　JICAの終了時評価調査結果要約表によると，MJCでビジネスコースは2013年から2015年にかけて計186回実施され，参加者からの高い満足度を得ていることや現地講師への研修が進んできることを通してMJCの効果的な運営及び管理が確実に向上していると評価されている。また，MJCの各プログラムは，市場経済化を推進している政府の開発政策と整合して，経営管理手法の近代化と競争力向上を図るための産業人材育成，特に経営層及び中間管理職の人材育成を進めている。

　MJCのビジネスコースには生産管理，ビジネスプラン，組織管理，プロジェクト管理が含まれており，主に中間管理職にとって必要なビジネス知識とノウハウを教えている。特別コースでは，企業家育成やネットワーキングコース，現地講師によるコースでは，人材管理やマーケティング，日商簿記試行コースでは，日商簿記模擬試験などが実施されている。オリジナルコースでは，観光ガイドにとって必要なスキルや知識を教える実践的日本語ガイド・プログラムが実施されている。また，グローバル人材育成プログラムでは，日本企業に対してグローバル人材育成のため研修プログラムが提案されている。その他に，セミナールームのレンタル，会議室のレンタル，ビジネス書籍をそろえた図書室の利用（有料）も可能である。

4-4　グローバル人材育成

　ここでは，ミャンマーのグローバル人材育成に関する取り組みの中で2012年に設立された非営利団体ミャンマー日本社会経済発展協会（Myanmar Japan

Socio-Economic Development Association: SEDA）について取り上げる。協会の目標は会員間の友好を保って社会活動を行うこと，会員が起業するときに法律に従って行うよう協力すること，ミャンマー・日本の経済社会共同活動が成功するよう協力すること，ミャンマーにおける社会経済の情報を正確かつタイムリーに伝えること等である。

協会には7つの委員会があり，社会文化委員会は，会員が国内外でより良い就職の機会が獲得できるように支援することの他に，自然災害時の復興支援，医療補助などを目的に構成された。情報・国際関係委員会は，人類と宗教の差別無く友好を促進する情報を配布すること，国内外の経済・社会情報を伝えること，協会の活動に関する情報を発信することを目標に，法務委員会は，法律及び行政手続きに関する専門的な支援，ミャンマー外国投資法（2012）に基づいて，日本から投資活動を推進するため必要な法律顧問の役割を果たすことなどを目標に構成された。また，経済委員会は，ミャンマーと日本両国の企業及び経済団体の友好と協力関係を促進することを目的に，情報データ作成委員会は，各委員会の必要な情報を収集して提供することを目的に構成された。財務委員会は，全ての活動を継続的に行うための資金調達，運用，支出の監督を行い，人材育成委員会は会員のビジネスに関する経験や知識を共有すること，他の組織や機関と協力し，若者への日本語，ビジネス，ITなどの分野の研修を行うことを目的に構成された。

特に，人材育成委員会は，海外で就労する若者たちが実務的・基礎的知識を学ぶ場を提供している。前述したMJCやYUEと異なる点は，海外で働く未熟練労働者や研修生及び技能実習生として日本で働く若者たちに対して，必要不可欠な語学力，情報処理力の向上を支援し，無料で日本語会話教室やコンピューター講座を開いていることである。また，日本語中級・準上級の講座，日本語初級レベル

写真9-2　日本人大学生と交流するSEDAの若者たち

出所：筆者撮影

第9章　ミャンマーにおけるビジネス教育について

講座に加えて，英語スキルアップ講座，オフィス管理コンピューター講座など
も開いている。その他の活動としては，国際フロンティア産業メッセ2016での
出展，洪水被災者への寄付，病院清掃ボランティア活動などを行っている。

5 ミャンマーの教育状況の位置付け

　ここでは，ミャンマーの教育状況が他の東南アジア諸国に比べてどの程度進
んでいるかと教育の課題，改善すべき点について探る。方法としては，国連開
発計画による人間開発指数の算出方法に基づいて東南アジア諸国と比較したミ
ャンマーの教育状況の位置付けや課題を検証する。評価方法は人間開発指数の
別の分類と同様に0.800以上は「H」高位水準，0.500から0.799までは「M」中
位水準，0.500未満は「L」下位水準と評価した。以下は各指標の算出式である。
実際値はミャンマーの値，ASEAN最小値と最大値はASEAN加盟国の最大値
と最小値である。ASEAN加盟国（10か国）は東南アジアに位置するカンボジ
ア，ラオス，ミャンマー，ベトナム，タイ，マレーシア，インドネシア，フィ
リピン，ブルネイ，シンガポールである。

$$指数 = \frac{実際値 - ASEAN最小値}{ASEAN最大値 - ASEAN最小値}$$

　まず，ここで用いる指標について述べる。指標は全て7つの教育関連指標を
用いており，これらの指標は世界銀行の教育関連指標から選択したものである。
データは世界銀行に基づいており，実際値はミャンマーの値，東南アジアの最
大値と最小値はそれぞれの国の値を入れて指数化している。7つの指標は，（ⅰ）
成人識字率（15歳以上），（ⅱ）公的教育への支出（対GDP比），（ⅲ）若年識字
率（15歳から24歳），（ⅳ）純就学率（初等教育），（ⅴ）純就学率（中等教育），
（ⅵ）総就学率（高等教育），（ⅶ）就労率である。各指標の定義は世界銀行のデ
ータベースで詳しく説明されているため，ここでは省略する。各指数は0と1
の間の数値で表され，1に近いほど高水準となる。

　図表9-3と図表9-4の各指標を見ると，成人識字率は0.800で高位水準，公的
教育への支出や総就学率（高等教育）はASEAN諸国内で最下位水準，若年識

213

第Ⅱ部／各国編

図表9-3　東南アジア諸国と比較したミャンマーの教育指数

指標	指数	水準
成人識字率	0.800	H
公的教育への支出	0.000	L
若年識字率	0.621	M
純就学率（初等教育）	0.500	M
純就学率（中等教育）	0.200	L
総就学率（高等教育）	0.000	L
就労率	0.742	M
教育指数（Education Index:EDI）	0.624	M

出所：世界銀行のデータを基に筆者が算出したもの。

図表9-4　東南アジア諸国と比較したミャンマーの教育指数

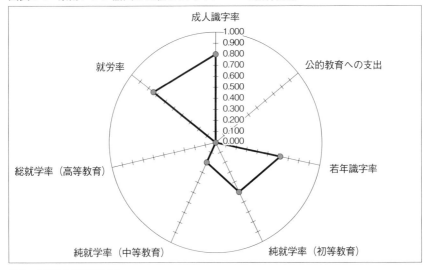

出所：図表9-3の数値による。

字率，純就学率（初等教育），就労率は中位水準，純就学率（中等教育）は下位水準である。つまり，ミャンマーの教育指標の中で特に，中等・高等教育の就学率や公的教育への支出に大きな課題があることが図表9-3と9-4から読み取れる。前述したように，政府の支出には様々な分野があり，一定の分野のみ急

214

第9章　ミャンマーにおけるビジネス教育について

増することは難しいが，教育への支出を増加させない限り教育の量的・質的問題を解決することができないのは事実である。今後，ミャンマーの経済発展には，企業や様々な分野で活躍する高い技術や教育・ノウハウを持つ人的資源の育成，社会的貢献を目指す事業主や管理部の人材育成が強く求められている。

6 おわりに

　本章では，ミャンマーの教育制度やビジネス教育の実態について考察した。ビジネス教育については人的資源開発への取り組みの一環として行われるミャンマー日本人材開発センター，ミャンマー日本社会経済発展協会，ヤンゴン経済大学の各プログラムや活動を紹介した。また，教育のどの分野に課題があり，改善すべきかについて探るため，東南アジア諸国と比較したミャンマーの教育指数を算出した。その結果，特に，中等・高等教育の就学率や公的教育への支出に大きな課題があることが確認できた。これらの問題を改善するには，税財源の確保，政府の財政の再建，奨学金制度の普及，教育に対する価値観の改善などが求められている。今後，ミャンマー経済のさらなる発展には，グローバル人材の育成や人的資本への投資が極めて重要である。

[参考文献]

ARC国別情勢研究会（2015）『ARCレポート—ミャンマー』東京官書普及株式会社。

河内満（2007）「ビジネス教育におけるビジネスとその人間観」『修道商学』広島修道大学，48(1)。

日本アセアンセンター（2016）『アセアンペディア』日本アセアンセンター。

増田知子（2010）「ミャンマーの軍事政権の教育政策」『ミャンマー軍事政権の行方』調査研究報告書，アジア経済研究所。

文部科学省（2014,2016）「平成26年度学校基本調査（確定値）の公表について」文部科学省，www.mext.go.jp（2017年3月検索）

Central Bank of Myanmar（2017）Exchange Rate, http://forex.cbm.gov.mm（2017年5月検索）

IMF. Data. http://www.imf.org/（2017年3月検索）

JETRO（2016）「ミャンマーの概要」，https://www.jetro.go.jp/world/asia/mm/basic_01.

第Ⅱ部／各国編

html（2017年3月検索）

JICA（2016）「終了時評価調査結果要約表」, https://www2.jica.go.jp/ja/evaluation/pdf/
2015_1202937_3_s.pdf （2017年4月検索）

Ministry of National Planning and Economic Development（MNPED）（1997, 2015）*Myanmar
Statistical Year Book*, Central Statistical Organization.

Ministry of Education（2013）"Education system in Myanmar: Self evaluation and future
plans", Ministry of Education. www.myanmar-education.edu.mm（2017年3月検索）

The Mirror Newspaper（2017）"Education Report", Ministry of Education.（In Burmese）

UNDP（2015）*Human Development Report*, UNDP.

World Bank. Data. http://data.worldbank.org/（2017年4月検索）

第**10**章

ラオスにおける民間部門のための人材育成

1 はじめに

　ラオス人民民主共和国（以下，ラオス）は，ソ連のペレストロイカ，ベトナムのドイモイと時を同じくして1986年に市場経済化の方向を示して以来，経済をはじめ諸分野で大きく変容してきた。国内的には中央計画経済の廃止と市場経済の導入に向けて1990年代から経済開放のための制度改革を始め，対外的にも1997年東南アジア諸国連合（Association of Southeast Asian Nations: ASEAN）に加盟し，2013年には世界貿易機関（World Trade Organization: WTO）にも加盟した。目まぐるしい変化の中で新たに形成される民間部門を担う人材が急速に求められるようになった。

　本章では，ラオスにおける民間部門のための人材育成を取り上げ，その特徴と課題を明らかにすることを試みたい。民間部門とは主として民間企業や個人が経済活動を行う部門として定義し以下の議論を進める。民間部門の人材についてラオスの実情に即して考えると，大きく分けて次の2つの疑問が生じる。第1に，民間の人材育成とはいえ，企業経営者，中間管理職，熟練労働者，非熟練労働者等，幅広い人材が考えられる。たとえ企業経営者と中間管理職のみを育成しても，他の労働力が不在であれば民間部門は成り立たない。特に熟練労働者の育成が要であり，そこでは技術・職業教育が欠かせない。そもそも基礎教育を充実させることが優先課題のラオスで，民間部門形成に直結する技術・職業教育はどう位置付けられ，政府・民間のどのような機関や団体が担ってきたのだろうか。さらに経営者や中間管理職の人材育成を担う高等教育にはどのようなものがあるのだろうか。予算不足や人材不足により他の教育分野よりも対策が遅れがちな高等教育に，どのような国際援助が行われたのだろうか。

217

第Ⅱ部／各国編

第2に，1990年代に民間部門が徐々に始まり，2000年以降に実質的に動き出したばかりであるため，民間部門の発展に寄与する人材育成の制度は形成期のただ中にあるといえる。したがってラオスで事業を展開している民間企業は時代背景から見てもフロンティア的な存在であるが，現存の人材をどう評価しており，どの程度教育訓練に対応しているのであろうか。これら2つの主な問いは，前者が政策・施策・制度のあり方を理解することであり，後者が実態の側面を把握することでもある。

　以下では先ず，人口動態と産業構造から人材と民間部門の特徴を概観した上で，政府特に教育スポーツ省（Ministry of Education and Sports: MOES）の政策・報告文書，国際諸機関の報告書等を用いて，政府の主要な政策・施策における民間部門のための人材育成の位置付けとそれに携わる主体を捉える。次に，実際の民間企業がラオスの人材をどう評価し，どの程度独自に人材育成を行ってきたのかを理解するために，諸機関が行った民間企業調査の報告結果等を参考にする。この他に，筆者が2017年10-11月に行ったラオス関連省庁への聞き取り調査で得られた内容も組み込みながら，ラオスの民間部門を担う人材育成についての考察に繋げたい。

2 人口動態及び産業構造から見た民間部門の人材

　人材育成は社会経済の動向，特に人口動態や産業構造の特徴に左右される。本節ではこうした背景を見ることで民間部門の人材が大局的にどのような状況にあるのかを示す。

　ラオスは国連の定義の上では「後発開発途上国（Least Developed Country: LDC）」とされ，いわゆる最貧国であるが，2020年のLDC脱却を目指し，国を挙げて経済開発に乗り出している。2016年ラオスの1人当たりの実質GDPは1,643ドル（2010年米ドル）（World Development Indicators）と，ASEAN諸国の中ではミャンマーとカンボジアに次いで低いが，2005年以降GDP成長率は7～8％代を記録し，高度経済成長を実現してきた。生産年齢人口が多く，従属人口指数も低い人口動態から見ても，今後も経済成長が続くと見られている。[1]また，完全失業率は2005年以降直近の2017年まで1.3％から1.5％（*Ibid.*, ILO方

第10章　ラオスにおける民間部門のための人材育成

図表10-1　GDP及び産業別GDP構成比　　　　（2010/2011-2014/2015年度）

	2010/ 2011 年度	2011/ 2012 年度	2012/ 2013 年度	2013/ 2014 年度	2014/ 2015年度 （2015年 時点の実績 推定値)*	2014/ 2015年度 （2011年 時点の目標 値)**
GDP（百万キープ）	62,458	70,343	80,199	90,823	102,320	104,000
農林業（％）	27.9	26.7	25.2	24.8	23.7	23.0
工業（％）	26.9	29.6	28.2	27.5	29.1	39.0
サービス産業（％）	45.2	43.7	46.8	47.7	47.2	38.0
合計（％）	100.0	100.0	100.0	100.0	100.0	100.0

注：* 「2014/2015年度（2016年時点の推定値）」は，第7次NSEDP修了後2016年時点における2014/
　　　2015年の推定値。
　　** 「2014/2015年度（2011年時点の目標値）」は，第7次NSEDP策定時点の目標値。
出所：Ministry of Planning and Investment, 2016, p.5. より作成（原出所：Lao Statistics Bureau）。

式推定）の間と極めて低い。もう一方で，2017年の産業別就業人口割合（ILO
推定）は，農業が78.3％を占め，工業は4.0％，サービス産業は17.7％（*Ibid.*）
であり，人口の大多数が農業に従事している。さらに，10歳以上の人口のうち
雇用・被雇用状態にある3,474,582人のうち，公務員10.0％，国営企業協同組合
1.1％，自営業者37.8％，無給家族従業者43.0％であることに対して，民間部門
の被雇用者は7.5％，雇用者は0.6％という割合に見られるように，インフォー
マルセクターや，極めて零細な個人事業者が多いため自営業者・無給家族従業
者の割合が多くなり，民間部門の割合は労働力も経営者も極めて限られている
（Lao Statistics Bureau，2015，p.79）。

　こうした従業人口割合に対して，GDP比では農業の割合は既に大きく減少し
ている。図表10-1の通り，第7次国家社会経済開発5か年計画（National Socio-
Economic Development Plan: NSEDP）（2011-2015年）の期間のGDPと産業別
GDP構成比を見ると，農林業の割合は，2011/2012年度に工業の割合と逆転し
た。[2] また，早くからサービス産業が工業よりも伸びを見せ，2013/2014年度に
はGDPの5割近くまで迫っており，貿易の増加や観光業が主要産業になったこ
と等が関係していると考えられる。5か年計画としても，サービス産業は政府
が掲げたGDP比サービス産業割合の目標値を早くから大幅に上回った一方で，
工業は政府目標値を大きく下回った。人材育成に関しては，サービス産業と工

219

第Ⅱ部／各国編

業が求める従業者の資質は大きく異なるため，目標値と実際の状況にずれがあると，育成された人材が労働市場の需要に合致しないという問題が生じる。

こうした目標値と実態の差が生まれた背景の1つに，経済変化が余りに急激で予測が難しい点があると考えられる。輸出も対内直接投資も2000年代半ばから急増してきた。年間輸出増加率は2005年に11.7％（World Development Indicator）を記録してから5％から20％余りと幅はあるが高い増加率を保ってきた。対内直接投資の対GDP比も，2006-2015年の10年間の平均は5.3％（World Development Indicator より算出）と堅調であった。

目覚ましい経済成長と低失業率にも拘らず，学歴と就業率の関係を見ると，非識字者689,091人のうち78％が就業しているが，教育程度が高くなるにつれて就業率が低下し，初等教育修了者2,112,619人の就業率は69.7％，前期中等教育修了者1,172,754人の就業率は59.9％，後期中等教育修了程度621,234人の就業率は55.5％である。これに対して，高等教育修了者398,958人の就業率は86.6％と雇用適性は最も高い（Lao Statistics Bureau, *op.cit.*, pp.74-76）。非識字者の就業率が高く後期中等教育までは教育程度が上がるほど就学率が低い理由として，農業部門・インフォーマルセクター・零細企業の占める位置付けが大きいことと関係が深いこと，中等教育修了程度の者は，企業等が求める資質と見合わなかったか，非農業部門の限られた職を求めてより学歴の高い者との競争にさらされたことを，ラオス統計局は挙げている（*Ibid.*, p.75）。この他に，教育程度と所得の関係を示す教育収益率は，教育への投資を決める際の重要な指針であるが，1997-1998年と2007-2008年に行われた全国家計調査結果の分析によると，首都でも地方でも教育収益率が減少すなわち教育の需要が低下しており，例外的に収益率が高いのは首都の高等教育のみである（オンパンダラ，2011年，pp.289-294）。また，ラオスから隣国タイへの労働力の移動は，合法，違法，長期，短期を合わせて，常時数十万人規模といわれることからも，ラオス国内の民間部門形成と人材需要だけを見ることでは不十分でもある。

以上の概観から，ラオスの人口動態は今後も経済成長を可能にし，民間部門の更なる拡大に繋がると見られ，人材需要も持続もしくは拡大が期待される。もう一方で，後期中等教育修了者の就学率が低いことや教育収益率の減少，国外への労働力移動等は，人材需要の複雑な側面である。産業別就業人口割合では農林業が大多数を占める上，民間部門の就労者はまだ極めて限られているが，

産業別GDP構成比では，工業とサービス産業はそれぞれ農林業を超えており，政府の想定以上にサービス産業が工業よりも高い比率になっていることなど，産業構造の変化とその速度を正確に推定することは容易ではない。ラオスの人材育成ではこうした変化のただ中にある需要に応えるという難しい舵取りが求められている。

3 国家計画・教育政策における技術・職業教育

主要な政策上は人材育成はどのように位置付けられ，どの機関・団体がかかわって人材育成に取り組んできたのだろうか。以下では，主に2000年以降の国家計画と教育計画を辿り，民間部門に供給される人材育成についての政策・施策・制度の特徴を探る。

ラオスの教育セクターでは，従来基礎教育の拡充が最優先され，技術・職業教育は後から徐々に重要性を増してきた。1990年代に「万人のための教育（Education for All: EFA）」や「ミレニアム開発目標（Millennium Development Goals: MDGs）」といった基礎教育機会の拡大に向けて国際的な機運が高まる中，ラオスも早くから国家計画や教育政策でこうした目標を積極的に取り入れた。2006年には国家教育改革戦略（National Education Reform Strategy）として教育改革を集約し，初等教育と前期・後期中等教育の教育制度を5＋3＋3年制から5＋4＋3年制へと変更した。こうしてまず基礎教育の拡充に力を入れたが，2000年代は技術・職業教育の重要性も認識されるようになり，首都に職業訓練センターを1か所設立した他，政府は民間部門が人材育成に参入することを積極的に促した。例えば，「第5次社会経済開発5か年計画（Fifth 5-Year Plan for Socio-Economic Development）（2001-2005年）」の期間に政府は民間企業が技術及び職業訓練を提供することを推奨し，2004/2005年度末までに全国で100以上の民間研修センターが設立され，英語教室，コンピューター，会計等の研修を提供するに至った（Committee for Planning and Investment, 2006, p. 3）。技術職業訓練機会の提供は，初期から公共機関を補い民間事業者が参入することにより行われてきたのである。

次の「第6次NSEDP（2006-2010年）」では初等教育をはじめあらゆるレベ

221

第Ⅱ部／各国編

ルの教育へのアクセスを拡大することに注力した。しかし，技術・職業教育については，「教育セクター開発計画（2011-2015年）」による2006-2011年期間の総括において，技能労働力を労働市場に提供できなかったため社会的ニーズに十分に応えられなかったことが指摘された。特に大学就学希望者と就学者数が大きく増えたこととは対照的に，資格を取得できる技術・職業教育での就学希望者・就学者数が（教育省によると多くは大卒より高い給与を得られるにも拘らず）減少してしまったことが問題だとして，技能労働力の育成が次期5か年計画では解決しなければならない重要課題として認識された（MOES，2011，pp.7-8）。

　こうした問題認識に至った「第6次NSEDP（2006-2010年）」の期間は技術・職業教育の促進が本格的に打ち出された時期でもあった。中でも「技術教育及び訓練並びに職業教育及び訓練（Technical and Vocational Education and Training: TVET）」の拡充は，民間部門の形成を担う人材育成に直結する制度である。1997年の「TVET戦略」及び1998年の「TVET開発に関する首相令209号」により，政府がTVETに取り組めるようになった。2008年には初の「TVETマスタープラン」が策定され，労働力需要に応えられるように，より本格的な人材育成が制度化された。

　図表10-2はTVETを組み込んだ後のラオスの教育制度を示したもので，先ずフォーマル教育とノンフォーマル教育（教育法上は教育制度の一部）に大別され，フォーマル教育の基礎教育ストリームを修了後，アカデミック・ストリームとプロフェッショナル及びTVET用のストリームの2つの選択肢がある。TVETは前期中等教育修了者に対して3年までのプログラムを提供し，後期中等教育修了者には幅広いプログラムを提供する。TVETは教育省はじめ関係省庁の管轄で技術・職業学校や大学といった教育機関に依拠して運用され，後期中等教育TVETで5ディプロマ，中等教育後のTVETでは5修了証書が授与される（UNESCO，2013，pp.18-19, p.24）。ディプロマの中には技術及び職業教育の高等TVE（Technical and Vocational Education）ディプロマや，統合職業教育及び訓練であるIVET（Integrated Vocational Education and Training）修了証も含まれている。IVET学校はTVET及びノンフォーマル基礎職業訓練を様々なターゲットグループに対して提供する。このようにプロフェッショナルTVETストリームでは，豊富な選択肢がある技術・職業教育を提供している。

第 10 章 ラオスにおける民間部門のための人材育成

図表10-2 ラオスの教育制度

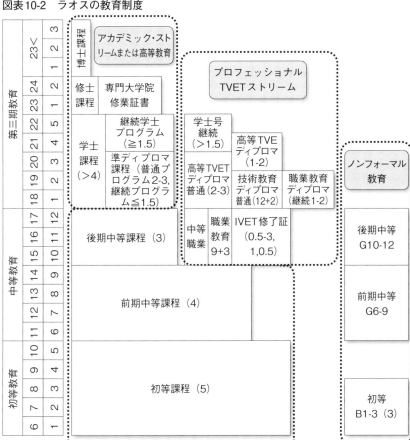

出所：UNESCO, 2013, p. 18.（原出所：Vocational Education Development Institute：VEDI）及び MOES, 2011, pp. 15-16. より作成。前者では基礎教育ストリームの点線が欠落しているため，後者の分類を参考に補足した。
（ ）内は年数。

　さらに「TVET 戦略（2006-2020年)」及び「TVETマスタープラン」によって，技術・職業教育は一般教育カリキュラムである前期及び後期中等教育に組み込まれることになった（MOE, 2007; MOE, n.d.）。一般中等教育に技術・職

第Ⅱ部／各国編

業教育を組み入れる「職業化」（vocationalization）は，技能労働力の需要が継続的にある一方で，既存のTVET学校が網羅できる地域は地理的に極めて限られていること等，TVETを行える教育機関が少ないことを補うために，広いネットワークを持つ一般中等教育機関を活用して技術・職業関連の科目を教えるという対応策である（UNESCO, *op.cit.*, p.48）。こうした一般教育へのTVET的な要素の統合や，先述の様な民間事業者の参入の促進は，人材需要の増加に迅速に対応せざるを得ない状況下で限られたリソースを補う制度的な工夫であった。

　次の「第7次NSEDP（2011-2015年）」では技術・職業教育がさらに重点的に導入された。主要目標は経済成長をはじめ8項目あり，その第6目標として人的資源開発が挙げられた。2011-2015年の5年間に19万人の労働力が工業とサービス産業で必要になるとし，双方への新規参入労働力14万人が必要とされると推測した上で，職業訓練学校や技術訓練所により質・量の両面から労働力を育成することを唱えた（Ministry of Planning and Investment, 2011, p.109）[3]。

　「第7次NSEDP（2011-2015年）」の基礎教育の成果としては，MDGsの達成を掲げた結果就学率は順調に改善し，2014-2015年度に初等教育就学率は98.6％に，中等教育就学率は78.1％になり，達成期限2015年までにMDGsの主要目標を達成した（MOES, 2015a, pp.48-49）。しかし，2015-2016年度の初等教育修了率は77.9％，前期中等教育修了率は71.8％，後期中等教育修了率は85.2％（Ministry of Education and Sports, 2017）と，中途退学者が依然として高かった。同様に初等教育の完全普及（universal primary education: UPE）等の達成期限を2015年に設けた先述のEFAの目標とも一部重なるが，初等教育純入学率をはじめ，EFAの多くの目標を達成することができなかった（EFA 2015 Review Group and Secretariat Group, 2014）[4]。基礎教育ニーズは引き続き高いまま，技術・職業教育も拡充する必要があり，教育行政への負担は大きい。

　「第7次NESDP（2011-2015）」の職業教育の総括として，サワンナケート県，セコン県，アタプー県の南部3県の職業教育施設整備，貧困家庭や遠隔地の生徒に対する補助制度の導入などから，就学者数は増加したが，高等教育で技術・職業教育を専攻した生徒は7％に満たなかったこと，うち12％のみが農業を専攻し，残りは工業とサービス産業分野の専攻を選んだことから，第7次NSEDPで示された労働市場需要に見合わなかった（Ministry of Investment and Planning, *op.cit.*, p.32）。これは「第6次NSEDP（2006-2011年）」で直面した技術・職業教育就学者数の伸び悩みと同じ問題である。高等教育で技術・職業教育のプロフェッショナルTVETストリームよりも，学士課程などアカデミック・ストリームを志向する傾向は，技術・職業教育を広めたい政府の政策にとって難題である。

　2011-2015年の期間の技術・職業教育の拡大に政府は率先して取り組み，民間事業者以外にも行政機関が設立に携わってきたが，公共施設の場合の多くは海外からの援助を取り付けて訓練教育機関を設立している[5]。TVETについては，最大の援助国が韓国で，この分野への援助の40％を占め，ADBは28％，ドイツの2つの援助機関も28％を占めている（Commonwealth of Australia, 2014, pp.45-46）。これにより技能開発センターは全国で計165か所にのぼり，このうち労働社会福祉省が10か所を，この他の管轄省庁が52か所を，大衆組織が13か所を，残り90か所を民間が運営しており，公立・私立のセンターで合わせて計24万8,765人（うち女性11万4,300人）が技能研修を受け，分野の内訳は，農業セクターが9万7,953人（うち女性4万2,515人），工業6万1,405人（うち女性2万9,113人）サービス8万9,407人（うち女性4万2,672人）であった（*Ibid.*, p.35）。内訳の上でも全産業分野を網羅し，男女比でも大きな格差は見られない[6]。また，自動車機械整備士，電気機械整備士，IT機器の監督者育成のカリキュラム開発，建設労働者・電気機械整備士・配管工育成の教科書開発，建築・自動車機械の27種の職業について労働基準が定められた他，教育省との協力で

図表10-3　公立学校・私立学校の課程別学生数　　　　（人：2015-2016年度）

	公立学校学生数		私立学校学生数		合計
		うち女性		うち女性	
博士課程	28	11	該当なし	該当なし	28
修士課程	1,914	715	291	102	2,205
学士課程	36,453	16,251	6,267	3,294	42,720
ディプロマ課程	33,784	15,929	29,257	15,455	63,041
技術課程	17,920	7,211	35	8	17,955
職業課程	646	282	459	14	1,105
合計	90,745	40,399	36,309	18,873	127,054

出所：MOES, Education Statistics, 2015-2016. より作成。

第Ⅱ部／各国編

図表10-4　第8次NSEDPにおける人材育成分野の指標・基準値・目標値

指標	基準値*	目標値**
前期中等教育修了者のうち職業教育に進学する割合（％）	2.2	5.0
後期中等教育修了者のうち職業教育に進学する割合（％）	56.0	60.0
職業教育及び訓練の受講者数（人）	65,000	105,000

注：* 基準値は2015年の数値。
　　** 第8次NSEDP終了時である2020年の目標値。
出所：Ministry of Investment and Planning, 2016, p.179. より作成。

職業教育機関と大学の通常の履修カリキュラムに組み込むことを前提に，ビジネス運営に関する教科書とマニュアルが見直しを受けた（*Ibid.*, p.47）。

　図表10-3はラオス全国の高等教育の学士・修士・博士課程，及び技術・職業教育のディプロマ・技術・職業課程の2015/2016年度学生数を示したものである。先の図表10-2で示したアカデミック・ストリームとプロフェッショナルTVETストリームの学生数である。総数ではディプロマ課程の学生が63,041人と最も多く，そこには公立だけでなく私立学校の学生数も公立とほぼ変わらない程の学生数がいることが寄与していると見られる。学士課程と技術課程についはほとんどが公立学校の学生であり，今後私立学校がここに参入していく余地が十分ある。男女別では，特に公立学校の技術課程と学士課程以上のアカデミック・ストリームで女性は全体の3割前後にとどまり，職業課程でも歴然とした差がある等，教育機会の男女格差が見られる。

　こうして「第7次NESDP（2011-2015）」の期間は，民間部門の人材育成の上で未曽有の進展を見た。全国で研修技能開発センターが多数設立されたことや，公立・私立の教育機関でディプロマ課程の学生数が6万人余りに上ったことなど大きく拡大した。研修機会を急速に増加できた背景には，関係省庁が国際援助を活用し，また民間事業者も参入を続けたこと等，まさに総動員で人材育成を推進したことがあるだろう。問題としては，技術・職業教育の志望者が期待するほど増えないこと，アカデミック・ストリームの方が人気が高いことなどの課題が認識されていた。

　次に現行の「第8次NSEDP（2016-2020）」での主要目標は，経済成長，人的資源開発，天然資源及び環境の3分野であり，人的資源開発は第2目標となり一層重要度を増した。引き続き，公共及び民間部門の労働力の能力向上が挙

げられ，起業家・技術専門家及びプロフェッショナルの養成も掲げられた。前NSEDPと同様に，質の高い教育と保健サービスに男女及び民族が平等にアクセスできること等も継続して盛り込まれた。計画の指標では就学率をはじめとする一般教育が大部分を占めるが，図表10-4の通り民間部門の労働力に繋がる人材育成の指標も示された。職業教育及び訓練の受講者数を倍増させる等，意欲的な目標設定である。

TVETについては，雇用需要に対応できるように教育学習カリキュラムを改善するとして（*Ibid.*, p.117），目指す成果は，起業家・技術専門家・プロフェッショナルの養成，建設，自動車整備，電気技師，土木技師，鉱山技師等労働力の形成，これらの分野で起業を可能にすることや，事業経営，経理部長，経済専門家，弁護士等，経営・管理に携わる労働力形成等である。また各県に最低1校の技術学校を設立し，何県かの技術学校は大学に格上げすることでより幅広い研修を行えるようにすること，一般教育修了者の60％が職業学校や職業研修を通して就学機会を拡大すること，地場企業の能力強化（*Ibid.*, p.118）といった様に，これまで以上に企業経営者や中間管理職，その他の専門家を意識したものである。

こうした国家計画を受けて教育省の「教育スポーツセクター開発計画（2016-2020）」でも同様に，公共・民間部門労働力の能力の向上，起業家・技術専門家及びプロフェッショナルの養成を目指すことが示された（MOES, 2015b ; Human Resource Development Commission, 2015）。2016-2020年の教育セクターの計画では，これまでの方向を一層強化して技能開発が具体的に盛り込まれ，これまでと同様に技術的職業は農林省等他省の管轄に組み込むことが推進された（MOES聞き取り，2016年11月2日）。

技術・職業教育の確立においては，常にこうした教育省以外の機関も積極的にかかわってきた。農林省の他に中小企業（small and medium-sized enterprises: SMEs）を管轄する商工業省もその例である。SMEは民間部門形成において極めて重要な位置付けにあるため，ここで少しふれておきたい。ほとんどの国でSMEは民間企業の大部分を占めるが，ラオスも同様に，全企業の99.8％がSMEであり，生産，商業，サービス産業など多様な分野で事業を行っている（ラオスにおけるSMEの定義は，小規模企業は従業者数1-19人，中規模企業は20-99人）。2005年SME促進開発部（SME Promotion and Development

第Ⅱ部／各国編

Office: SMEPDO）が設立され，2012年にはSME促進局（Department of SME Promotion: DOSMEP）として再編され，SMEの能力開発を担当している。例えば2013-2016年には，新規起業家238人が融資，経営，マーケティング等について研修を受講し，他にも教育省の中等教育と職業教育において協力して活動を行っている（Ministry of Industry and Commerce聞き取り2017年11月3日）。この他，「第三次SME計画（2016-2020年）」でも，①生産性，技術革新，②金融アクセス，③ビジネスサービス，④国内外の市場アクセス，⑤起業家養成，⑥ビジネス環境の整備といったように，人材育成が主要目標の一部に組み込まれている。

　以上の通り，国家計画と教育政策の中に技術・職業教育がどのように位置付けられてきたかを見てきたが，早くから技術・職業教育の必要性について認識はされ，初期には特に民間事業者が研修センターの設立を担った。各5か年計画では年次を重ねるごとに，技術・職業教育の重要性が増し，特に「第6次NSEDP（2006-2010年）」の期間にTVETが教育制度に組み込まれ「第7次NSEDP（2011-2015年）」の期間には関係省庁他の政府機関，民間，外国援助機関を総動員して技術・職業教育機会が大きく拡大した。政策・施策上は技術・職業教育を急速に広めたが，実際に技術・職業教育の就学希望者数を増やすことは，受け入れ研修教育機関の増加だけでは可能にならない。「第6次NSEDP（2006-2011年）」と「第7次NSEDP（2011-2015年）」の両期間で，技術・職業教育の就学者数が十分に伸びなかった，労働市場の需要に十分応えられなかったという問題が継続して指摘されたことは重要な示唆をもっている。

4 国際援助と人材育成

　前節でも見た通り，民間部門のための人材育成では，政府と民間の他に海外の援助機関も重要な役割を担ってきた。以下では国際援助機関が民間部門を担う人材育成にどのような支援をしており，ラオスの人材育成にいかなる特色を与えているかを，特に基礎教育が優先されることで教育行政上のリソースも限られ後回しになり易い高等教育の分野について探る。

　ラオス初の総合大学であるラオス国立大学（National University of Laos:

第 10 章　ラオスにおける民間部門のための人材育成

NUOL）は，アジア開発銀行（Asian Development Bank: ADB）の支援により，既存の高等教育機関を統合再編する形で1995年に創設され1996年より学生を受け入れた。同年に新設された経済経営学部（Faculty of Economics and Business Management: FEBM）は，高等教育において経済学と経営学を学べる初めての学部であった。同学部設立にあたり，ADBが専門家派遣による支援を行い，日本は運営及び教員の能力強化の支援として，2000-2007年に技術協力プロジェクトによる支援をを実施した。2001年から2005年までの5年間に879人が経済経営学部の通常コースから卒業した（Faculty of Economic and Business Management, National University of Laos, 2006, p. 9）。2000年に通常のコース以外に特別コースを開設すると，多くの受講者が集まり，2004年には2,000人余りとなった。受講者数の急増に対して教育の質を確保するために，2005年に特別コースを日中コースと夜間コースに分けたことで，通常コースに959人，日中コースに945人，夜間コースに1,784人，政府職員用のコースに364人と，計4,052人が履修していた（Ibid.）。

　設立当初から極めて需要が高かったのだが，例えば経済経営学部MBAプログラムの主な履修科目を見ると，経営経済学，組織経営，経営会計，マーケティング管理，生産業務管理，財務管理，e-ビジネス，戦略管理，経営情報システム，人的資源管理，プロジェクト管理，国際経営管理，起業家精神，リーダーシップ，バリューチェーンマネージメント等の科目があり（ラオス国立大学提供情報より），十分国際的な標準のカリキュラムである。

　また，ラオス国立大学経済経営学部と同時期に，日本の援助により設立されたラオス日本センター（Lao-Japan Human Resource Cooperation Center: LJC, 後にLao-Japan Human Resource Development Institute: LJIと改称）という人材育成機関がある。こちらは主に社会人を対象として，英語で講義が行われている。MBAプログラムの主な履修科目には，国際経済学，財務管理，人的資源管理，ビジネス統計，マーケティング戦略，戦略管理，管理会計，投資管理，プロジェクト管理，知識管理，運用管理，グローバルビジネス環境，起業家精神，銀行ビジネス，技術管理，リーダーシップ，ASEAN統合，証券市場等（同上），実務家向けの科目が豊富である。

　ADBや日本以外の援助でも，2011-2015年及び2016-2020年の5か年計画の両期間を通じて，中国，フランス，オーストラリア，米国，ベトナムが奨学金等

229

第Ⅱ部／各国編

を通じて大学への支援を行った。中国は2010年にラオス国立大学内に孔子学院を設立し，ベトナムはラオス国立大学内でMBAプログラム（2004-2007年）を実施し，また，行政官養成機関（National Organisation for the Study of Politics and Administration: NOSPA）に対してフランスが支援する等，各国から高等教育機関への期待と注目が寄せられてきた。高等教育への援助により，様々な国際的特徴を吸収して多彩な人材が育成されてきた。こうした人材は，各国の企業がラオスに進出する際に現地で要の人材となっている。

　人材育成制度への外的影響は国際援助からだけのものではないという点も補足しておこう。ASEAN加盟により，ラオスでは制度改革においてASEANの基準に整合させなければならない事案が次々と生じてきた。関税撤廃に向けての貿易制度改革・整備はその最たるものだが，他セクターでも様々な法整備が求められるようになった。教育セクターでは，例えば，バイリンガル教育機関に関する法令や，国内資本・外国資本による教育機関投資に関する法令など，ASEANとの整合性のために，以前は存在しなかった法令を定めることが求められるようになった（MOES聞き取り2017年11月3日）。

5 民間企業による人材評価

　実際に民間部門の就労者は民間企業側からどのように評価されているのだろうか。以下では，諸機関が民間企業を対象に行った複数の調査を基に，民間企業が実際の人材をどう評価しているのか，企業内の人材育成はどの程度行われているのかを探ってみよう。

　先ず，大学教育が生み出す人材について，先述のラオス国立大学経済経営学部が卒業生を送り出し始めて間もない頃の調査があり，小規模ながら参考にしておこう。2004年卒業生に対して行われた調査では，卒業から3か月以内に就職が決まったと回答した者が58-69％，6か月以内が77-86％，1年以内が81-91％と（*Ibid.*, p.10）就職率は極めて良かった。また，卒業生の雇用者のうち61人に対して質問票による調査が行われた。民間部門では46の雇用者が125人の卒業生を雇用しており，ほとんど全ての雇用者が卒業生を採用して満足していた。卒業生の職種は，技術者，研究，管理事務，秘書，会計コンサルタン

230

第 10 章　ラオスにおける民間部門のための人材育成

図表10-5　教育研修状況

	小規模企業	中堅企業	大企業
教育研修担当者がいる（％）	30	77	75
教育研修予算がある（％）	16	67	75
正式な研修を行う企業割合（％）	4.7	21.3	44.2
正式な研修を行う企業（製造業のみ）で研修を受けた従業員割合（％）	該当なし	該当なし	37.9
適切に教育されていない労働力が問題だとする企業割合（％）	11.8	26.2	33

出所：Lao National Chamber of Commerce and Industry, 2014. より作成。

ト，教員等で，何人かは自ら起業もしていた（*Ibid.*, p. 8）採用にあたっては，ラオスに採用評価制度はないため，面接，能力テスト，意思表明（Motivation letter）により候補者を選択したという（*Ibid.*）。

　次に，技術・職業教育及び大学教育の双方が生み出した幅広い人材の評価，さらに企業内の教育研修機会等について見ていこう。ラオス商工会議所・ILO調査（2014年）は，主要4県の調査で技能訓練について聞いている。ビエンチャン県，サワンナケート県，ルアンプラバン県，チャンパサック県の404社を層化抽出法により抽出して行われた。社員研修を行っている企業は179社と約44％で，このうち74％は自社職員が研修を行っている。社員研修に外部の講師を活用している企業は，民間企業，政府機関，NGOs，業界団体等に講師派遣を依頼している。調査対象企業従業者のうち30％が大学等第3期教育機関修了レベル（修了証，ディプロマ，学位）であるが，この人材に関してほとんどの企業が実用的スキルの欠如を指摘している。したがって，産業によっては企業側は人材を自社で育成せざるを得ない。調査対象企業を産業分類別に見ると，ほとんどの縫製業事業者は非熟練労働者の雇用にあたり研修を行ったとされる。また，縫製，家具，鉱工業，自動車，ICT等の熟練労働者の技能開発は各産業の個別の技能ごとに対応していること，従業者の海外研修派遣もあること，そして国内の産業別研修機会（縫製技能開発センター，ラオ国立観光センターの他，民間職業訓練機関）も活用していること（Lao National Chamber of Commerce and Industry, 2016, p.25）などもあり，技能によっては企業レベルの教育訓練が活発に行われている。

　図表10-5は調査対象企業における教育研修状況を示したものである。大企業

231

第Ⅱ部／各国編

図表10-6　業規模別の経営人材育成状況

指標	零細企業	小規模企業	中堅企業	大企業
経営者が職業技能訓練を受けたことがある企業割合（%）	27.2	51.8	70.5	81.8
起業前に経営研修を受けた経営者割合（%）	21.9	41.0	69.7	63.6
起業後に経営研修を受けた経営者割合（%）	23.67	46.71	70.79	77.27
経営者が新技能の習得を希望する企業割合(%)	55.03	68.25	75.28	81.82

出所：GIZ, 2014.より作成。

でさえも教育研修担当者と研修予算を持つ企業はそれぞれ全体の75％であり，小規模企業ではこうした担当者がおり予算を持つ企業は極めて限られていることがわかる。実際に制度化された正式な研修が行われている割合は大企業でも44.2％で製造業のみでは37.9％と低い。また企業規模が大きくなるにつれて適切に教育されていない労働力を問題視する傾向が見られる。

　ドイツ国際協力公社（GIZ）により大企業・中堅企業・小規模企業・零細企業に対して行われた2013年企業調査（Enterprise Survey 2013）では，人材育成についての問いが多く盛り込まれている。[7]先ず経営者の教育レベルについては，それぞれの教育レベルとして，零細企業と小規模企業の経営者は３割近くが後期高等教育修了者で最多であり，中堅企業経営者では高等教育修了者が46％，大企業経営者では大学院修了者が40％と，企業規模が上がるにつれて経営者の教育レベルも高くなる傾向が見られる（GIZ, 2014, p.50）。

　新規採用人材に求める技能や訓練については，「技能はあることが望ましいが資格は必要としない」と答えた企業の割合が調査対象企業全体の28.7％であったが，企業規模別では零細企業が44.8％，小規模企業が27.4％と，零細になる程採用にあたり資格にこだわらない傾向があった。「新規採用人材が公の職業・技術学校卒業であることを希望する」とした企業は全体の21.4％，「大学卒業であることを希望する」が18.4％（Ibid., p.91）と，職業・技術学校や大学を卒業していることはさほど強く求められているわけではない。

　図表10-6は企業規模別に経営人材の育成状況を見たものである。経営者が職業技能訓練を受けたことがある企業割合は，零細企業で３割以下であることに対し，大企業では８割を超える。起業前後に経営研修を受けた経営者の割合も零細企業は２割余りだが大企業は６，７割を超える。経営者が新たな技能の習得

を希望している企業は，零細企業でも55％に上り，大企業では8割を超える。

経営者が最も学びたい技能とは，「マーケティング管理」と回答した企業が調査対象企業全体の19.0％で最多で，次に希望が多い技能は「事業計画の作成方法」（14.9％）であった。但し，本調査報告書も指摘する様に，企業規模によって傾向の違いもみられ，大企業経営者は12.3％が「法的枠組みの知識が欲しい」と答えたが，中堅企業の13.4％が「人的資源管理の技能」を求め，小規模企業と零細企業は各18.2％，13.3％が「財務管理の技能」を求めていた（*Ibid.*, p.92）。

また，起業する前に受けた経営研修の種類は，調査対象企業全体で多い順に経営管理21.4％，会計12.9％，マーケティング12.7％であり，ビジネスファイナンスは最少の5.2％であった（*Ibid.*, p.89）。経営者が従業者に研修を受けて欲しいと思っている分野は，調査対象企業全体で，顧客サービス（29.3％），外国語（17.1％），会計（16.0％）であった（*Ibid.*, p.94）。

以上より，企業規模により訓練教育の現状は大きく異なること，企業規模が小さくなるほど研修教育機会が非常に不足していることが明らかである。また，求める技能の種類や期待の程度も企業規模により相違が見られた。

前節でも見た様に国際援助の役割は大きいが，この調査でも実際に主要な研修機会の提供者は，開発協力事業（19.3％），職業または技術学校（18.6％），政府機関（13.4％）となっており（*Ibid.*, 2014, p.88），国際援助が職業技術学校以上の役割を担っている。

次に世界銀行が行った企業調査Enterprise Surveys: Lao PDR 2016を見てみよう。ラオスの企業で正式に社内研修を行っている企業の割合はこの調査では7％で，下位中所得国の25％に比べても極めて低い（World Bank, 2017, p. 5）。製造業に限ったものだが，社内研修を受けた従業者の割合は38％と，これも下位中所得国の60％と比べて大幅に少ない（*Ibid.*）。事業の上で障壁となっているものは何かという問いに対する回答は，多い順に，インフォーマルセクターのビジネス慣行（27％），税率（22％），従業者が受けた教育が適切でない（13％），電気（13％），資金調達（5％），運輸交通（4％），税関貿易規制（4％），労働法規（3％），汚職（3％），土地へのアクセス（3％）となっていた（*Ibid.*, p.10）。これらの障壁の深刻度は，企業規模により異なり，大企業と中堅企業にとっては，従業者の教育問題と答えた割合はそれぞれ33％，26％に

233

第Ⅱ部／各国編

上り，最大の障壁として捉えられている。

　ほとんどの調査で，人材育成の実態について厳しい評価がなされ，人材育成政策で築こうとしてきたものと，実際の民間企業の評価の溝は大きいといえる。こうした問題はラオスに限ったものではないが，人材育成の計画自体が不十分であった可能性，十分な実施が伴わなかった可能性，政策と民間部門の求めるものの齟齬等，多くの可能性が考えられる。人材不足は認識されながらも，生産コスト，自然環境等その他の利点が十分にあれば成り立つ事業も実際にあることから，分野による違いも大きいと考えられる。[8]

6 民間部門の形成とラオスの社会文化的背景

　ラオスの民間部門はまだ限定的だが，民間部門の人材育成や，労働力需要に見合った技術・職業教育を行う際に，ラオスの社会文化的背景にも目を向ける必要があろう。ラオスでは従来から公務員志向が根強く，民間部門の起業志向も弱い傾向にあることは認識する必要があろう。公務員志向は，民間部門が生まれて日が浅く，民間部門の就労人口割合が少ないこと，経済開放までは公共部門のみが経済を担っていたため就職することはすなわち公務員になることであったことの名残でもある。しかし，プロフェッショナルTVETストリームよりもアカデミック・ストリームへの進学を希望し，公務員になることを望む傾向が強い背景には，文化的な土壌もある。

　ラオスは元来自給自足社会であったためか，主要民族ラオ族をはじめとする[9]ラオスの多くの民族は，ビジネスとの社会文化的親和性が少なかった。元々農村社会において起業を行い農業ビジネス等で成功する例は少数民族のモン族が知られており，ラオス社会ではむしろ特殊な例である。都市部においては，市場経済化以前から従来ビジネスを行ってきた主要な社会集団は華人やベトナム系移民であった。さらにラオ族を中心とする社会の文化価値は，起業すること自体が卑下される側面がある。それが故に社会的地位が低い女性が，社会的に底辺にあるインフォーマルセクターや零細ビジネスを生業とする傾向が強いのであり（Dana，1995），女性の社会進出が進んでいるからとは単純には結論付けることができない。

第10章　ラオスにおける民間部門のための人材育成

こうした重層的なラオスの社会文化的背景との関係で，民間部門が人材確保で困難に直面する背景にあるものを理解する必要もあろう。ラオスの社会文化的特徴は急速な変化の中にあり，民間部門の発展により新しい社会文化的要素がこのビジネス的な価値と疎遠だったラオ族の社会に加えられるのか，その動向にも注意を向けたい。

7 おわりに

経済開放により実現した高度経済成長と民間部門の拡大により，人材供給には待ったなしの期待がかかっている。ラオス政府は急速に人材育成を進めると共にその方法でも模索を重ねてきた。技術・職業教育機会を急速に拡大させながら，職業訓練を一般前期中等教育に組み込むという方法も導入された。教育以外のセクターの個別計画にも人材育成が組み込まれており，農林省はじめ各省庁が技術・職業教育に携わってきた。また，重点的な課題がある場合はその分野ごとに取り組みがなされた。例えば，政策的にSMEが重視される様になると，SME促進局の研修プログラム等が作られた。

実際の教育研修の現場では，TVETを提供する教育機関は，公共教育機関だけではなく，民間の教育機関が重要な役割を担ってきた。また諸外国や国際援助機関もラオスの人材育成に積極的に支援をしてきた。支援を受けて設立された国内教育研修機関や各国への留学により，国際的で多彩な人材が育っている。

世界銀行（2014）は，教育やスキルの問題というよりも，構造変化が緩やかであることが問題だとしているが，ラオスの国家計画と教育行政を見る限りでは急激な経済変化に伴い多くの急速な対応を行ってきたという印象を受けた。政府各省庁，民間，国際援助機関の多方面の取り組みにより進められてきた技術・職業教育は，今後も益々拡充し多様化していくと見られる。

民間企業がラオスの人材をどう捉えてきたかについては，ほとんどの調査結果で厳しい評価となった。人材が不足している点，特に質の面で十分でないことが挙げられた。企業規模別では，企業規模が小さい程，人材育成の機会が与えられていないことが明白である。また従業者が大学卒業者でも，企業側は実用的スキルが欠如していると認識していることから，企業は大学にそこまで期

235

第Ⅱ部／各国編

待していること自体も認識される必要がある。

　更なる経済開放を進める開発のあり方と人口動態から見て，今後も経済成長
が続くと予想され，人材育成への期待は一層強まるであろう。もう一方で，政
策目標と実態のずれや就学状況と就業状況が必ずしも整合しないこと，止むこ
とのないタイへの労働力移動など，ラオスにおける民間部門の人材需要には多
くの複雑な要素が絡んでいる。さらに文化・歴史的背景から公務員志向が根強
く民間志向は弱いことが今後どの程度変化していくかが，民間部門のための人
材育成の行方とかかわってくるであろう。

[注記]

1)　2015年国勢調査によるとラオスの総人口は6,492,228人であり，その年齢構成は0-14歳
　　が32%，15-64歳が63.7%，65歳以上が4.2%と，生産年齢人口の層が厚く増加傾向にある
　　ため，労働力の割合が多い年齢構造が経済成長を促進するいわゆる人口ボーナスの効果が
　　期待されている（Lao Statistics Bureau, 2015, pp.32-33）。生産年齢人口にかかる扶養負担
　　を示す従属人口指数も，老年人口指数（生産年齢人口に対する老年人口の比率）は，前回
　　の国勢調査2005年と今回2015年で共に7で変化はなかったが，年少人口指数（生産年齢
　　人口に対する年少人口の比率）は2005年の70から2015年の50に減少しており，この負担
　　減が経済開発への投資に繋がると予想されている（Ibid.）。

2)　ラオスでは5か年の国家計画の下に全ての政策が策定される。各計画では前計画の実
　　施状況を振り返り，成果と課題を総括した上で，次期の5か年計画を提示する。したがっ
　　てここでは第8次NSEDP（2016-2020年）で報告された第7次NSEDP（2011-2016年）
　　の期間に関するデータを用いた。尚，各省庁も国家計画に呼応した5か年の計画とセクタ
　　ー別政策を策定する。また，ラオス政府の財政年度は10月から翌年9月であるため，本
　　稿でも年度表記では2つの年を併記する。

3)　雇用創出と労働力の質が国際水準に至るよう技能研修のために教育及び保健サービス
　　制度の改善を行うとし，大企業には自社の従業者に研修を提供することを求めている
　　（Ibid., 2011, pp.235-236）。

4)　この問題点として，UNESCO（2013, p.28）は，学校施設や教科書等の物理的な教育イ
　　ンフラの問題，保護者にとっても子女を就学させるか就労させるかの二者択一を迫られる
　　こと，全ての教育レベルで教員の質も含めた教育の質の問題があること等を挙げた。

5)　チャンパサック県・サワンナケート県に対応する南部技能開発センターの設立，北部
　　ウードムサイ県・ボケオ県の技能開発センターの改修，ラオス韓国職業センター改修を含
　　むアタプー県技能開発センター等が設立された。

6)　男女比に大差がないことは女性向けの訓練研修が行われていることとも関係があるだ
　　ろう。ラオス人民革命党の大衆組織の1つである女性同盟は，貧困削減と少数民族女性の
　　地位向上という党の重要課題に取り組み，ビジネスや農業生産のための回転資金やマイク

236

ロクレジットを提供してきた。2011-2015年に8,791人の貧困者と1,009人の恵まれない人々（うち女性1,003人）に対して雇用と収入向上のために女性同盟が職業訓練を行ったと計画投資省は報告している（Ministry of Planning and Investment, 2016, p.40）。

7) GIZの2013年調査は，ビエンチャン特別市，ルアンナムタ県，ルアンプラバン県，サワンナケート県，チャンパサック県で抽出された地区の全登録企業722社を対象に実施された。主要県の主要地区を網羅していることもあり，これは2012/2013年度ラオス全国の全登録企業の56.2％にあたるサンプルである。

8) 例えばラオス南部高地の冷涼な気候をいかして付加価値の高い農業産品を生産する事業などはこれに相当する（飯沼，2017，pp.31-34）。

9) 2015年国勢調査によると民族構成上全体の53.2％を占めるとされる（Lao Statistics Bureau, 2015）。

[謝辞]

　本研究の一部は科学研究費補助金（JSPS KAKENHI Grant Number JP26380215）の助成を受けて行われた。

[参考文献]

飯沼健子「地域統合下のタイ・ラオス・ベトナム国境地域の連結性」『専修大学社会科学研究所月報』642・643号，2017年，pp.26-41。

オンパンダラ・パンパキット「移行過程における教育需要と供給政策の変化—労働市場から見た教育の収益率の分析を中心に—」山田紀彦編『ラオスにおける国民国家建設理想と現実』研究双書595，日本貿易振興機構アジア経済研究所，2011年，pp.277-320。

Committee for Planning and Investment. "National Socio-Economic Development Plan (2006-2010)." Vientiane, October, 2006.

Commonwealth of Australia. "Australia-Lao Education Strategy (2013-2018)." 2014.

Dana, Leo Paul. "Small Business in a Non-Entrepreneurial Society: the Case of the Lao People's Democratic Republic (Laos)." *Journal of Small Business Management.* 1995, pp.95-102.

EFA 2015 Review Group and Secretariat Group. "Education for All 2015 National Review Report: Lao People's Democratic Republic." August, 2014.

Faculty of Economic and Business Management, National University of Laos. "Performance Evaluation of FEBM Graduates: Employers Point of View." Annex of the Final Report. December, 2006.

GIZ. *HRDME Enterprise Survey 2013 for Lao PDR: Human Resource Development for a Market Economy (HRDME) Project.* Vientiane: GIZ, 2014.

Human Resource Development Commission. Ministry of Education and Sport. "Human

第Ⅱ部／各国編

Resource Development Strategy to 2025." 2015.

Lao National Chamber of Commerce and Industry. *Skills, Access to Finance, Regulatory Reform, and ASEAN Regional Integration: Challenges and Policy Directions for Enterprises.* Lao National Chamber of Commerce and Industry, 2016.

Lao Statistics Bureau. *Results of Population and Housing Census 2015.* Vientiane: Lao Statistics Bureau, 2015.

Ministry of Education (MOE). "Master Plan Development of TVET from 2008 to 2015." n.d.

——————— "Strategic Plan for the Development of Technical and Vocational Education and Training from 2006 to 2020." Vientiane, April, 2007.

Ministry of Education and Sports (MOES). "Education Sector Development Plan (ESDP) (2011-2015)." Vientiane, September 2011.

——————— "Education and Sports Sector Development Plan (2016-2020)." Vientiane, December 2015a.

——————— "Technical and Vocational Education and Training Development Plan 2016-2020." Vientiane, 2015b.

Ministry of Planning and Investment. "The Seventh Five-Year National Socio-Economic Development Plan (2011-2015)." Vientiane, October 7, 2011.

——————— "8th Five-Year National Socio-Economic Development Plan (2016-2020)." Vientiane, June 2016.

UNESCO. *Policy Review of TVET in Lao PDR 2013.* Paris: UNESCO, 2013.

World Bank. *Lao PDR Development Report: Expanding Productive Employment for Broad-Based Growth.* Report No. ACS9577, October, 2014.

——————— *Enterprise Surveys: Lao PDR 2016 Country Profile.* March 20, 2017.

おわりに

　メコン地域におけるビジネス教育を考察するプロジェクトとして，海外進出企業におけるビジネス教育のフレームワークを作成し，そのフレームに当てはめながら実態調査の事例を説明したいと当初は考えていた。しかしながら，ビジネス教育を体系化した研究が必ずしもない中で，教育の専門家ではないプロジェクトメンバにはこれは手に余る課題であった。

　実際の実態調査においても，ビジネス教育に焦点を当てる前に，その進出企業の現状把握が必要で，聞き取り調査においてもその部分で時間をとられ，必ずしも教育の部分の情報収集が十分であったわけではない。

　また，本書では技術実習制度について深く触れることはできなかった。人手不足を埋めるための低賃金外国人労働力の確保のためと本来の趣旨に沿わない事例が日本国内に蔓延していることは事実であろう。しかしながら，本書のところどころで触れられているように，進出先企業の従業員の技能向上のための研修と日本の親会社との間のコミュニケーションの効果的手段として，有意義に利用している進出日本企業も多い。

　各国編では，メコン地域として本書が対象としてCLMV 4か国とタイのビジネス教育について，それぞれ国に詳しい専門家の解説を揃えたかった。しかし，タイおよびカンボジアについて何人かの方に執筆を依頼したが，日本語での執筆が間に合わないので割愛した。

　しかし，まえがきでもふれたように，ビジネス教育の観点にたった調査研究は，非常にユニークであり，かつそこから導かれる研究成果は日系企業にとっても役立つはずである。本書の内容がそれに十分応えるものとはいえないにしても，その端緒とはなったはずである。

　第2章のまとめにおいては，メコン地域における大学教育と日系企業の社内

教育の姿勢，さらに現地の大学卒業者の「ノウハウ」や「経験」に関する考え方が述べられるとともに，徐々に少子高齢化へ向かい「安定的で長期的な職場」を臨む傾向について触れられている。

第3章においては，先進的な海外進出を行った企業の事例を通じてグローバル戦略を示した。そこでは当然進出国でビジネスを成り立たせなければいけない一方，できるだけ雇用を守ったり，経営の現地化あるいは現地と日本とを結び付けたりする努力が行われていることがわかる。

第4章においては，「日本人経営幹部がその（進出企業の）理念をしっかり認識し，それを現地で遂行する意義を相手に伝え納得させることができるかどうかである。日本のやり方が一番だとの上から目線で経営，生産を行っていこうとするならばいずれ限界がくるだろう」と指摘している。

第5章では，CVSの店舗運営レベルと対象は限定的ではあるものの，日本との教育の違いを明確にしている。現地でのマニュアル作りでは「日本では暗黙的に従業員同士でカバーできる部分についてもマニュアルに加えることが日本的CVSの良さ（例えば，サービス，クオリティ，クリンネスや5Sなど）の定着に繋がるものと思われる。そして，人材流出については，給与面だけでなくキャリアパスを明らかにし，そのキャリアパスの成功例となる現地スタッフを育成していくことが重要となる」と指摘している。

企業の戦略が個々それぞれの事情によって異なるのは当然である。進出企業のビジネスに対する対応，従業員教育の方法もそれぞれ異なる。しかし，メコン地域及びASEAN諸国の日系企業の進出事例を見ていくと，国は異なっても同じような状況で同じような問題を抱える，どこかで見た景色があることも事実である。法制度や文化にかかわる個別の違いは確かに存在しても，各国を通じての共通の対応，共通の問題解決もありうる。

中国系企業，韓国系企業と軒を並べる工業団地にある工場では，作業者レベルの従業員は，より高賃金な職場へ移動していく。このような状況ではある程度，払える範囲の賃金，整えられるだけの労働環境の提供以外の策はないかもしれない。日本的経営の長期的な雇用や年功序列的な賃金を強調しても，優秀な人材は流出するかもしれない。

しかしながら，現地採用の管理職を長く社内にとどめておくためには，長期的には経営の現地化を行い，優秀な人材にキャリアパスを示す必要がある。どこまで日系企業が日本的であるべきかについてもケースバイケースで断定的なことはいえない。また，親会社の経営理念や経営方針がどの程度従業員に伝わるかもわからない。

けれども，従業員にとって，自分たちがしている仕事は単に家族を養う収入の糧ではなく，その仕事を通じて自分たちの国の発展に寄与している，社会に対してなにがしかの貢献をしていることを伝えられれば，「仕事はお金を稼ぐ以上の価値がある」ことになる。この意識は世界中どこへいっても同じではないだろうか。実態調査を通じて見てきた事例の多くは，少なくともこの部分は従業員へ伝えることに成功していると感じられた。

最後に一連のプロジェクトで本研究に協力していただいた全ての企業，経営者，公的機関の方々に，心からの感謝を述べたい。また，執筆期限を超過してご迷惑をおかけした白桃書房の大矢栄一郎氏および編集の方々にも，この場を借りて感謝申し上げます。

2018年3月

内野 明

【執筆者一覧】

内野 明（うちの　あきら）（所員）‥‥‥‥‥‥‥‥‥‥‥‥‥‥第1章，第3章，編著者
専修大学商学部教授

小林 守（こばやし　まもる）（所員）‥‥‥‥‥‥‥‥‥‥‥‥‥‥‥‥‥‥‥‥第2章
専修大学商学部教授

川村晃正（かわむら　てるまさ）（所友）‥‥‥‥‥‥‥‥‥‥‥‥‥‥‥‥‥第4章
専修大学名誉教授

大崎恒次（おおさき　こうじ）（所員）‥‥‥‥‥‥‥‥‥‥‥‥‥‥‥‥‥‥第5章
専修大学商学部准教授

岩尾詠一郎（いわお　えいいちろう）（所員）‥‥‥‥‥‥‥‥‥‥‥‥‥‥‥第6章
専修大学商学部教授

高萩栄一郎（たかはぎ　えいいちろう）（所員）‥‥‥‥‥‥‥‥‥‥‥‥‥第7章
専修大学商学部教授

チン・トウイ・フン（Trinh Thuy Huong）‥‥‥‥‥‥‥‥‥‥‥第8章
ダナン経済大学国際経営学部専任講師

レー・バン・フィー（Le Van Huy）‥‥‥‥‥‥‥‥‥‥‥‥‥‥‥‥‥第8章
ダナン経済大学マーケティング学部准教授

エイ・チャン・プイン（Aye Chan Pwint）‥‥‥‥‥‥‥‥‥‥‥‥第9章
熊本学園大学経済学部特任助教

飯沼健子（いいぬま　たけこ）‥‥‥‥‥‥‥‥‥‥‥‥‥‥‥‥‥‥‥‥第10章
専修大学経済学部教授

■ メコン地域におけるビジネス教育

■ 発行日——2018年3月31日　初版発行　　　　　　　〈検印省略〉

■ 編著者——内野　明

■ 発行者——大矢栄一郎

■ 発行所——株式会社　白桃書房

　　　　　〒101-0021　東京都千代田区外神田5-1-15
　　　　　☎03-3836-4781　📠 03-3836-9370　振替00100-4-20192
　　　　　http://www.hakutou.co.jp/

■ 印刷・製本——藤原印刷

©Akira Uchino 2018 Printed in Japan　ISBN 978-4-561-26710-2 C3334

本書のコピー，スキャン，デジタル化等の無断複製は著作権法上での例外を除き禁じられています。本書を代行業者等の第三者に依頼してスキャンやデジタル化することは，たとえ個人や家庭内の利用であっても著作権法上認められておりません。

JCOPY 〈㈳出版者著作権管理機構委託出版物〉
本書の無断複写は著作権法上の例外を除き禁じられています。複写される場合は，そのつど事前に，㈳出版者著作権管理機構（電話03-3513-6969，FAX 03-3513-6979，e-mail：info@jcopy.or.jp）の許諾を得てください。
落丁本・乱丁本はおとりかえいたします。

専修大学商学研究所叢書

上田和勇【編著】
企業経営とリスクマネジメントの新潮流 本体 2,800 円

内野　明【編著】
ビジネスインテリジェンスを育む教育 本体 2,800 円

神原　理【編著】
ソーシャル・ビジネスのティッピング・ポイント 本体 1,905 円

上田和勇【編著】
環境変化とリスクマネジメントの新展開 本体 2,800 円

小林　守【編著】
アジアの投資環境・企業・産業 本体 2,800 円
　―現状と展望

岩尾詠一郎【編著】
情報化社会におけるマーケティング 本体 2,000 円
　―消費者行動とロジスティクスにおけるデータ活用

渡辺達朗【編著】
中国・東南アジアにおける流通・マーケティング革新 本体 2,300 円

鹿住倫世【編著】
アジアにおける産業・企業経営 本体 2,500 円
　―ベトナムを中心として

上田和勇【編著】
アジア・オセアニアにおける災害・経営リスクのマネジメント 本体 2,600 円

――――――― 東京　白桃書房　神田 ―――――――

本広告の価格は本体価格です。別途消費税が加算されます。